Virgil Mores Hillyer

希利尔讲世界史

I

[美] 希利尔 / 著
刘永安 / 译 漫唐堂 / 编

北方联合出版传媒(集团)股份有限公司
万卷出版公司

ⓒ 希利尔　刘永安　漫唐堂　2016

图书在版编目（CIP）数据

希利尔讲世界史：全2册／（美）希利尔著；刘永安译；漫唐堂编．—沈阳：万卷出版公司，2016.12
ISBN 978-7-5470-4241-0

Ⅰ．①希… Ⅱ．①希… ②刘… ③漫… Ⅲ．①世界史—少儿读物 Ⅳ．①K109

中国版本图书馆CIP数据核字（2016）第182912号

出版发行：北方联合出版传媒（集团）股份有限公司
　　　　　万卷出版公司
　　　　　（地址：沈阳市和平区十一纬路25号　邮编：110003）
印　刷　者：北京鹏润伟业印刷有限公司
经　销　者：全国新华书店
幅面尺寸：170mm×230mm
字　　数：360千字
印　　张：29
出版时间：2016年12月第1版
印刷时间：2016年12月第1次印刷
责任编辑：杨春光
封面设计：冯顺利
版式设计：张　莹
责任校对：刘　峰
ISBN 978-7-5470-4241-0
定　　价：45.00元

联系电话：024-23284090
邮购热线：024-23284050
传　　真：024-23244448
腾讯微博：http://t.qq.com/wjcbgs
E-mail：vpc_tougao@163.com
网　　址：http://www.chinavpc.com

常年法律顾问：李福　版权所有　侵权必究　举报电话：024-23284090
如有质量问题，请速与印务部联系。联系电话：024-23284452

希利尔（Virgil Mores Hillyer），美国杰出教育家，毕业以后于哈佛大学。毕业从事中小学教育，酷爱历史和艺术，喜爱旅行。美国著名学府卡尔维特学校第一任校长，创建了卡尔维特教育体系。

希利尔具备好老师的所有条件：了解孩子们的成长心理，明白孩子们需要什么，知道如何讲孩子们才愿意听。

希利尔认为，孩子们的写作、阅读和数学的基础必须务实。在此基础上，希利尔认为学生应当接受历史、艺术、地理和科学的系统教育，旨在培育熟谙周遭世界各个方面的全面型学生。

希利尔痛感传统教科书的枯燥无味，立志为孩子编写一套读起来兴趣盎然的历史、地理和艺术读物。从孩子的视角出发，每切入一个话题，都以故事或对话的形式导入，引发孩子的兴趣。

首先出版的《希利尔讲世界史》，是他最知名的著作之一，也是最受孩子们欢迎的历史读物。对孩子们来说，希利尔先生讲述历史的方式很奇特、妙不可言，书中所倡导的时间楼梯、人名重复、随文发问等方式，皆别开生面，有助于孩子对历史的有效认知和思考，让他们在接受知识的同时收获了无穷的乐趣。本书一经问世便在美国引起轰动，至今仍是美国和全世界许多学校的首选历史读物。

序

亲爱的小朋友们，这一页不是写给你们的，它是写给那些比你们年长的叔叔阿姨的——他们是20岁、30岁、40岁的大人，他们可能会翻一翻这本书，会把这一页叫作——

序。

——让孩子们了解一些他们来到这个世界之前就已存在的事物。

——带他们跳出自我为中心的闭塞生活，他们可能一度以为，那个封闭的小世界就是一切。

——为他们开阔眼界，拓宽视野，使他们能够鉴往瞻来。

——让他们熟悉历史上的重大事件和伟人，并知晓其存在的时代，这将为他们以后系统地学习打下基础。

——给他们一个历史的年鉴，并附有主要的指南，使他们可以把学到的历史知识和年鉴的时代对应起来。

以上就是这本世界历史大纲的写作目的。

序 …………………………………………………………… 001

导　言 …………………………………………………………… 001
第一章　万物的起源 …………………………………………… 008
第二章　穴居的人们 …………………………………………… 013
第三章　火！火！火！ ………………………………………… 018
第四章　在飞机上向下看 ……………………………………… 022
第五章　真正的历史从这里开始 ……………………………… 025
第六章　埃及人的谜题 ………………………………………… 029
第七章　造坟墓的人 …………………………………………… 034
第八章　没有钱的富裕之地 …………………………………… 039
第九章　寻觅家园的犹太人 …………………………………… 044
第十章　奥林匹斯山上的众神 ………………………………… 050

第十一章	特洛伊战争	056
第十二章	犹太人的王	061
第十三章	发明字母ABC的人	066
第十四章	坚硬如铁的斯巴达人	070
第十五章	奥林匹克的桂冠	075
第十六章	罗马城的罪恶开端	079
第十七章	长着螺旋卷发的国王们	084
第十八章	奇迹与邪恶之城	088
第十九章	宴会上的突袭	091
第二十章	世界的另一边：印度	095
第二十一章	中国人自己的世界	099
第二十二章	雅典的穷人和富人	102
第二十三章	赶走国王的罗马人	106
第二十四章	希腊对波斯	110
第二十五章	战争狂	115
第二十六章	以一挡千	119
第二十七章	黄金时代	124
第二十八章	当希腊人遇上希腊人	130
第二十九章	智者和愚人	135
第三十章	一位少年国王	141

第三十一章	找茬打仗	146
第三十二章	"靴子"的反击与践踏	150
第三十三章	世界的新霸主——罗马	154
第三十四章	罗马人中最高贵的一位	160
第三十五章	被奉为神灵的皇帝	167
第三十六章	"天国、权力、荣耀，全是你的"	173
第三十七章	血和雷	179
第三十八章	好皇帝和他的坏儿子	185
第三十九章	I_H__S____V_____	190
第四十章	野蛮的侵略者	194
第四十一章	当野蛮人遭遇世界霸主	198
第四十二章	新的地方和新的英雄	202
第四十三章	什么是善	206
第四十四章	非洲的基督教王国	211
第四十五章	穆罕默德和早期伊斯兰教	215

小朋友们，这部分也不是写给你们的，它是写给你们的父母、老师看的，他们会把这部分叫作——

在我生活的那个时代，大多数美国孩子都和我一样在美国长大，所接受的历史教育也仅限于美国的历史。我就是在这样的教育下成长的，年复一年，一直到我八九岁的时候。

对我来说，世界历史的开端是1492年。因为当时美国的历史教育只讲述自己国家的历史，所以孩子们以为美国历史就是世界历史，而美国就是把1492年哥伦布发现新大陆作为美国历史的开端。如果偶尔涉及这一年之前的任何事件或人物，我都会把它们归到大脑中神话故事那一栏里。我只在主日学校（主日学校，指的是基督教会开办的周日学校，是在星期日对孩子进行基督教教育的场所）听说过耶稣以及他的时代，那对我来说纯粹是虚构的，没有一点真实性。由于在我所读过的任何历史书中都不曾提及他们，所以我认为他们一定是人类的某种想象，并不存在于真实的时空之中。

如果只给一个美国小孩讲美国历史，就如同只给得克萨斯州的孩子讲得克萨斯州的历史一样狭隘。人们通常认为，这种历史教育是爱国主义行为，但其实这样做只能培养出小心眼和自大狂。这种自大是建立在对其他民族和时代一无所知的基础上。事实上，这是一种毫无根据、偏执的唯我主义。第一次世界大战结束后，人们认识到，美国的孩子应该了解其他国家和民族，这一点变得越发重要，因为只有这样，他们才可能明达而客观地洞察世间万物。

从9岁开始，孩子们就有着强烈的好奇心，他们渴望知道过去的年代都发生过什么，并且乐于去领会世界历史的概念。因此多年以来，在卡尔维特学校中，9岁的小学生就已经开始学习世界历史了。虽然有一些学究和家长用怀疑甚至敌对的眼光来看待这样的做法，但是我们注意到，现在大家已经开始慢慢接受这种历史教育方法，随之而来的是对通俗少儿历史教科书的需求日益增长。然而，为了让孩子们便于理解，我发现所有现存的历史课本都需要大幅地删节，而且必须补充一些解释和评论。

近年来，研究美国儿童智力的机构提供了重要的成果，它告诉我们大多数孩子在不同的年龄段可以理解什么和不可以理解什么——包括日期、修辞、词汇、概括和抽象——未来所有教科书的编写都要始终注意到这种智力基本准则。否则，这些课本很可能就超出了孩子们的理解力范畴，就是在试图向孩子们灌输他们根本无法理解的东西。

尽管笔者多年以来一直从事儿童教学工作，经常接触孩子，相对了解他们的内心和智力水平，但笔者还是发现，每一次在课堂上试讲后，自己教案中的内容都必须修订甚至重写。虽然教案的第一稿是用我认为最简单的语言来写的，但我发现，每一个字词和表达都必须一而再地通过课堂来检验，最终才能确定写什么和怎么写。轻微颠倒的措辞或者模棱两可的表达都经常会导致歧义，给孩子们造成困惑。举个例子来说，"罗马在台伯河上"这个陈述句，经常被孩子们逐字逐句地理解为罗马城正好建造在河上。他们的想象力很丰富，猜测所有房子都建造在河水中，下面是用一个个木桩做地基。9岁的孩子还很小，他们可能还相信圣诞老人的存在，他们在观念上、词汇上和理解力上都没有多数成年人想象得那样成熟——尽管这些成年人是他们的父母或者老师，但向他们传授新知识绝不是一件轻而易举的事情。

所以，本书挑选的主题和内容并不总是最重要的——最重要的是能够被孩子所理解和喜欢。大多数政治、社会、经济和宗教方面的内容都超出了孩子的理解范围，不论文字表达多么简单易懂。毕竟，这本历史书只是一本基础读物，我们无须把内容写得太过复杂和全面。

我们有不少取材于历史的精彩传记和故事，这些也可以给孩子们阅读，但是传记不会提供一个历史大纲以方便孩子们在将来的学习中填充内容。事实上，除非这些传记和故事本身被填入历史大纲里去，否则就只是松散的故事，它们在孩子们的大脑中像浮萍一样各自漂泊，没有时间、没有地点。

因此，本书对题材的处理是编年史式的——一个世纪接着一个世纪、一个时代接着一个时代地讲述那些发生在过去的故事，而不是按照不同的国家来讲。一个国家的故事会被打断，而插入另外一个国家的故事，如同在小说里的不同线索同时展开一样。这样写是为了让小孩子了解时代的全貌，不孤立地看待历史事件。本书不是把希腊史从头到尾讲完后，再把时间倒退回去从头再讲罗马史，然后再用同样的方法继续。书中的每一个主题，笔者只是讲一个梗概，在历史框架内介绍一下事件的全貌，这些事件的细节则留给孩子们在以后的学习中慢慢填充，这就像画家在描绘之前要首先勾勒出画作的基本轮廓一样。这种方法对于历史知识的有序分类是必要的，正如办公室里的档案系统一样必要。

导言后附有一个"时间楼梯"。这样一个阶梯状的图表能使孩子们对于世界历史的时间范围和发展阶段有一个形象的认识。每一层楼梯代表1000年，每一个"台阶"代表100年——即一个世纪。如果你有一堵空墙，不管是在游戏间、阁楼还是在谷仓，都不妨把这架"时间楼梯"放大画在上面,从地板往上画,一直到你够得着的高度,倘若再点缀上一些人物和事件的素描,那就更有特色、更精彩了。如果墙壁正好对着孩子的床就更好了,这样当他躺在床上时就可以不去想壁纸上的卡通图案,而去想象"时间楼梯"上那些纷繁众多的历史事件。无论如何,孩子们在学习每一个历史事件的时候,都应当不断地参考这架"时间阶梯"或是任何别的时间表,直到他的大脑里有了过去时代的轮廓。

起初,孩子不大了解时间的意义,对于听到的数字和日期没有概念,他们会胡乱说什么公元前2500年、公元前25 000年、公元前2 500 000年,这些数字对他们来说毫无区别。只有不断地参考"时间阶梯"或者时间表上的位置,孩子们才能把日期形象化。所以在没有对应时间表的情况下,如果有孩子说第一届奥林匹克运动会的时间是在公元776 000年,或者说意大利位于雅典,又或者说亚伯拉罕是特洛伊战争中的英雄,那么你可能就会觉得很可笑,但千万不要大惊小怪。

如果有人曾一下子给你介绍一屋子的陌生人,你就会知道,要记住他们每个人的名字真是白费力气,更不必说把名字和他们的相貌对应起来了。所以在你要记忆人名和他们的面孔之前,有必要先听一下每个人的趣事。这与讲述世界历史非常相似,对孩子们来说,诸多的人物、地点也全都是陌生人,除了介绍名字之外,一定要多讲一些与名字相关的故事,不过每一次介绍的内容都不能太多,否则他们会立即把人名和相貌都忘得一干二净。经常重复新名字也很有必要,这样孩子们才能逐渐对它们熟悉起来,否则这么多陌生的人物和地点会让他们的脑子一团糟。

本书的目的就是提供一个基础的历史大纲,以便将来孩子们再行充实,因此有必要让孩子们将"时间楼梯"牢牢记住。他们应该像背诵"九九乘法表"一样,经常记忆直到能够详细说出与每个日期相关联的事件。这样做的目的，是为了让孩子们能够对从古至今的世界历史做出一个大致的概括，并且可以说出一个重要的历史日期和历史事件，在讲述过程中不需要别人的提示和询问，也不会犹豫，更不犯错误。这个要求听起来是不是有点高了？如果按照本书的建议，把不同的事件按照因果关系联系起来，经常温习这些事件以及其中的历史人物，那么这个要求就没有听起来那么困难。卡尔维特学校的上百名孩子每年都按照要求成功地完成了这些任务。

然而，老师们通常认为，"即使孩子把这些内容全都忘记了，他们的脑海里也总会留下一些有价值的印象"。这其实是为自己浮光掠影式的教学和孩子不求甚解的学习态度做出的一种辩解。要记住历史年代和其他抽象的内容固然很难，但是应该迎难而上，通过努力学习克服困难，学会牢牢记住它们，而不是在背诵之后就全部忘记。只有这样，历史学习才能和其他学科一样成为一种"智力训练"。孩子们总是很容易就能记住故事的情节，但是"时间、地点、人物和原因"才是最重要的，是需要他们严肃学习的部分。他不应该说"从前有个人……"，而是应该说"1215年，约翰国王在伦尼米德……因为……"。

因此，这本书不是一本辅助读物，而是一本基础的历史教材。书中对于历史事件的叙述，分量把握得恰到好处，这些叙述为历史框架注入了血肉，使其变得更加形象生动。但是，这本书的理念是要做到内容尽量精简而不是繁多，所以最终从1000多页的篇幅缩减至不到原来的一半，但是留下来的内容绝非只有干巴巴的骨架。

无论这本书以怎样的面目呈现，最关键的都是孩子们要完成自己的任务，让大脑动起来，学会这些知识。为了达到这个目的，应该要求孩子们在阅读之后复述每个故事，并且反复向他们提问其中的人名、时间和内容，从而保证他们已经记下并且吸收了所听到的内容。

很久以前，有个年轻小伙子，大学刚毕业，来学校教他的第一堂历史课。他饱含热情，又说又唱，还把一些地图画在黑板上、地板上、操场上；为了举例说明一些要点，他还画图、用课桌跳马甚至倒立。学生们被这种讲课的方式彻底迷住了，都瞪着双眼、竖起耳朵、张着嘴巴。他们一刻也没有分神，带着强烈的求知欲，从他滔滔不绝的话语中汲取着知识。一个月过去了，和蔼可亲的校长建议他进行一次测验，看看孩子们学得怎么样。他信心十足地给孩子们出了考题。测验只有三个问题：

1.说说你对哥伦布了解多少。

2.说说你对詹姆斯敦了解多少。

3.说说你对普利茅斯了解多少。

下面是其中一个孩子的回答，你可不要以为这个孩子没有认真学，事实上，他对老师的历史课一直很感兴趣，学得也很认真。

他的回答是：

1.他是一个卫大（他把"伟大"写错了）的人。

2.他是一个卫大的人。

3.他也是一个卫大的人。

这个就是——

"时间楼梯"。

历史的阶梯是从比下边这幅图的底部还要更遥远、更遥远的过去开始，一直这样向上、向上、向上，直到我们现在的位置——每一个台阶是100年，每一层台阶是1000年。这个楼梯可以一直不断地向上升，直到高空。让我们站在现在的位置，回顾下面的楼层，倾听那些发生在过去漫长岁月中的故事。

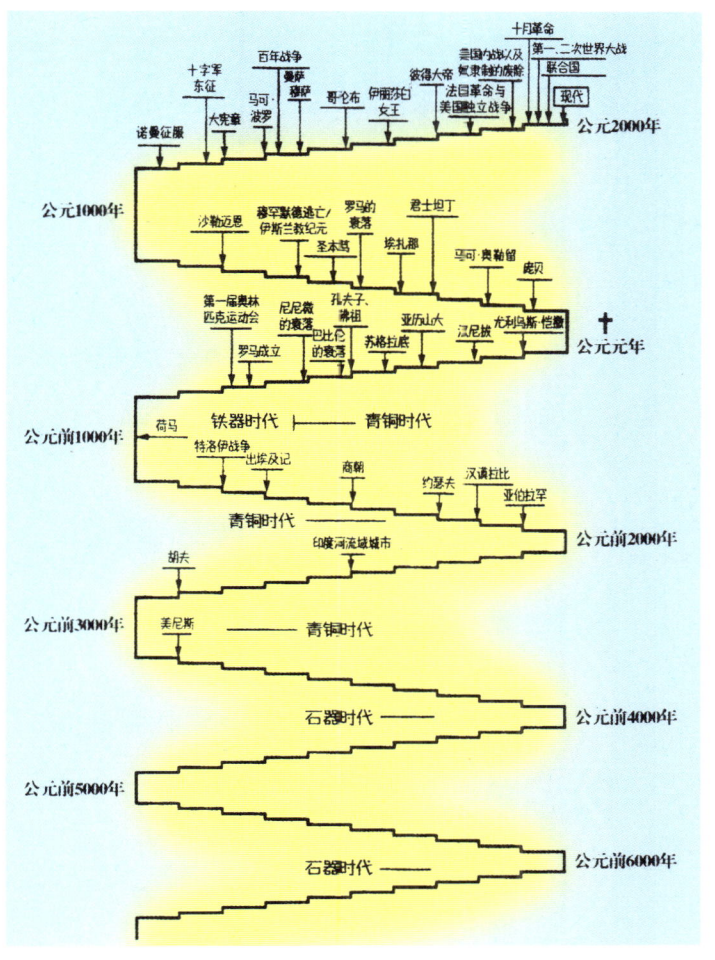

第一章
万物的起源

从前有个小男孩,

就像我一样。

他早晨7点钟以前必须待在床上,直到全家人准备起床才能起来。

我也是这样的。

可是,他总在7点之前就醒了,于是他常常躺在那里想各种各样稀奇古怪的问题。

我也是这样的。

他总是好奇这样一件事:

如果这世界上——

没有爸爸妈妈,

没有叔叔阿姨,

没有堂兄弟,也没有其他小朋友一起玩,

没有任何人,除了他自己!

那么,世界会是个什么样子呢?

可能你也想过同样的问题。

我也是这样的。

他想啊、想啊……最后，他想到那样的世界该是多么可怕啊，一下子害怕得不得了，就会一头冲进父母的卧室，跳上床，依偎在他们身边，只想把这个吓人的想法从脑袋里赶走。

我也是这样做的——其实我就是那个小男孩。

是的，在很久很久以前，那时候没有男人、女人和孩子，全世界什么人也没有。当然也没有房子，因为没有人修建和居住，没有乡村和城市——没有人造的一切。那时候只有动物——乳齿象和恐龙、鸟和蝴蝶、青蛙和蛇、海龟和鱼。你能想象这样一个世界吗？

可是，

比这更早、更早、更早以前，

还有这样一个时期，整个地球上没有人，也没有任何动物，只生长着植物。你又能想象这样一个世界吗？

可是，

比这还要更早、更早、更早、更早、更早、更早以前，

曾经有一个时期，地球上没有人，没有动物，也没有植物，到处都是光秃秃的岩石和漫无边际的洪水。你还能想象这样一个世界吗？

可是，

比这还要更早、更早、更早、更早、更早、更早——你可以一直"更早、更早、更早"地说下去，说上一整天，说到明天，说到下个星期、下个月，哪怕说到下一年也说不完——

◆ 岩石的结构和生物进化示意图，选自1880年一张欧洲版画

在那个时候，地球根本不存在！

没有地球！只有星辰和上帝，是他创造了这些星辰。

真正的星星并不像旗帜上的五角星，也不像你挂在圣诞树上面那些金灿灿的小东西。天空中真正的星星并没有五个角，它们都是巨大的、燃烧着的星球——火球。每个星球都非常大，地球上任何东西都没有它们那么大。一小块儿星球就要比地球大——大过我们整个地球。

在这众多的星球之中，有一个就是太阳——是的，我们的太阳。如果我们离其他星球很近的话，它们看起来也会和太阳一样。在很久很久以前，太阳并不像我们今天看到的那样，是天空中一个又大又圆的白色火球。那时候，它更像你在7月4日美国国庆时看到的焰火一样：旋转着，火星四溅。

在太阳飞溅到远处的许多火花中，有一个就像从壁炉里噼啪燃烧的木柴上爆出来的火星儿一样冷却下来。

这个冷却的火花就是——

你想会是什么呢？

试着猜猜看——

它就是我们的地球——千真万确，就是我们现在居住的这个地球。

然而，我们最初的世界，或者说地球，只是一个石球。这个石球被如同浓雾一般的水蒸气包裹着。

后来，蒸汽变成了雨，整个世界都开始下雨。

一直下，

一直下，

一直下……

直到雨水填满了地球上所有的空洞，形成极其巨大的水塘。这些水塘就是海洋，干燥的地方也是光秃秃的岩石。

◆《宇宙日历》，表现人类在宇宙中出现、演化过程，ChrisFoss绘

　　后来，最初的生物出现了——非常微小的植物，小到只有显微镜下才能看到它们。一开始，它们只在水里生长，慢慢的岸边也有了，最后它们长到了岩石上面。

　　再后来，灰尘，也就是人们通常说的土壤，覆盖了岩石，并把岩石变成了陆地，植物就在陆地上大面积地生长和蔓延开来。

　　再后来，非常非常微小的动物在水里产生了。它们只有那么一点点，就像最初的植物一样，只有在显微镜下才能看得到。

　　再后来，水里开始出现大一点的动物，像水母、蛤蚌、马蹄蟹。

　　再后来，昆虫出现了。它们有些生活在水里，有些生活在水面上，有些生活在陆地上——就像蟑螂，还有些生活在空中。

　　再后来，只能生活在水里的鱼儿出现了。

　　再后来，出现了青蛙这样的两栖动物，它们既可以在水里生活，也可以在陆地上生活。

　　再后来，出现了爬行动物，比如蛇、海龟、蜥蜴和大恐龙。

　　再后来，产卵的鸟儿出现了，哺乳动物也出现了，比如狐狸、猴子还有牛，它们生下小宝宝后会给它们喂奶。

到最后，你猜什么出现了？是的，人类——男人、女人和孩子出现了。

下面就是万物先后出现的阶梯，看看你能记得住吗：

星球，

　太阳，

　　火花，

　　　地球，

　　　　水蒸气，

　　　　　雨，

　　　　　　海洋，

　　　　　　　植物，

　　　　　　　　动物，

　　　　　　　　　水母，

　　　　　　　　　　昆虫，

　　　　　　　　　　　鱼，

　　　　　　　　　　　　两栖动物，

　　　　　　　　　　　　　爬行动物，

　　　　　　　　　　　　　　鸟类，

　　　　　　　　　　　　　　　哺乳动物，

人类。

我们在这里！

你们猜猜接下来会发生什么呢？

第二章
穴居的人们

猜猜我怎么会知道这些发生在远古的事情？

其实，我并不知道。

我只是猜测而已。

但是猜测也有很多种。如果我伸出两只拳头，要你猜哪只手中握有硬币，这就是一种猜测。你要么猜对要么猜错，一切全看运气。

还有另一种猜测，比如下雪的时候，我看见雪地上有鞋印，就会猜到刚才一定有人经过，因为鞋子是不会自己走路的。这种猜测就不是碰运气，而是靠常识。

因此，虽然我们没有生活在过去的时空，没有亲身经历过当时的一切，却仍可以猜测到许许多多发生在古代的事情。

在地球上的许多地方，人们都曾向地下挖掘，在那里发现了——你猜猜是什么？

我相信你肯定猜不到。

发现了很多弓箭、矛和斧头。

奇怪的是，这些箭啊、矛啊、斧头啊，都不是用铁或钢做的，而是用石头做成的。

◆约公元前4000年的斧头，发现于法国

◆远古时期法国不同地区的箭头

我们可以断定，只有人才能制造和使用这些东西，鸟儿、鱼儿或者其他动物是不会使用斧头和矛的。我们还可以认定，这些人一定生活在铁和钢出现之前的更为久远的时期，因为这些东西掩埋在地下那么深的地方，一定经过了漫长的岁月。后来，我们发现了这些人的骨头，他们在几百万年前就死去了，那时候还没有人开始写历史呢！最古老的骨头是在东非发现的。我们了解到远古时期的人们也要劳动、玩耍、吃饭和打仗——和我们现在所做的一样——特别是打仗。

在这段史前时期，人们使用的工具都是用石头制成的，因此称之为石器时代。

石器时代的人们生活非常艰难，我们现在所拥有的东西，他们几乎都没有。

有些野生动物也会造房子：狐狸会挖洞，海狸能用树枝和泥土做窝。而原始人却不会修造房屋，他们只是去寻找一些天然的藏身之所。他们往往在岩石和山腰的洞穴中躲避严寒、暴风雨和野兽。所以，这个时期的男人、女人还有孩子被称为穴居人群。

他们白天要去打猎，还要提防和躲避凶猛的野兽。他们一般会先挖一个陷阱，然后在上面盖上灌木枝条，等野兽掉进陷阱中便把它们捉住。有时候他们也会用棍子、石块打死野兽，或者用石箭和石斧杀死它们。他们还在洞穴的墙壁上画下或者刻下这些野兽的样子，其中一些图画一直被保留到现在。

他们靠浆果、坚果和种子为生，也会去掏鸟窝，由于当时没有火可以煮熟食物，他们就把劫获的鸟蛋生吞下去。他们喜欢喝温热的兽血——就像你喜欢喝牛奶一样。

他们通过发出一种咕噜咕噜的声音，或者说一些非常简单的字词来与其他人交流。那时候根本没有布，他们就用兽皮做衣服。

这些原始人大部分时间都在觅食和躲避猛兽，否则他们自己就会成为野兽的食物。他们没有大象那样可以保护自己的厚皮，也没长着熊一样可以保暖的体毛，还不能像鹿一样在逃命时飞快奔跑，更没有如同狮子一般的尖牙利爪和强壮的肌肉。由于生活条件恶劣，大部分人都早早地死掉了，那些活到成年的人可以算是奇迹。

但是，石器时代的人们有两样东西，比动物的利爪、强壮的肌肉和厚实的皮肤更为有用，那就是比动物更智慧的大脑和更灵巧的双手。他们会用大脑思考，能想到很多好办法。

他们想到了使用工具，同时他们可以用自己的双手制造工具。没有尖牙，人们可以用矛；没有御寒保暖的厚毛衣，人们就用动物的皮毛代替。

◆北美印第安人制作的燧石武器。最远处的那个印第安人正在撬一块燧石。中间那个印第安人正在举起一块燧石猛击岩石，将之击成碎片。最近处的印第安人拾起碎片中的一块，左手握紧，右手拿石头敲击，加工燧石。选自布雷斯特著《古代文明》

假如你是一个石器时代的孩子，我猜你会喜欢这样的生活：

每天早上醒来后，你不洗澡，甚至不洗手洗脸，也不刷牙、梳头。

你用手吃东西，因为没有刀叉、勺子、杯子和碟子，只有一个碗——这个碗是你妈妈用泥捏的，在烈日下晒干用来盛水喝——没有需要洗刷和收拾起来的盘子，也没有桌子，当然吃东西也就不用讲究什么餐桌礼仪了。

没有书、没有纸，也没有笔。

没有什么星期六和星期天，也没有什么一月二月的分别。除了天气有晴有阴，有暖有冷的不同之外，每一天都一样。那时候也没有学校。

除了玩泥巴、摘果子、和你的兄弟姐妹们捉迷藏之外，每天都没有什么事情可做。

我想你会多喜欢这种生活啊！

"太棒了！多好的生活啊——就像在野外露营一样！"你会这样想吗？

可是，我刚才告诉你的，只是这故事的一部分而已。

洞穴里面又湿又冷，还很黑暗，所谓的床就是光秃秃的地面或者草堆，也许还会有蝙蝠和大蜘蛛跟你共享那个山洞。

你的爸爸捕杀了几头野兽，你可能会有兽皮穿，但是那些兽皮遮不住你的全身。再加上没有火，到了冬天你会感觉很冷，如果严寒到来，你可能就会被冻死。早饭时，你吃的可能是些干果、草籽或是一块牛肉。午饭你吃的还是这些东西，晚餐也依旧如此。

你绝不可能吃到面包、奶酪或者热饼加果汁，你会吃不到加糖的燕麦片、苹果派和冰激凌。

每天虽然都无事可做，但时刻都要提防野兽，比如熊、老虎——山洞可没有门能锁上。如果你被一头老虎发现，那么你就算是进到山洞里也甩不掉它。

◆《新石器时代猎熊归来》，柯尔蒙1844年作

　　说不定哪一天，你爸爸或者哥哥早上出去打猎，就再也没有回来。你知道他们一定是被野兽撕成了碎片，而下一次可能就会轮到你，你只是不知道会等多久罢了。

　　你觉得你还会喜欢生活在那个时代吗？

第三章
火！火！火！

最开始的往往也是最有趣的——第一个宝宝、第一颗牙齿、第一次走路、第一句话、第一次跑。这本书主要讲的就是关于第一次的故事，至于那些第二次、第三次……发生的事情，你以后总会学到的。

原始人最初并不知道什么是火。他们没有火柴，也不知道该如何生火。到了夜晚，没有光亮，也没有火来取暖、做饭。现在我们也无法准确地知道，他们在何时何地学会了生火和使用火。

如果你快速地摩擦双手，手就会变暖。你试一试，如果摩擦得再快一些，手就会发烫了。如果你很快地摩擦两根棍子，棍子也会变热。如果摩擦得再快些，它们也会发烫。你不断飞速地摩擦棍子，它们就会变得越来越烫。如果你的摩擦能更快些、持续的时间更长一些，到最后棍子就会燃烧起来了。印第安人和童子军就会这个方法，他们通过捻转、摩擦两根棍子来生火。

生火是早期的发明之一。在当时，对于他们来说，这项发明的意义就如同我们这个时代电灯的发明一样重大。

石器时代的人们从不理发、从不刮胡子，他们可能也没想过要这样做。当然就算想也没用，因为根本没有工具可以用来理发和刮胡子。

◆澳大利亚土著人钻木取火。取火装置很简单,一根干燥的圆木棍和一段干树干,将木棍一端垂直放在树干上的一个小孔中,用双手快速转动木棍。木棍和树干摩擦产生热量,最后就会冒出火苗。选自布雷斯特著《古代文明》

他们也没有布料做成的衣服穿。那时候既没有布,又没有工具可以剪裁、缝纫。

没有锯木板的锯子,也没有锤子和钉子能把木板做成房子和家具。

没有叉子和汤匙,没有壶和锅,没有桶和铲子,没有顶针和缝纫针。

生活在石器时代的人们,从来没有见过和听说过诸如铁、钢、锡、黄铜这些金属,更别提用这些金属制成的东西了。他们的生活里没有金属制品,就这样过了千万年。

突然有一天,有个人偶然发现了——我们丕是叫它"发明"吧——这样一种情况:

那天,他正在生火,这对我们来说是再普通不过的事情了,可对他来说却是很奇妙的。他放了一圈石头把火围起来，这类似我们现在的篝火炉子。碰巧的是，那些岩石并不是普通的石头，而是我们现在所说的"矿石"，里面含有铜。火的高温熔化了岩石里面的铜，使它流到地面上来。

那一滴一滴、亮闪闪的小珠子是什么？

他左瞧瞧、右看看。

它们多漂亮啊！

于是，他又把一些同样的岩石放入火中加热，得到了更多的铜。

这就是最早被发现的金属。

最初，因为铜看上去亮闪闪的很漂亮，所以人们用它做成小珠子和各种装饰物。很快，他们又发现铜可以被锤炼成锋利的刀刃和箭头，这可比他们以前用石头做的强多了。

要注意哦，最早被发现的金属不是铁，而是铜。

接下来，锡大概也是在类似的情况下被发现的。之后，他们发现将锡和铜混合锻造出的金属比两种金属本身更硬、更好。大约有两三千年的时间，人们都是利用青铜来制造工具和武器，用于打猎和作战，我们把这个时代称为"青铜时代"。

后来又有人发现了铁，人们很快就发现用铁来制造东西比用黄铜和青铜都好。这就是"铁器时代"，它持续了三千多年。

在发现金属之后，青铜时代和铁器时代的人们所能做的事情，可比以前他们用石器能做的事情多多了。

你可能在神话或童话故事里听到过

◆一个石器时代的人发现了铜

◆公元前2000年的铜斧，发现于法国莫尔比昂省勒法乌埃和阿尔莫海岸特雷维

"黄金时代"的说法，但它的含义和我所讲的石器时代、青铜时代等大不相同。所谓的"黄金时代"，是说在某段时期内一切事物都非常美好，人们都很聪明善良。世界历史上曾有过一些这样的时期，人们就将其称之为"黄金时代"。

不过我认为，历史上从未出现过真正的"黄金时代"——人们使用的工具和物品都用黄金做成——它也许仅仅存在于童话故事里吧。

第四章
在飞机上向下看

在青铜时代和铁器时代,人们认为地球是平的,他们对它的了解仅限于自己生活的那一点点地方。他们认为,如果你一直向远方走,就会走到地球的尽头,然后你就会掉下去!

如果我们在搭乘飞机时,向下看早期的文明人曾居住过的地方,就会看见几条河流、海洋和一个海湾。在高空中俯视,它们看上去是下图中这样的:

你可能从来没听说过这些河流和海洋,但它们比世界上任何地方的历史都悠久。其中一条河是底格里斯河,还有一条是幼发拉底河。它们流啊,流啊,越流越近,直到最后交汇在一起,流进了波斯湾。

如果你的妈妈允许,你可以在自己家的院子里或花

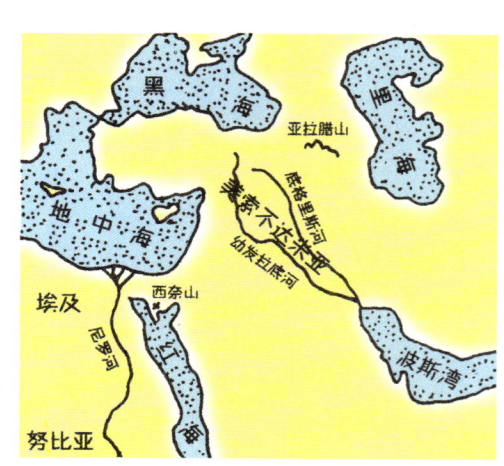

◆ 两河流域文明地区

园的地面上做出这两条河，你也可以把它们画在你家的地板上；你还可以把喝水的茶杯叫作底格里斯，把玻璃杯叫作幼发拉底。既然这两个杯子里的水最后都要流进你的嘴巴，你就可以把你的嘴巴叫作波斯湾。慢慢地，你会听到越来越多的新名词，既然大人们都给他们的房子、车子、马和狗取名字，那为什么你不能给自己的东西取名字呢？举个例子，你可以把你的床、桌子、椅子、梳子和牙刷，甚至是你的帽子和鞋子，都叫作这些奇怪的名字。

如果我们乘飞机向西飞，在非洲的东北角可以看到一个叫作埃及的国家、一条叫作尼罗河的河流和一片现在叫作地中海的海洋。地中海的含义就是字面上的意思——陆地中的海洋，因为它被陆地包围、环绕。实际上，它更像是一个大湖。在很久很久以前的石器时代，现在地中海所在的位置根本没有水，而是一个山谷，人们曾经在那里居住、生活。

现在的埃及在尼罗河沿岸，而在底格里斯河和幼发拉底河边是古代的巴比伦、亚述帝国和叙利亚，这些地方的人们以文字和图画的形式记录了他们的生活，这些记载一直流传至今。

当然，也有一些穴居人和其他原始人把他们的生活方式画了下来。但是在那个时候，旅行是一件困难的事，生活在一个地方的人就很难了解到其他地方人们的生活。不过这一点，很快就发生了变化。

生活在底格里斯河、幼发拉底河以及尼罗河沿岸的部落有很多，他们都想占有最好的土地，这就导致了战争。人们总是不断迁徙——打了败仗就不得不转移或者想寻找更好的居住地。

接近地中海、底格里斯河和幼发拉底河，在我们今天称之为中东的位置，住着闪米特人。现在的阿拉伯人和犹太人都是闪米特人，他们所说的闪米特语都属于一个语系，所以发音很相近。举个例子来说，表示"和平"的词语，在希伯来语中是shalɔm（沙拉姆），而在阿拉伯语中则是salaam（瑟拉姆）。

在尼罗河沿岸住着另外一个部落。在埃及和北非的其他地方，埃及人和柏柏尔人跟中东的闪米特人属于同一族群。来自非洲埃及南部的努比亚人则属于尼罗—撒哈拉族。看看地图，你就能够明白这个名称是怎么来的。他们居住在尼罗河沿岸，靠近撒哈拉沙漠。这些努比亚人沿着尼罗河峡谷向北迁徙进入埃及，有时候埃及人也向南迁徙到努比亚。

还有一个部落来自现在叫作伊朗的地区，他们被称作雅利安人。雅利安人四处迁徙，向东进入到印度北部，向西到了欧洲。现在的欧洲人、伊朗人和印度人都是古代雅利安人的后代。与闪米特人一样，他们的语言也有些千丝万缕的联系。

我们现在知道，这些古代人频繁地四处迁徙，这一点大大超出了我们的意料。他们教会对方种植不同的作物，也彼此互相交换东西。有时人们会在一片新的土地上安顿下来并长期居住，这就像现在的美利坚合众国，有很多不同民族的人们迁徙到这里，成为美国人；古代人也一样，他们四处迁徙，并在新的土地上定居。

第五章
真正的历史从这里开始

你肯定记得自己生活中发生过的大事，可能也听爷爷奶奶或者爸爸妈妈说起过在他们生活的时代所发生的那些事情，比如第二次世界大战、朝鲜战争、越南战争。

和你一样，你的爷爷奶奶也有父母和祖父母，还有曾祖父母。

有可能，你的曾曾曾祖父母生活在华盛顿总统的时代，而他们的曾曾曾曾曾祖父母生活在恺撒大帝的那个时代。

虽然这些祖先很早以前就离开了人世，但是很久很久以前发生在他们那个时代的那些故事却被记载成书，这些故事就是历史。

耶稣生于公元1年，当然，这并不是指地球上的第一个年头。

你知道从公元1年到现在已经过去了多少年吗？

如果你知道今年是哪一年，你就会清楚地知道答案了。

如果耶稣一直活到现在，他该有多少岁呢？

两千多年似乎很长，不过也许你见过或听说过吧，有些人活了100多岁呢！

假如，在两千年中有这么20个人，他们每个人都活了100岁，而且是一个接一个——从公元1年开始，20个人依次活到现在——这样一想，你是不是就不觉得两千多年有多么久远了呢。

在耶稣诞生之前的所有时间，都被标记为B.C.（公元前）。你能猜到吗？这里的B和C是两个单词的首字母，B是before（在……之前），C是指Christ（耶稣）。所以，B.C.这两个字母就是Before Christ的缩写，代表"耶稣诞生之前"，这很简单吧。

耶稣诞生后的时间被标记为A.D.。这个就不容易理解了，因为A可以是指After（以后的），但D却不是Christ的缩写。

事实上，A.D.是两个拉丁语单词的缩写——Anno Domini，Anno的意思是"在这一年"，Domini的意思是"耶稣的"，两个单词联起来的意思当然是"从耶稣诞生这一年开始"。

我曾经告诉过你，有段时期的事情我只能是靠猜测，那些事情发生的时期被称为"有历史之前"或"史前"，这两个称呼的意义相同。而那些被人们记录下来的事情——这些事情是无须猜测的——则被称为历史。多数人认为，可信的历史最早开始于北非和中东。

几千年前就有人开始写下他们的故事。有趣的是，在世界上不同区域、不同时期，远隔千山万水的早期文明人都发明了自己的文字。中东地区的古代人发明了楔形文字，而古埃及人则使用象形文字；几个世纪之前，印度的人们开始用梵文记录历史；而遥远的中国、努比亚和中美洲人也发明了自己的文字；同样，位于埃及和希腊之间，地中海中有一个克里特岛，那里的人们也有了自己的文字。

◆一封用楔形文字写的短信，上面写着："你亲爱的妻子生了一个小孩。"

◆古埃及人在书写象形文字

这些几千年前流传下来的文字记录，我们今天能够读懂其中一些，但还有一些仍是难解之谜，看到那些文字，我们根本不知道它们是什么意思。

想想这些早期文明，你觉得我们对哪些了解得最多呢？是那些文字能够被我们读懂的地方，还是那些不能够读懂的？好，我打赌你们都猜对了！当然是那些我们能够读懂他们的历史故事的文明了。

这些地方有四个，它们分别是埃及、美索不达米亚、印度和中国。我们能读懂他们的文字，所以能知道这些地方的人们怎样度过了如此漫长的岁月。而对于努比亚、中美洲和克里特的文字我们就不在行了，因此对于这些地方在很久以前发生的事情，我们所知道的很少。

最令人感兴趣的是，在那些我们能够读懂的历史中，我们究竟读到了什么。

我们知道，这四个文明古国都发源于河谷流域。

埃及是沿着尼罗河河谷建立的，而美索不达米亚发源于底格里斯河和幼发拉底河的河谷沿岸，这些河流你已经从前面的内容中知道了。

现在我们来认识一下两条新的河流：古印度起源于印度河流域，而中国则是在黄河流域。之所以叫作黄河，是因为这条河流下面堆积着大量的黄色泥沙。

这些古文明相隔很远，但生活在不同地方的人们却做了许多同样的事情。你不必因此而感到奇怪，虽然你从未去过非洲、印度、中国，但你也能猜到那里的孩子和你一样喜欢玩游戏，他们的妈妈负责做饭，诸如此类。即便是在古代，世界上的人们也会做许多同样的事情。

河谷是适宜人们居住的好地方，这里的食物通常都很充足，动物有水喝，也适合植物生长。所以在埃及、美索不达米亚、印度和中国，男人、女人和孩子们都沿河而居。

很快，这些地方居住的人越来越多、越来越密集，逐渐形成了我们所说的城镇。后来，城镇里的人们开始建造小船，接着是大船。很快这些船只就沿着河流航行开来，开往河流上游或下游，一直到临近的城镇，再到很远很远的城镇。于是，城镇之间开始有了贸易往来，有时它们之间也会发生战争。

避免这些城镇发生战争的一个好方法，就是让它们处于一个统治者的领导之下。于是，不同的地方都成立了政府。有时，各个城镇都同意统一，而当一个强大的城镇征服周围的城镇时，他们也会联合起来抵制。无论在哪种情况下，都会有一个国王或者皇帝、法老作为政府的首脑，这些人也就是我们现在所说的国家统治者。

回顾这些河流文明，你会发现这一小段历史的确不同凡响。当地球上很多地方的人们都在打猎和采集，甚至有的还住在洞穴里的时候，首先在埃及和美索不达米亚，接着在印度和中国，人们的生活已经揭开了崭新的、令人振奋的一页。人们在那里居住、耕种，接着建造城镇、彼此通商，后来形成国家。在这个过程中，他们发现将事件记录下来是很重要的，于是他们开始写下自己的历史，我们今天才能够读到。

第六章
埃及人的谜题

埃及是最早开始使用文字的地区之一。那时候，他们的文字不是像我们这样的字母，而是看起来像图画一样的符号——比如一头狮子、一杆矛、一只鸟、一条鞭子。这种图画似的文字，我们称作象形文字——你来读读看：象—形—文字。也许你以前在报纸的猜谜版面上看到过，有一些用图画写成的故事，让你看图来猜它的意思。是的，象形文字就跟这个类似。

这里有个用象形文字写成的埃及女王的名字。单看这个好玩的字，你永远猜不出她的名字。她的名字叫哈特谢普苏特，你能读出来吗？其实它并没有看起来那么难读。哈特—谢普—苏特，你分开读就容易多了。她是历史上的第一位女王。

通常，国王或王后的名字外围会画一圈线。你看，哈特谢普苏特这个名字外面就有。这样是为了让这个名字看起来更加醒目和重要，用来与其他人的名字相区别。这就和我们

◆ 哈特谢普苏特的名字外围会画一圈线

◆古埃及人收割纸草和牧养牲畜的情形，发现于埃及第五王朝萨卡拉墓地的陪葬石碑

现在给画装裱起来，为了让它挂在墙上显得更漂亮一样。

那时候还没有纸，埃及人把字写在一种植物的茎秆上，这种植物叫纸草，生长在水中。他们不断按压纸草厚厚的茎秆，直到它们变得像纸一样又平又薄。纸这个词就是从纸草这种植物的名字中借用过来的。你发现了吗？纸草（Papyrus）和纸（Paper）这两个词的外形和发音都很像。当然，埃及人的书都是手写的，但他们没有钢笔和铅笔，也没有墨水。他们把芦苇从下面劈开做成笔，将水和烟灰和在一起充当墨水来用。

他们的书也不像我们这样一页一页的，而是用粘在一起的、长长的纸草片做成的。他们把这种草片制成的书卷成一个卷轴的样子，就像一卷壁纸那样，将它铺开就可以读了。

关于他们国王的故事，或者战争之类的历史上重大事件，他们一般会写在建筑物的墙上和纪念碑上。这里所说的写，其实就是刻在石头上，这样能比写在纸草上保存得更为长久。

那些会写、会读象形文字的古埃及人早已离开人世，在很长一段时间里，没有人能懂这种文字的意思。不过，后来又有人碰巧知道了如何阅读和理解

◆埃及卡纳克神庙的方尖碑

这些象形文字，看看他是如何知道的吧。

尼罗河在汇入地中海之前有许多支流，在其中一条支流的入海口处，有一个叫作罗塞塔的海港。

有一天，一些士兵在罗塞塔附近挖出了一些石头，看起来像块墓碑，上面刻有三种不同的文字。最上面的文字是图画，也就是我们所说的象形文字，没有人明白它的意思。象形文字下面是希腊文，它写的内容应该和象形文字一样，而大多人都认识希腊文。因此，大家要做的就是通过比较这两种文字来理解象形文字的意思。这就好比我们先了解暗号代表什么意思，再去读一封密信一样。你可能玩过杂志后面的解谜游戏，其实这也是一个有趣的谜题，只是没有人公布答案而已。

不过，这个谜题并不像听起来那么简单，为了解开它，那个聪明人花了将近二十年的时间。对于任何一个猜谜的人来说，这段时间都够长的。但是，自从找到了解谜的钥匙，人们就能够读懂埃及的象形文字，就能够知道许多年以前那里究竟发生了什么。

那块石头被称为罗塞塔碑，现在陈列在伦敦的大英博物馆里。它非常著名，全靠它我们才能了解更多的历史，否则那些历史我们就无从得知。

我们知道埃及是个适合生活的好地方，这主要是因为尼罗河的习

◆ 罗塞塔碑。石碑上用三种文字刻着公元前196年孟菲斯祭司向法老授予特殊荣誉的法令，最上方是象形文字，最下方为希腊文字

◆欧西里斯坐在宝座上,手中拿着象征着王权的钩子、连枷以及节杖,绿色的皮肤象征着植被和丰收

◆欧西里斯和伊西斯

惯——你可能觉得这是个坏习惯——它每年都要泛滥一次。

从进入雨季开始就不停地下雨,终于将尼罗河填满;最后河水溢出堤岸,水和泥流出陆地好远,但是并不会淹没土地太深。

人们知道河水什么时候泛滥,他们发明了日历来摸索它的规律。当大水退去后,整个河谷都会留下一层肥沃、潮湿的黑色泥土。这种黑土是一种天然的肥料,就像你家花园里面用的那些混合肥料一样。这种肥沃的土壤很适合种植枣树、小麦和别的好吃的东西。

我们都知道古代埃及的统治者叫作法老,第一位埃及法老是美尼斯。他来自埃及南部,并且征服了北方。他统一国家后,宣称自己是神。埃及人认为应该服从他,因为他既是王又是神。美尼斯生活在大约公元前3100年。

古埃及的人被划分为不同的等级。这种身份是世袭的,父母属于哪个等级,孩子也会属于哪个等级,很少有人能改变身份、提高等级。

等级最高的是僧侣,他们可不是现在教堂里面的教士或牧师,那时候根本没有教堂。这些僧侣负责制定宗教教义和行为规范，每个人都得遵从，就像现在人们都要遵守法律一样。

僧侣们身兼多重身份，他们还是医生、律师和工程师等。他们是受教育程度最高的等级，只有他们才会阅读和书写象形文字。你能够猜得到，学会象形文字可不是件容易的事。

◆ 圣母虫挂件，大约为埃及第十九王朝时期的作品，圣母虫被认为是具有最强和最有效保护作用的护身符

僧侣下面就是士兵，他们也是上层等级。在僧侣和士兵之下都是下等阶级：农民、牧羊人、店主、商人、手工业者，最下等的是猪倌。

古埃及人并不像我们一样信仰上帝。他们信奉的是多神教，有成百上千个男神和女神。他们相信万物有灵论，认为每一个特定的事物都有神来掌管和主宰——比如农场有农神、家庭有家神，等等。其中有些神是善的，有些神是恶的，但是埃及人对他们的祈祷和供奉都是一样的。

欧西里斯是众神之首，他的妻子叫伊西斯。欧西里斯是掌管农业和死亡的神，他们的儿子荷鲁斯长着一个鹰头。

他们有许多神的形象都是人身兽头，他们都认为这些动物是神圣的。例如，狗和猫是神圣的；朱鹭，即一种样子像鹳的鸟，是神圣的；还有一种叫圣甲虫的昆虫，也是神圣的。如果有人杀死了神圣的动物，他就会被处死，因为古埃及人认为，杀死一个神圣的生物要比杀死一个人的罪过更大。

第七章
造坟墓的人

埃及人相信,人死后灵魂仍然在身体旁边逗留。因此一旦有人死去,他们就把他生前所用的东西——那些吃的喝的、家具碗碟、玩具等等,全都和他一起放入坟墓中。他们认为,在审判日那一天,灵魂

◆埃及人正在用泡碱粉浸泡尸体

会重新回到身体里,所以希望尸体不要腐烂,这样灵魂才有归宿。于是他们用一种叫作泡碱粉的矿物质浸泡死者的尸体,并把尸体像缠绷带一样一圈圈地包裹起来,用这种方法处理过的尸体叫作木乃伊。几千年过去了,人们仍然可以看到埃及的木乃伊,只不过现在它们大多都不在最初被埋葬的坟墓中了。这些木乃伊被摆放在博物馆里,我们现在都要去那里才能看到它们。尽管它们已经发黄变干,可是看起来仍然像是皮包骨的小老头。

◆ 博物馆中供人们参观的木乃伊

一开始,只有法老和上等阶级的重要人物才被制成木乃伊,渐渐地,各个阶级的人都被制成木乃伊了,也许只有最低等级的人例外吧。那些神圣的动物,从甲虫到母牛,也都被制成了木乃伊。

最初,在埃及人死后,他的朋友们会在尸体上垒起一堆石头把它掩盖起来,以免尸体被偷走或者被那些食尸动物吃掉。可是,法老和富人想要用比普通人更大的石头堆来盖住尸体。为了确保这一点,法老在生前就开始动工。每个法老都想把自己的石头堆造得比其他人更大,到最后石头堆就变得像山一样,这就是金字塔。因此,金字塔就是法老的坟墓,它们在法老活着的时候就开始修建,为其死后的埋葬做准备。实际上,比起活着时给自己造房子,法老们更热衷于给自己死后的尸体筑

◆吉萨大金字塔，见于路易吉·马耶《埃及风光》

造坟墓。因此，法老不建造宫殿，却修建金字塔。尼罗河沿岸有很多这样的金字塔，我们认为它们中的大多数修建于公元前3000年以后。

在非洲尼罗河南边的努比亚，也就是现在被称为苏丹的那个地方，国王也为自己建造金字塔。这也不奇怪，因为埃及人和努比亚人的信仰有很多相同之处。

现在我们建造房屋的时候，都是使用绞车、起重机来搬运，吊起巨石和大梁。但是古埃及人没有这些机器，他们用大石头来建造金字塔时，必须依靠许多人一起来推拉才能把这些大石头拖出几百里，再抬到需要的地方。三座最大的金字塔都靠近开罗（现在埃及的首都），其中最大的叫大金字塔，是法老胡夫建造的。

据说，共有十多万人花了二十多年的时间，才建成了胡夫金字塔。这座金字塔是世界上最大的建筑物之一，其中有的大石块，一块的大小就相当于一间房子。我曾经到过它的顶端，感觉就像是陡峭的山崖一样。我还曾深入到金字塔中，走进那个像山洞一样的房间，这里面原本应该放着胡夫的木乃伊，不过现在那里什么都没有了，只有蝙蝠在黑暗中飞来飞去。那具木乃伊已经不在那里——也许是被偷走了。

胡夫金字塔旁边是一座巨大的狮身人面雕像，叫作斯芬克斯。别看它如此巨大，却是用一块整石雕刻而成的。斯芬克斯的头像是按照法老哈夫拉的样子来雕刻的，他自己的金字塔就在胡夫金字塔的附近。沙漠的风沙掩盖了雕像的爪子和大部分身体，尽管不时有人来将沙子挖走，但每当风沙吹起时，很快就又把雕像盖住了。

古埃及人还用岩石来雕刻男男女女的雕像。这些雕像通常比人们

◆吉萨大金字塔的顶部，见于路易吉·马耶《埃及风光》

◆埃斯纳神庙多柱厅，见于莱普西乌斯《埃及和努比亚的古迹》

正常的样子大好多倍，姿势或坐或站，都是双脚僵硬地放在地上，手贴紧身体，好像有些小孩子坐着等待拍照时拘谨的样子。

他们为神灵建造的大房子叫作庙宇。这些庙宇有巨大的圆柱和大梁，普通人站在这些柱子旁边，显得像侏儒一样矮小。

看看左侧的图片，就是其中一个庙宇，你能看出它和教室是多么不同吧。

他们用各种各样的图画来装饰庙宇、金字塔和放置木乃伊的棺木。但是，他们并不想让这些画看上去很逼真。假如他们要画水，就只画一些曲线来代表波浪，并把它们漆成蓝绿色。如果他们想要画两排人，就把后面一排人画到前面一排人的后方。倘若要表明某个人是法老，他们就把这个人画得比图中的其他人大很多。

古埃及人喜欢在图画中使用鲜亮的色彩，比如大量的红色、黄色和棕色。在他们的图画中，你可以看出有些人是黑皮肤，而有些人是浅棕色皮肤。起初，来自埃及南部的人是黑色皮肤，而靠近地中海的人是浅棕色皮肤。随着时间的推移，埃及人四处迁徙，就再也不能从肤色来判断他们来自哪里了。

第八章
没有钱的富裕之地

你一定在童话故事里读到过这样的地方：那里的树上结着蛋糕和糖果，只要是你想得到的吃的或玩的东西，伸伸手就可以在树上摘到。听起来很神奇吧？很久很久以前，人们真的认为有这样一个地方，你猜他们说的是哪里？就是在底格里斯河和幼发拉底河的附近——还记得吧，前面说过这两条名字很奇怪的河流——他们把这个地方称作伊甸园。我们没有办法确切知道它在哪里，因为现在没有任何一个地方像传说中的伊甸园那样奇妙。

埃及是尼罗河流域的一块陆地，两河流域则分出许多块陆

◆ 古时候的地中海世界

地，分别拥有不同的名字。

想象一下自己坐在飞机上，俯瞰着两条河流，河流之间的那块地方叫作美索不达米亚。这个名字是由两个希腊单词"河流"和"在……之间"组成的，意思就是"在河流之间"。

看，底格里斯河的那块土地，叫亚述。

看，两条河流的交汇处附近有一块陆地，叫巴比伦。

看，两条河流汇入地中海的地方，叫迦勒底。

再看，那里是亚拉腊山，传说它是在大洪水过后，挪亚方舟停靠的地方。

这可是一大堆新名字。我认识一个小朋友，他有好多玩具车。他发现自己坐过的汽车都有名字，于是他就给自己的玩具车也起了名字。他把它们叫作：

亚述　　美索不达米亚

巴比伦　　亚拉腊

迦勒底　　幼发拉底

巴比伦是个非常富庶的国家，底格里斯河和幼发拉底河给它带来了大量的泥沙——就像尼罗河带给埃及的那样，这些泥沙使土壤变得非常肥沃。我们用来做面包的小麦被称为生命原料，是最有营养的食物了，据说小麦最初就是生长在巴比伦；大枣在那里是和小麦几乎一样重要的食物，而巴比伦也盛产大枣。你可能觉得大枣是和糖果差不多的零食，但在巴比伦，它可是主食呢！两河流域也盛产鱼类，但是捕鱼对巴比伦人来说只是休闲娱乐，由此可见，他们的食物有多么丰富。那时候的人们都没有钱，只有猪、绵羊、山羊这些家畜，养家畜多的人就是富人。如果有人想买什么或者卖什么，就得拿自己的东西去和别人交换。

你或许听说过，在巴比伦有一座很高大的塔叫巴别塔；相比之下，它更像是一座山。当然除了巴别塔，他们还建造了一些塔。有人说，他们之所以建造这些高大的塔，是为了在发洪水的时候能爬得高一些。有的人则提出了不同的看法，他们说那些建造高塔的人是来自遥远的北方，北方有很多山，他们总是在山顶上设立祭坛，使其更接近天堂；当他们迁往美索不达米亚和巴比伦这样的平原地带后发现这里没有山，于是他们便建造了像山那样高的塔来放置祭坛。为了到达塔顶，他们没有在里面修梯子，而是在外面修了一条歪歪斜斜的路。这条路蜿蜒而上，看起来曲曲弯弯。

◆ 巴比伦城鸟瞰，左边中间位置为巴别塔

与埃及不同，巴比伦城里和附近都没什么石头，所以巴比伦人用砖来盖房子。这些砖是把泥土做成块状，再在太阳底下晒干而成的。随着时间的流逝，这样的砖头会碎裂，然后重新变成尘土。也许你用泥巴捏过饼子，见过这种情况。正因为这个原因，巴比伦的塔和别的一些建筑如今就只剩下了一堆堆土山。

古埃及人是用纸草写字或者把历史刻在石头上，而巴比伦人既没有纸草也没有石头，他们只有砖，所以就在砖上写字。

◆ 楔形文字

怎么写的呢？他们在砖还没被晒干的时候，用树枝的尖端在软泥上刻下许多符号，这种符号叫楔形文字。之所以叫作楔形文字，是因为它看起来像是楔形符号的组合，好像印在泥土上的鸡爪印。我见过有一些男孩写的字，看起来更像楔形文字而不太像英文字母。

在巴比伦人日夜照看他们的家畜时，他们注意到了天空中太阳、月亮和其他星星的变化运动，所以，他们逐渐对天体的了解越来越多。

你在白天看到过月亮吗？

没错，你能看到。

是的，每隔几年就有这么一次，月亮在天空中运动，恰好运行到了太阳的前面，挡住了太阳光——这就好比你拿一个盘子放到电灯前面，盘子把灯光挡住了那样。那个时候可能是上午10点钟，太阳光正是灿烂的时候，忽然被月亮挡住了，一下子白天变成了黑夜，群星闪耀，鸡仔们以为天黑了，就进窝睡觉了。可是没过多久，月亮运行通过了那个位置，阳光又一次照耀大地。这种现象叫作日食。

到现在为止你可能还没见过日食，但是总有一天你会见到的。如果见到日食，我希望你不要像一些无知的人那样，认为将要发生可怕的事情——也许世界末日就要降临。他们这样认为是因为以前从来没有见过这种奇观，不知道这是一种定期发生的自然现象，并没有什么危害。

大约在公元前2300年，巴比伦人就预言了日食的发生。他们看到月亮在天空中移动，推算出再过多久就会把太阳挡住。

◆ 巴比伦人观测日食

你知道古巴比伦人对天体有多么了解了吧！我们把那些研究星象和其他天体的人们称为天文学家，照这样讲，巴比伦人都是著名的天文学家。他们崇拜太阳、月亮、星星这些奇妙的天体，对它们非常熟悉。

巴比伦第一任国王是萨尔贡一世，他大约生活在埃及人建造金字塔的那个时代，我们对他的了解也仅此而已。

公元前1770年左右，巴比伦有一位国王因他颁布的法典而远近闻名，这位国王叫汉谟拉比。我们现在还能看到他制定的《汉谟拉比法典》，当然我们已经不必遵从它了。法典是用楔形文字刻在石头上的，这些石头被保存到今天。你以前没听说过像萨尔贡和汉谟拉比这样奇怪的名字吧，但他们可是真正管理人民的国王。名字虽然奇怪，但却是这两位国王的真名呢！

◆《汉谟拉比法典》（局部）

第九章
寻觅家园的犹太人

巴比伦城有个王国叫迦勒底，那里有个叫作乌尔的小地方。大约公元前1900年，在乌尔住着一个人，他的名字叫亚伯拉罕。亚伯拉罕出生在一个大家族，虽然那个时候没有钱，但是他家却很富有，因为家里有一大群羊，这在那个时代可是一大笔财富呢！他和我们一样，只信奉一个神灵，而他的邻居巴比伦人却信奉多神教和太阳、月亮、星星这些天体。因为信仰不同，亚伯拉罕不喜欢巴比伦人，巴比伦人也不认可他，觉得他的想法非常古怪，甚至是疯狂。所以在公元前1900年左右，亚伯拉罕带着一大家子人，还有他的牲口和羊群，搬到了一个很远的地方，那里靠近地中海，叫作迦南。

◆约瑟被哥哥贩卖，约翰·弗里德利希·奥韦尔贝克作

◆约瑟的彩衣，福特·马多克斯·布朗作

亚伯拉罕活了很多年，族人很多。他有个孙子叫雅各，雅各还有一个更有名的名字，叫作以色列。雅各有个儿子叫约瑟，你也许还记得《圣经》里所写的，约瑟穿着色彩鲜艳的衣服，他是雅各最喜欢的儿子，为此他招来了其他几个兄弟的嫉恨——孩子们甚至狗都会嫉妒那些比他们更讨人喜欢的同类。所以，他的兄弟们先把约瑟扔到了枯井里，后来又把他卖给过路的埃及人做奴隶，然后他们对父亲雅各说，约瑟被野兽吃掉了。埃及人把约瑟带到了远方的埃及——离迦南非常遥远。

我在前面说过，埃及的等级制度是极其严格的，想要从下等阶级到上等阶级非常困难。然而，约瑟太出类拔萃了，他从奴隶升到了埃及的宰相。

在约瑟执政期间，迦南发生了饥荒，食物都吃完了，而埃及却储备了充足的粮食。所以，约瑟那些坏心眼的兄弟们南下到埃及求救。那时候他们认为约瑟可能早就死了，压根儿没想到他会升迁到如此显要的位置，而且正好统治着他们前去乞讨的地方。你能想象吗？当他们发现高高在上的宰相居然就是他们计划杀害并且最后卖为奴隶的兄弟时，他们是何等惊讶和羞愧啊！

如果约瑟想要报复他的兄弟们，那

◆约瑟被哥哥们丢进枯井里，詹姆斯·蒂索特作

◆约瑟的兄弟向约瑟求助，雅各布·庞托莫作

么完全可以饿死他们，或者把他们关进监狱，也可以分文不给就把他们赶回到迦南去。但是他并没有这么做，相反，他不仅给了他们非常多的食物，还送给他们很多贵重的礼物。然后他让他们回去，把家里所有人都带到埃及来。他还许诺给他们一块叫歌珊地的领土，那里没有饥荒，可以过上好日子。他们照做了，于是在公元前约1700年，以色列和他的子孙们来到了埃及，在歌珊地安顿了下来。因为都是以色列的子孙，所以他们被称为以色列人。以色列人也就是我们现在所说的犹太人。

约瑟（他自己也是个以色列人）死后，埃及的法老们不喜欢这些

◆以色列人在埃及，法老迫害以色列人，让他们在工地上做最苦最累的活。爱德约翰·波因特作

外族人，对他们很差，从那以后，埃及人就经常欺负犹太人。虽然犹太人祖祖辈辈在埃及生活了大约400年，却一直被埃及人敌视和奴役。

从犹太人最初到埃及算起，大约过了400年——自公元前1700多年起过了400年，也就是在公元前1300年左右，拉姆西斯大帝做了埃及的法老。

犹太人人口的增加让拉姆西斯大帝感到恐惧。最终，他下令杀死所有的犹太男孩，他认为这样就可以控制住犹太人。可是有个犹太小男孩获救了，他叫摩西，后来成了犹太人的伟大领袖。埃及信仰多神教，又很仇视犹太人，摩西决心带着他的族人离开这个国家。最终他实现了这个愿望，约公元前1300年，摩西率领他的族人离开埃及，穿越红海，到达对岸。这件事在《圣经》里很有名，叫作"出埃及记"。

犹太人离开埃及后，先在西奈山下落脚，摩西一个人登上了

◆发现摩西，弗雷德里克·古多尔作。法老的女儿在河边洗澡时，发现了被藏在箱子中的摩西，公主被这个惹人喜欢的小生命打动了，决定收养他

◆《摩西在西奈山上》，杰奎斯·德来延作

山顶，在那里聆听上帝给他和他的人民的启示。他在山顶上祈祷了40天，然后带着上帝授予的十条诫命下了山，这十条诫命就是你在主日学校里学过的"十诫"。"十诫"就是《圣经》上记载的上帝借由摩西向以色列民族颁布的十条规定。摩西在山顶上待了太久，当回到山下见到他的族人时，发现他们跟埃及人一样，也在敬奉一只金牛。他们在埃及住得太久了，以至于也慢慢觉得信仰多神教是对的。

摩西非常愤怒，他想，是时候该消除掉这些埃及人对他们的坏影响了。他最终成功地使他们回归了对上帝的信仰，并传给他们"十诫"，使之成为他们生活的规范。所以，摩西被称为犹太教的立法者和第一任导师。摩西死前，犹太人四处漂泊了很多年；摩西死后，犹太人的新领袖约书亚带领他们回到了迦南。

当时，犹太人没有国王，他们服从士师的管理。士师不像国王，他们没有宫殿和侍从，也没有精美的袍子和贵重的珠宝；他们的生活非常简单，跟普通人一样。但是犹太人认为，还是像周围其他国家那样，有个国王会更好。

◆撒母耳把橄榄油泼到扫罗头上

后来，有个名叫撒母耳的士师说，他们应该有个国王，之后扫罗被选中成为国王。于是，撒母耳就把橄榄油泼到扫罗头上，我们可能觉得这样做很奇怪，但对他们来说，这是成为国王的标志，相当于给他戴上了王冠。这样，撒母耳就是犹太人最后一个士师，而扫罗就是第一任犹太国王。

在那时候，别的民族都和埃及人、迦勒底人一样信奉多神教。只有犹太人信仰一个上帝，遵守上帝授予的诫命。他们有一本圣书，里面写有这些诫命，并记载着他们早期的历史。这本书就是《旧约》，现在已经是《圣经》的一部分。《旧约》中有很多故事在《古兰经》中也有，《古兰经》是穆斯林的圣书。

这就是传播《旧约》和"十诫"的犹太人的故事，下面是他们漂泊的历程：

从乌尔到迦南——公元前1900年

从迦南到埃及——公元前1700年

从埃及重返迦南——公元前1300年

你看，他们最终还是在迦南安顿了下来，后来他们把那片土地叫作自己的家园。

第十章 奥林匹斯山上的众神

从前有个人叫赫楞——男人叫这个名字听起来好像有点怪怪的。他有很多子孙，他们自称是赫楞人。赫楞人住在地中海上的一个小岛的附近，他们把这个地方称作赫拉斯。我有一次不小心把一瓶墨水打翻在桌子上，墨水洒出来，在桌上形成了一个弯弯曲曲的印迹，看起来简直就像是地图上的赫拉斯。尽管赫拉斯的面积还没有美国的一个州大，但它的历史可比世界上任何一个像它那么大小的国家都有名多了。我们把赫拉斯叫作希腊，生活在那里的人叫作希腊人。

大约在犹太人离开埃及的同时，正是人们开始用铁器来代替青铜器的时候，这个时间是在公元前1300年左右，也就在这个时候，人们才知道了希腊和希腊人的存在。

希腊人信仰多神教，而不像犹太人和现在的美国人一样只信仰一个上帝。在神话故事里，他们信仰的那些神灵没有一点神的样子，却更像普通人。他们为这些神建造了许多美丽的雕像，还为他们写了很多诗歌和故事。

他们信仰的主神有12个——正好一打，其中有6个是女神。他们认为神灵都住在奥林匹斯山上，这座山是希腊最高的山。这些神并不总是善良的，他们经常互相争吵、欺骗，甚至还做更多坏事。神灵们吃的食物可要比我们吃的东西美味得多了，他们喝的是仙酒，吃的是仙果。希腊人认为吃了仙果喝了仙酒就可以使人长生不老，所以神仙都不会死。

我来给你们介绍一下这些神的家族吧，我想你们会很愿意认识一下他们。他们大多都有两个名字，一个是在希腊神话中的名字，另一个是在罗马神话中的名字。我下面的介绍也是按照这个顺序，前面的名字是希腊神话中的叫法，后面则是在罗马神话中的叫法。

宙斯或叫朱庇特，是众神之父，也是所有人类的王。他坐在宝座上，手中拿着弯弯曲曲的雷电（也叫霹雳）。他身边通常都有一只鹰，那是鸟中之王。

赫拉或叫朱诺，是宙斯的妻子，也是众神的女王。她手持权杖，经常和她的爱鸟孔雀在一起。

波塞冬或叫尼普顿，是宙斯的一个兄弟。他是海神，掌管大海。他驾着一辆海马拉的战车，手持三叉戟，这种武器看起来就像是有三个尖头的干草叉。他只要挥动三叉戟，就能在海上掀起风暴或平息风浪。

赫菲斯托斯或叫伍尔坎，是火神。他是个瘸腿的铁匠，在铁匠铺工作。他的铁匠铺据说在一座山的山洞里，通常当火山喷发的时候，人们就说是赫菲斯托斯在里面，火山（volcano）就是根据他的罗马名字（vulcan）命名的。

◆波塞冬和阿波罗，帕台农神庙东侧内殿中楣细部

◆阿波罗，根据公元前4世纪末希腊雕塑复制

阿波罗，是所有男性神灵中最英俊的一个，他的名字在希腊神话和罗马神话中都是一样的。阿波罗既是太阳神，又是掌管歌曲和音乐的神。希腊人说，每天早晨他驾着太阳战车从东到西穿过空中，给人们带来灿烂的阳光。

阿耳忒弥斯或叫狄安娜，是阿波罗的孪生妹妹，她是月亮女神和狩猎女神。

阿瑞斯或叫玛尔斯，是可怕的战神。他只有在发生战争的时候才觉得开心——所以他多数时候都是快乐的（因为经常有战争发生）。

赫尔墨斯或叫墨丘利，是众神的信使。他的帽子和鞋子上长着翅膀，手中拿着一根奇妙的、带翼的权杖，如果把这权杖放在两个争吵的人中间，立刻就能让他们言归于好。有一天，赫尔墨斯看见两条蛇在打架，他就把权杖放在它们中间，这两条蛇就像恋人的拥抱一样缠在了一起，把他的权杖也绕在了里面。自那以后，这两条蛇就一直缠在他的权杖上。这根权杖叫作使节杖（又称"双蛇杖"）。

雅典娜或叫密涅瓦，是智慧女神。她的出生非常奇特。有一天，宙斯突然头疼起来，而且疼得越来越厉害，最后他实在忍不住，就想了个奇怪的办法。他叫来了赫菲斯托斯，就是那个瘸腿的铁匠，让他用锤子敲自己的头。赫菲斯托斯一定觉得这是个莫名其妙的请求，但他还是要服从众神之父的命令。所以，他一锤子打在宙斯头上。结果，雅典娜穿着盔甲、全副武装地从宙斯裂开的脑袋里冲了出来。她出来后，宙斯的头疼也就好了。因为雅典娜是从宙斯的大脑中诞生的，所以她是智慧女神。她在希腊建立了一个伟大的城市，用自己的名字命名为雅典。据说，她守护着这座城市，就如同妈妈照看孩子一样。

阿弗洛狄忒或叫维纳斯，是爱与美的女神。她是女神中最美丽的一个，就像阿波罗是男神中最英俊的一样。据说，她在大海的泡沫中诞生。她的儿子厄洛斯或叫丘比特，是一个胖乎乎的小男孩，背着一个箭袋。他的工作就是把人们看不到的箭射在人的心上，但是被射中的人并不会死去，而是会立刻爱上某个人。所以，我们在情人节时总是用一支穿过红心的箭表示坠入爱河中的人们。

赫斯提亚或叫维斯塔，是掌管家事和炉灶的女神，她守护着家庭。

得墨忒耳或叫克瑞斯，是主管农业的丰收女神。

这就是奥林匹斯山神家族中12个重要的成员。

哈迪斯或叫普路托，是宙斯的哥哥。他住在阴间，统治着冥界。

此外，还有许多相对来说不那么重要

◆雅典娜，罗马时期根据大约公元前450年的原作复制

◆雅典娜或密涅瓦的出世

◆《维纳斯的诞生》，波提切利的代表作。画中女神维纳斯从爱琴海中浮水而出，风神、花神迎送于左右。裸体的维纳斯就像一粒珍珠一样，从贝中站起，升上了海面，画面左上端有风神把春风吹向维纳斯，而春神弗罗娜则在岸上迎接她。画中有许多玫瑰，在轻风的吹送中，绕着维纳斯窈窕而柔和的身姿飘舞。洋溢着青春生命的肉体、美丽娇艳的鲜花，在当时是作为向宗教禁欲主义挑战的形象。画面中的维纳斯脸上挂着淡淡的哀愁，胸中似乎含有不可言传的、近乎理想的爱。因此，诞生似乎并不带来欢乐，反而有点悲剧味道

的神和一些有一半人类血统的神，比如命运三女神、美惠三女神和九位掌管艺术的缪斯女神。

天空中有一些行星至今仍然是用这些神的名字来命名。朱庇特（木星）是最大的行星，玛尔斯（金星）是那颗血一般红的行星的名字，此外还有墨丘利（水星）、尼普顿（海王星）、普路托（冥王星）。

希腊人对神灵的祈祷与我们不同。他们不像我们那样闭目跪拜，而是站在那里，双臂向前伸开。他们也不祈求神灵宽恕自己的罪过或赐予自己幸福，而是祈求在对敌作战中获胜和不受伤害。

在祷告的时候，他们总是会奉献祭品，通常是一些牲畜、水果、蜂蜜和美酒等，他们想用这些祭品来讨好神灵，这样神灵就会满足他们的愿望。他们把酒泼到地面上，认为神灵们希望他们这样做。他们杀死牲畜，在祭台上支起火架来烧烤，这就叫作献祭。他们想，即使神灵们

不能亲自吃肉喝酒，也会喜欢有人奉献给他们东西。直到今天，当某人把某物奉献给另一个人时，我们就说他做出了牺牲。

希腊人在献祭时总是会寻找一些迹象，从中发现神是否对牺牲满意，是否会答应他们的请求。掠过头顶的鸟群、划过天边的闪电，只要发生任何不同寻常的事情，他们都认为是有含义的迹象、信号。这些信号叫作预兆。有些预兆是好的，表明神灵会满足他的要求，而有些预兆则像是不好的预兆。其实不仅古代的希腊人如此，到现在有些人也还相信这种预兆，比如当你看到一轮新月在你的右肩上方，就是个好兆头；你打碎了盐罐子，就是个坏兆头。

距离雅典不远有座山，叫帕纳塞斯山，山旁边有个城市叫德尔斐。在德尔斐城里有一道裂缝，从裂缝里涌出的沼气就像是火山喷发时所释放出来的沼气一样。希腊人认为沼气是阿波罗的呼吸。那里有个女祭司，她坐在裂缝上方的一个三条腿的凳子上，呼吸到沼气后，她就会变得疯疯癫癫、神志不清，和人们烧昏了头的时候差不多。当人们问她问题时，她就会说出一些稀奇古怪的话，而后旁边的祭司再来告诉大家她说的是什么意思。这里被称为德尔斐神庙，女祭司回答人们的话就是德尔斐神谕。人们经常不远万里来到这里发问，希望能从神谕中找到答案，他们认为是阿波罗在回答他们。

希腊人在不知道该怎样做或是想知道将来会发生什么的时候，就会去德尔斐寻求神谕的启示，他们坚信神谕告诉他们的一切。然而，神谕的答案通常都像谜一样，可以有多种理解。举个例子，有个国王想要和另一个国家打仗，他去问神谕谁会赢。神谕回答："一个伟大的王国将会灭亡。"你觉得这个神谕是什么意思呢？像这样的回答，你可以有两三种理解。今天人们还会把这种晦涩、多义的语言叫作"神谕式的"。

第十一章
特洛伊战争

　　一个国家的历史通常以战争开始，以战争结束，在希腊历史上发生的第一桩大事件就是一场战争。这场战争叫特洛伊战争，发生在公元前1200年左右，在人们进入铁器时代后不久。可是，我们非但无法确定战争时间，甚至都不能肯定是否真的发生过这场战争。因为几乎所有关于这场战争的事情，我们都是从神话故事中得知。这个故事是这样的：

　　有一次，奥林匹斯山上的众神参加一场婚宴，一个没有被邀请的女神向桌子上扔了一个金苹果，金苹果上面写着这样几个字：

　　给天下最美的女神。

　　扔金苹果的是争执女神，恰如其名，她的确引发了一场争执。与爱慕虚荣的人类一样，每一个女神都认为自己是天下最美丽的，应该得到这个金苹果。最终，她们找到了一个叫帕里斯的牧童，让他来评定谁是最美的。

　　每个女神都向帕里斯表示，如果他选中自己，就会送给他一件礼物。赫拉，众神之母，答应让他成为国王；智慧女神雅典娜，许诺让他成为智者；而阿佛洛狄忒，爱与美的女神，保证让他娶到这世间最美的女人做妻子。

其实，帕里斯并不是个牧童，他是特洛伊国王普利阿摩斯的儿子，特洛伊城就在希腊对面的海岸上。帕里斯还是婴儿的时候就被丢弃到山上了，幸好被一个牧羊人发现，这个牧羊人把他带回家，并把他当作自己的孩子一样抚养成人。

帕里斯对成为智者不感兴趣，也不想当国王，他就想娶这世界上最美的女人为妻，于是他把金苹果给了阿佛洛狄忒。

◆《帕里斯的评判》，老克拉纳赫作

当时，世界上最美的女人叫海伦，她已经嫁给了斯巴达国王墨涅拉俄斯。可阿佛洛狄忒不管这些，她让帕里斯去希腊的斯巴达城，在那里找到海伦，然后带她私奔。于是，帕里斯就去斯巴达见国王墨涅拉俄斯，国王以皇室的礼仪热情地招待了他。虽然帕里斯受到了这样友好的款待，还获得了国王的信任，可是在一天晚上，他还是偷偷地把海伦带走了，带她一同回到特洛伊。

墨涅拉俄斯和希腊人当然无比愤怒，他们立即准备战争，向特洛伊进军准备夺回海伦。在古代，所有的城市都有城墙围绕，用来防御外敌。那时候没有大炮、机枪，也没有现代战争中那么多样的致命武器，想要进入并且攻陷一个有城墙的城市是非常困难的。特洛伊城就是这样的城市，希腊人为了要攻破它打了十年的仗，但是十年后，特洛伊仍然没有失守。

◆头盔上戴羽毛的特洛伊人接收希腊人提供的一个巨大的木马"礼物",选自公元前7世纪一个希腊陶制花瓶

◆《特洛伊之火》,老勃鲁盖尔作

最后,希腊人想出了一个特别的办法。他们建造了一匹巨大的木马,把士兵们藏在木马的肚子里,然后把木马放在特洛伊城墙外面,接着驾船离开,佯装停战;此外,希腊人安插的间谍告诉特洛伊人,木马是神的礼物,应该把它搬进城里。但是,特洛伊的一个名叫拉奥孔的祭司让大家不要动那匹木马,因为他怀疑这是个奸计,可人们都不听他的话,因为他们想要那匹木马。要知道当人们很想做什么事的时候,很少能听取别人的劝告。

就在那时,有几条大蛇从海里游了出来,袭击了拉奥孔和他的两个儿子,缠在他们身上,令他们窒息而死。特洛伊人认为这是神灵的警告,按他们的话说,这是个预兆,那就是不应该相信拉奥孔。于是他们决定不接受拉奥孔的规劝,把木马搬进城。然而木马那么大,根本无法通过城门,为了把它弄进城,他们只得拆掉一部分城墙。当晚趁着夜色,希腊士兵钻出木马,打开城门,一直等候在外的希腊人立即返回,穿过城门和特洛伊人拆出的城墙上的洞,一举征服了特洛伊,并把整座城市烧得片瓦不留,海伦也被丈夫接回了希腊。因为这个木马的诡计,我们现在还有句谚语叫"小心希腊人送的礼物",大意是说要提防给你送礼物的敌人。

特洛伊战争的故事被写成两首很长的叙事史诗，有人认为它们是迄今为止最美的诗歌。其中一首诗叫《伊利亚特》，是用特洛伊的名字来命名的，因为特洛伊还有一个名字叫作伊利亚，这首长诗写的就是特洛伊战争；另外一首诗叫《奥德赛》，写的是特洛伊战争结束后，一个希腊英雄回家路上的历险。这个英雄叫奥德修斯，长诗的标题就来源于他的名字，不过他还有一个名字叫尤利西斯。《伊利亚特》和《奥德赛》这两部史诗是希腊诗人荷马所作，据说他生活在公元前700年左右。

◆《荷马》，法国画家勒卢瓦尔绘。在画中，行吟诗人荷马正在爱奥尼亚一条大路旁，一边奏着里拉琴，一边吟唱者歌颂特洛伊英雄的史诗，周围聚集着入迷的听众

据说荷马是一位吟游诗人，就是到处流浪、唱歌曲和史诗给人们听的诗人。他可能收集了一些古老的传说，并根据这些写成了这两部史诗。通常，吟游诗人唱歌时都用里拉（古希腊的一种竖琴）伴奏，作为回报，听的人会给他一些吃的或为他提供一个睡觉的地方。

人们喜欢听荷马的诗歌，他们把这些诗歌记在心里，在他死后，就由母亲们把这些歌唱给孩子们听。诗歌用希腊文记载成书并且流传至今，如果你以后学习希腊文，就有机会读到它们，如果你没学希腊文，至少也看看英文译本吧。

我刚才说了，荷马的诗歌很可能改编自古老的传说，而关于荷马本人也有很多传说，我们分不清哪些是真的。据说，他是个盲人；还有，有七个城市都骄傲地宣称是荷马出生地，你算算吧，那就有六七个传说了。

第十二章
犹太人的王

在荷马吟唱着他美妙的诗歌穿过希腊大街小巷之前的几个世纪,一位伟大的犹太国王也在迦南吟唱着其他精彩诗篇。这个国王叫大卫,他并非生来就是国王。他原来只是犹太王扫罗军队中的一个牧童,接下来我就告诉你们他是怎么碰巧当上国王的。

你还记得吧,最初犹太人是没有国王的,但是他们希望有个国王,最后他们选举扫罗当上了国王。

《圣经》中说,大卫杀死了巨人歌利亚。我们都喜欢这个故事,因为小人物用计谋打败了大块头的恶霸。

扫罗王有个女儿,她爱上了这个勇敢强壮的年轻人大卫——杀死巨人的英雄。最后,他们结婚了。

扫罗王去世后,大卫当上了国王,他是犹太人

◆大卫和腓利斯巨人歌利亚

历史上最伟大的国王。虽然扫罗也当过国王,但他那时还住在帐篷中而不是宫殿里,他甚至连一个都城都没有。

大卫最后征服了迦南一个叫耶路撒冷的城市,并将这里作为犹太人的都城。

大卫不仅是英勇的武士和伟大的国王,他的诗歌也写得特别好。

盲诗人荷马歌颂的是神话中的众神,而大卫王则颂扬他唯一的主。

这些颂歌就是赞美诗,现在教堂和犹太会堂仍然要诵读和歌唱赞美诗。

如今即使最受欢迎的歌曲最多也就流行几个月而已,但大卫在

◆《所罗门的审判》。为了辨别真假母亲,他下令把这个孩子劈成两半。孩子生母站了出来,因为她宁愿放弃,也不愿见到孩子被活活劈死

三千多年前写的这些歌却传诵至今！第二十三首赞美诗开篇写道："主就是我的牧羊人。"这首诗歌旋律最为优美，让人铭记在心。大卫把自己比作绵羊，而主则是细心的牧羊人，他温柔地照看着羊，让羊生活得安全、舒适。

大卫的儿子叫所罗门，在大卫死后，所罗门继位为国王。

如果有个善良的仙女问你，这个世界上你最想要什么，你会怎么选呢？据说，在所罗门成为国王后，上帝在他梦中现身，问他最想要什么。所罗门不想要财富和权势，他回答说想要智慧。于是上帝说会使他成为世界上最有智慧的人。下面这个故事说明了他多么有智慧。

有一次，有两个女人抱着一个婴儿来找所罗门，都说婴儿是自己的亲骨肉。所罗门叫人拿了一把剑过来，说道："把这个孩子砍成两半，给她们一人一半。"其中一个女人听完哭了起来，说愿意把孩子让给另一个女人。于是，所罗门就知道了谁才是婴儿真正的母亲，下令把孩子还给她。

所罗门用香柏木、大理石、黄金和珠宝建造了一座宏伟壮观的庙宇。香柏木珍稀名贵，是专门从邻国运来的，而墙壁上的黄金和上面密密镶嵌的珠宝更是熠熠生辉。然后，他又为自己建造了一座豪华的宫殿，这座宫殿可称得上是富丽堂皇。所罗门的庙宇和宫殿在当时非常有名，从世界各地来参观的人们络绎不绝。《圣经》中说起所罗门的庙宇和宫殿的大小时，都是用肘尺而不是用英尺来计算。1肘尺就是一个男人的手肘到他中指指尖的距离，长度大约是1.5英尺。

在这些来参观的人中，有一位示巴女王（示巴是当时的一个国家，在阿拉伯的西南方），她不远万里穿越阿拉伯半岛，前来聆听所罗门的箴言，参观他建造的宫殿和庙宇。

尽管这宫殿和庙宇在当时被认为是奢华无比，但是你要记住，那毕竟是在公元前1000年，相对于现代宏伟华丽的建筑而言，所罗门的

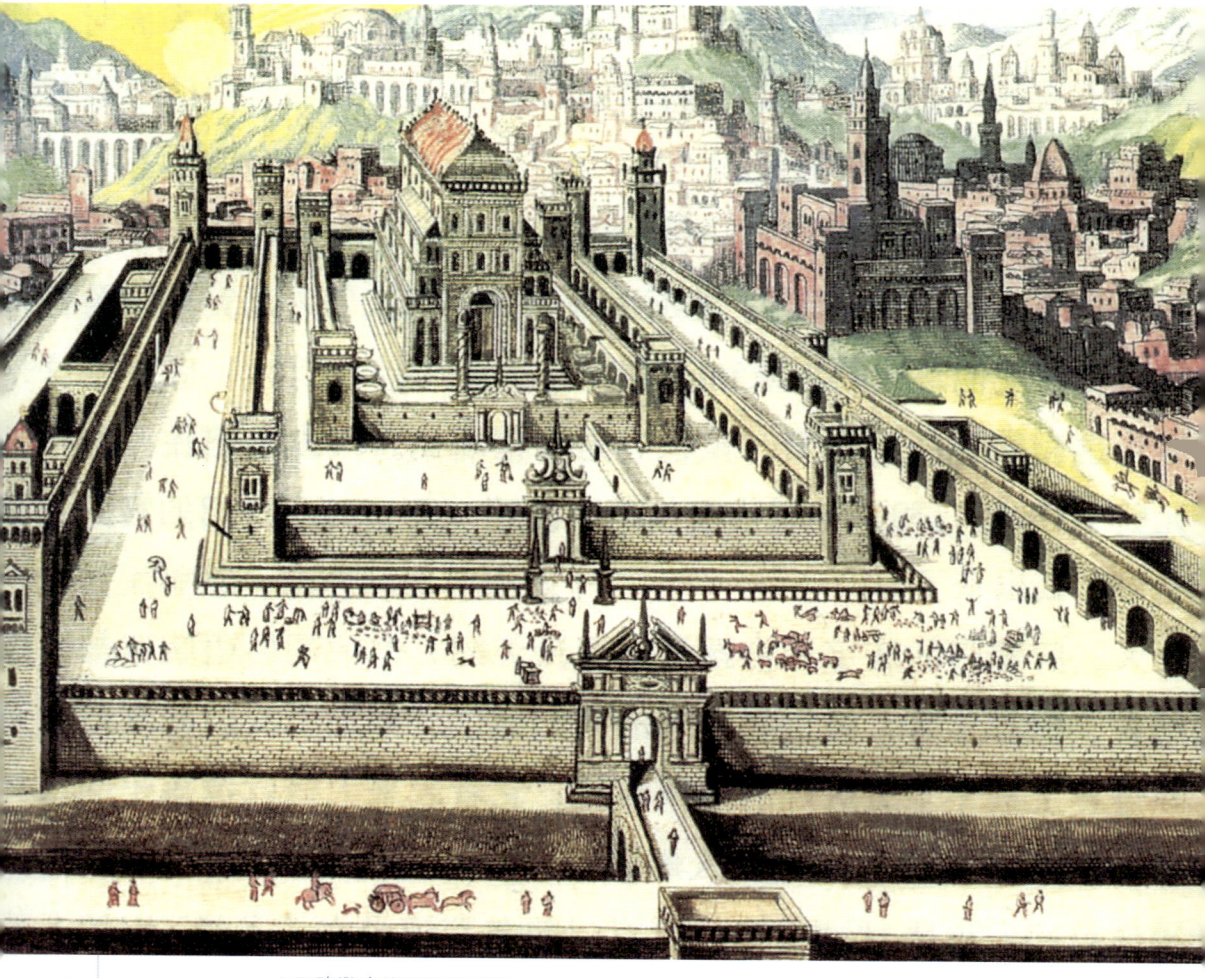

◆耶路撒冷的所罗门圣殿

宫殿和庙宇就不见得多么出众了。

今天，所罗门的宫殿和庙宇早已湮没无闻，但他的妙语箴言却被翻译成多国语言保存到今天，被世界各地的人们诵读。如果所罗门的宫殿今天还在，那么与世界上成千上万辉煌的建筑相比，它看起来大概就像孩子的玩具房。但是，直到现在也没有人敢说自己的话比所罗门的箴言更有智慧。你觉得你可以吗？你来试试看！所罗门的名言记录在《圣经·旧约》的箴言篇中，这是其中的几句：

  软语息怒
  恶言引火

这是什么意思呢？

  善名胜过巨富
  恩爱贵于金银

这句话的含义是什么？

  任他人赞美而不自夸

这又是什么意思呢？

  所罗门是犹太人最后一位伟大的国王。在他死后，犹太民族开始了分分合合的过程。六百年后，犹太王国终于四分五裂，这种分裂状态持续了两千多年。在这之后，犹太人虽然遍布世界各地，却再也没有过国王，没有都城，也没有一个自己的国家。最后，他们在过去被称为迦南的那片土地上建立了一个新的国家——以色列。

第十三章 发明字母ABC的人

早在人们知道如何写字之前，有一个名叫卡德摩斯的木匠。有一天，他在工作时忽然想起有个工具忘在家里了。于是，他捡起一块木片儿，在上面随便写了几笔，就把它交由他的奴隶带回家给女主人，并说他的妻子见到木片儿就知道他想要什么。卡德摩斯的妻子看了那块木片儿，二话不说就把工具递给了奴隶。奴隶惊呆了，他想那木片儿一定是以一种神秘的方式传递了主人的信息。当这个奴隶拿着工具回去交给卡德摩斯时，请求卡德摩斯把这块非凡的木片儿赐给他，在得到允许之后，他就把木片儿当作护身符挂在了脖子上。

这就是希腊人所说的发明字母的人。不过我们相信，卡德摩斯只是个虚构人物，希腊人喜欢编这类故事。字母不可能是由一个人发明的。不过，卡德摩斯是腓尼基人，我们知道，腓尼基人发明了早期

◆ 卡德摩斯的奴隶与木片

的字母表，为后来人们使用的字母表打下了基础。我们读的字母表发音很简单，就是A、B、C……然而希腊人读起这些字母可要复杂多了，他们把A读作alpha（阿尔法），B读作beta（贝塔），等等。所以，希腊的孩子们学习字母也是从alpha、beta开始的，这也就是为什么我们把字母表叫作alphabet的原因。

你大概从未听说过腓尼基和腓尼基人吧？可是，如果没有腓尼基这个国家，你今天在学校里学习的可能还是象形文字或楔形文字呢！

到现在为止，你已经知道人们曾经有过笨拙的书写形式。埃及人写字就得画图，巴比伦人写的字像鸡爪印。腓尼基人发明的字母表中有22个字母，而我们现在应用的字母表就是由它演变而来的。

当然，我们现在不再用腓尼基人的字母表了。不过，他们的很多字母和三千年后的我们所用的字母表样子差不多。比如下面这个简表：

我们今天用的字母	腓尼基字母
A	⊲（他们是侧着写的）
E	⊒（他们是反着写的）
Z	Z（跟我们完全一样）
O	O（跟我们完全一样）

腓尼基人是犹太人的邻居，和犹太人一样，他们也是闪米特人的后裔。他们的国家紧挨着犹太王国的北方，从地图上看，它在犹太国的上方，位于地中海沿岸。

腓尼基有个伟大的国王叫海勒姆，他和所罗门生活在同一个时代。实际上，海勒姆和所罗门是朋友，他曾派出一些最好的工匠去帮助所罗门建造耶路撒冷的神庙。但是，海勒姆和所有腓尼基人并不信仰犹

◆约5世纪的花瓶，发现于迦太基遗址

太人的上帝。

腓尼基人敬奉的神灵有巴力神和莫洛克神，这两个神也叫太阳神和火神。他们还信仰月亮女神阿施塔特，在她的雕像前用活生生的孩子献祭。天啊，这可是真事，不是神话故事！想想看，如果你是那时候生在腓尼基的孩子，那该是多么可怕啊！

腓尼基人是了不起的商人，他们制作了很多东西来卖，比如象牙做的雕塑、精雕细琢的金银饰品、晶莹剔透的玻璃制品等。他们还会织毛纺布和亚麻布，而最有名的要数他们制作的印染布料和印染长袍。腓尼基人能从小蛤蜊的身体里提取出一种鲜亮的紫色，这可是他们的不传之秘；而这种小蛤蜊就生活在提尔城附近的水域中，所以这种紫色比其他颜色都要鲜艳、美丽，因此国王们的长袍染的都是这个颜色。

提尔和西顿是腓尼基的两座大城市，也曾经是世界上商业最发达的城市。

腓尼基人四处经商，他们驾驶船只走遍了整个地中海，甚至还出海到过大西洋。这个出海口现在被称作直布罗陀海峡，在当时被叫作

◆琉璃面具，布匿墓地出土，公元前3世纪。金戒指，公元前4世纪。迦太基博物馆

"赫拉克勒斯（希腊神话中的英雄，著名的大力士）之柱"。他们的足迹远至大不列颠群岛和非洲海岸，那个年代的许多人想都没想过驾驶船只能走那么远，他们认为走到海洋的边缘就会掉下去。腓尼基人却没有这种顾虑，因此他们是那个时代最伟大的航海家和商人。他们用山坡上生长的香柏树来建造船只，这种树现在被称为黎巴嫩雪松。

在对待香柏树的问题上，腓尼基人真是目光短浅。他们几乎把香柏树一棵没剩地全都砍光了。结果，再也没有这种坚硬结实的树木可以被用来造船了——也没有其他什么东西。你觉得我们会做类似这样的蠢事吗？

腓尼基人一旦发现适合停泊的港口，就会在那里建设一座城市，和当地人做生意。他们用那种成本很低的紫色布料换来金银和其他贵重物品，总能从中赚一笔。他们在北非沿岸也建了一些城市，其中有一个叫迦太基，迦太基后来变得非常强大、富有——它的故事我后面再讲给你听。

第十四章
坚硬如铁的斯巴达人

我们的故事再回到希腊，在这个荷马和众神的家乡有个叫斯巴达的城市，海伦就曾生活在那里。大约在公元前900年，斯巴达有个名叫莱克格斯的男人，这在希腊语中是个非常硬朗的名字。当你听完这个人的故事后，也许会认为这个人也是条硬汉。莱克格斯确实是个刚强的男人，他的愿望就是让斯巴达成为世界上最强大的城邦。

首先，他要弄清楚怎么样才能使一个城市和它的人民变得强大。

他成年累月外出游历，差不多走遍了世界上所有的大城市，想要明白是什么使得这些城市强大起来。这也就是他一直在学习的东西。

有些地方的人就希望每天能开心、快乐，有东西可以消遣，日子过得舒舒服服的——他发现他们还不够好，不够强大。

还有些地方的人们总想着努力工作，无论快乐与否，都本分地做着自己的本职工作——他发现这些人还算不错——比较强大。

后来，莱克格斯回到斯巴达，着手制订了一系列规则，他认为按照这些规则生活，就能使他的人民比世界上其他民族都强大。这些规则叫作法典，我想你会同意我说这些规则是非常严酷的，它们也确实让斯巴达人变得更加强壮——简直就像铁钉一样结实。我们再来看看，法典能否使斯巴达真正强大起来了呢?

斯巴达人的训练是从婴儿抓起。当婴儿出生后,人们就检查他们是否健康强壮。如果婴儿看起来不太健康,他就会被扔到山里任其自生自灭。因为莱克格斯希望在斯巴达没有一个弱者。

当男孩们长到7岁大,他们就要离开母亲到学校生活。与其说是学校,其实更像是军营,从那时开始,他们要一直住在学校,直到60岁。在学校里,他们学的东西和你学的可不一样,他们只学习如何成为

◆《斯巴达大立法官莱克格斯展示军事训练的重要性》,荷兰画家艾弗汀根作。斯巴达人崇尚武力,整个社会是个管理严格的大军营。在斯巴达,不健康的婴儿会被抛弃。男孩子在7岁前,由双亲抚养。父亲从小就注意培养他们坚韧的品格。7岁后的男孩,被编入团队过集体的军事生活。他们要求对首领绝对服从,要求增强勇气、体力和残忍性。他们练习跑步、掷铁饼、拳击、击剑和格斗等。为了训练孩子的服从性和忍耐性,他们每年在节日敬神时都要被皮鞭抽打一顿,且不许求饶,不许喊叫。图为斯巴达的立法者莱克格斯在给他的下属讲解军事知识

一名优秀的战士。

学校里没有课本。

没有拼音读书。

没有数学。

没有地理，因为没有人对世界各地有足够的了解，能写成一本地理书。

没有历史，因为没有人知道多少有关在这之前的世界上所发生的事情。当然啦，你现在学到的自那以后的历史，在那时候还没有发生呢。

到了某些时候，斯巴达的男孩要被鞭打一顿，不是因为他们做错了什么，只是要教会他们在受苦的时候不能哭。不管他伤得多严重，只要他哭了，那就会是他永远的耻辱。

他们要一直运动、训练、工作，直到快要倒下为止。不管多累、多饿、多困，身体有多么疼痛，他们都要一直坚持这样的生活；而这些苦他们只能埋在心里，并且不能表现出一点儿受苦的样子。

他们要吃最难吃的东西，长期的忍耐饥渴，在最寒冷的天气里穿得很少或是根本不穿衣服，就是为了能适应艰苦和忍受各种不适。这样的训练、这样的磨砺，叫作"斯巴达式训练"。你觉得你会喜欢这样的训练吗？

斯巴达人的食物、衣服和住所都是国家免费提供的，但质量都特别差、特别简陋。他们把吃美味的食物、穿好衣服、睡软软的大床都当作奢侈品，而莱克格斯认为奢侈品会让人变得柔弱无能，他希望他的人民能够坚强、硬朗。

在说话方面，斯巴达人被要求做到简单直接，不能浪费一个字，尽可能用最少的语言来表达意思。这种说话方式叫作"拉科尼式"（laconic，简洁的），取名自斯巴达所在的拉科尼亚州。

以前斯巴达人收到了一个国王的恐吓信,信中说他们最好按照这个国王的要求去做,如果敢不服从这个国王的话,他就会占领他们的国家,毁掉他们的城市,把他们都变成奴隶。

斯巴达叫信差送去了回信,那个国王打开一看,信上就一个字:"敢。"

直到现在,我们还把这种言简意赅的回答,叫作拉科尼式回答。

这样艰苦地训练和拼命地工作,使斯巴达成为世界上最强大的人民了吗?

莱克格斯的确使斯巴达人成了世界上最强壮、最优秀的战士,他

◆《操练中的斯巴达青年》,德加作

们征服了周围各国的人民，尽管这些国家的人民是他们的十倍还多。但是，他们使这些人民成为他们的奴隶，为他们种地和干活。我们以后会知道莱克格斯的想法对不对。

斯巴达北部还有希腊的另一个大城邦——雅典。当然了，希腊有很多城邦，但斯巴达和雅典是其中最重要的两个。雅典人的生活和想法，与斯巴达人有着天壤之别。

雅典人和斯巴达人一样热爱各种体育活动，但是他们还热爱音乐和诗歌，热爱美丽的雕塑、油画、建筑物和所有精美的艺术品。

斯巴达人认为锻炼身体无疑是最重要的，而雅典人认为内心的修养和锻炼身体一样重要。你更倾向于哪一种呢？

有一次，在这两个城邦之间举行了一场重大的比赛。有一个年迈的老人在雅典人的那边找位置，可是已经没有空位置了，也没有一个雅典人给他让座。后来，斯巴达人把老人请过去，在他们那边给他找了一个最好的位置。雅典人为斯巴达人的举动欢呼起来，表示他们多么赞同这种做法。对此，斯巴达人这样回应说：

"雅典人知道什么是对的，但他们却不去做！"

第十五章
奥林匹克的桂冠

希腊的男孩和小伙子们,甚至是姑娘们,都喜欢各种各样的户外运动。

他们那时候没有足球、棒球或篮球,运动项目一般有跑步、跳高和摔跤、拳击,还有掷铁饼——铁饼就像是一个又大又重的铁盘子。希腊各地经常举行比赛,看谁在这些运动项目上最出色。

然而最大的体育盛会每年才举行一次,地点在希腊南部的奥林匹亚。每到这个时候,来自全国各地的优秀选手都会云集于此,他们当中要决出全希腊的冠军。

这个比赛的举办日就是希腊最盛大的节日,因为这个活动是以希腊神话中众神之首——宙斯的名义举办的。人们都从四面八方不远万里赶来观看,和现在人们去看世界杯和奥运会的热情差不多。

◆古希腊赛跑的人

◆ 奥林匹克运动会参加掷铁饼比赛的选手

只有希腊人才能参加竞赛，而且参加者不能有任何犯罪记录和违法行为——这就像现在孩子们也必须要品行优良，才能参加学院或学校的代表队一样。在古希腊，只有男人和男孩才能在奥林匹克运动会上参赛。

如果碰巧在举办奥林匹克运动会的时候发生战争，按照惯例总是需要休战，然后每个人都去参加比赛。任何事情都不能干扰运动会，相比之下战争都变得不那么要紧了。"先办正事！"运动会结束后，他们再继续开战。

为了参加这场重大赛事，希腊的男孩和小伙子们要先准备四年，在运动会开始之前的九个月，他们再到奥林匹克附近的露天体育场训练。

运动会一共持续五天，开始和结束时都会有队伍游行，要向希腊众神祈祷献祭，会场里面摆满众神美丽的雕像。这不仅是一场运动会，还是纪念宙斯和其他众神的宗教仪式。比赛的种类很多，如赛跑、跳高、摔跤、拳击、战车和掷铁饼。任何在比赛中作弊的运动员都会被淘汰出局，而且终身不能再参赛。

希腊人信奉我们现在所说的体育精神，他们获胜了不骄傲，失败了不找借口，更不会嚷嚷着说裁判不公平。

在一个或多个项目上夺冠的运动员就是全希腊的英雄，尤其是他代表参赛的那个城邦的英雄。但是，获胜者并没有奖金，而人们会把用月桂树叶做成的花环戴在他的头上。在他看来，这个花冠可比现在运动员获的金牌、银牌要贵重得多。除了荣获桂冠以外，还会有诗人为他写歌，有雕刻家为他刻雕像。

除了体育竞赛，还有诗人和音乐家的比赛。他们比赛的内容就是谁写的诗歌最好，谁作曲和演奏的音乐最甜美。他们演奏的乐器是一种叫七弦琴的小提琴。这些比赛的获胜者得到的不是桂冠，但他们会被群众抬起来欢呼；你在现代比赛中可能也见到过，在获胜后，队长被他们的队友抬起来，抛向空中。

在希腊历史上，我们能确定无疑的第一个事件，是在公元前776年奥林匹克运动会上的赛跑记录。从这次

◆希腊瓶画口的七弦琴

比赛之后，希腊人开始计算他们的历史日期，就像我们从耶稣诞生时起开始公元纪年一样。这一年是他们的第一年。

两次奥林匹克运动会之间相隔的四年叫作一个奥林匹亚德（即奥林匹克周期）。在此之前，他们还没有记录年、月、日的日历，所以公元前776年是第一个奥林匹亚德的起始年。之前的希腊历史可能有些是真实的，但我们知道大部分都是虚构的。从公元前776年开始，希腊历史几乎都是完全真实的了。

1896年，在奥林匹克运动会停办很久之后，人们认为重新举办是件好事。这样，在相隔了两千多年后，现代奥林匹克运动会第一次在1896年举行，只不过这次不是在奥林匹亚而是在雅典。过去的奥运会总是在希腊举行，现在则是每次都在不同的国家举办。过去只有希腊人才有权利参加奥运会，现在全世界几乎所有国家的运动员都被邀请参加。过去只要运动会一开始，战争就要暂停，现在只要战争在继续，运动会就要被迫停办。

我们前面见识过了斯巴达式训练，可能会猜测他们总能赢得大多数运动项目的冠军吧，事实也的确如此。

在现代奥林匹克运动会上，斯巴达人是否依然能赢得大多数奖项呢？

答案是不能，现在就是全希腊也不能夺得最多的冠军了，因为希腊在当今世界上只是众多国家中的小小一员。

第十六章
罗马城的罪恶开端

你听说过千里靴的故事吗？人们只要穿上那样的靴子，就可以一步跨出好几公里！这里还有个更大的靴子，它有805公里那么长，就在地中海上。

不，它看着就像只靴子似的。

它叫作意大利。

在希腊第一个奥林匹亚德不久，意大利发生了一件大事。这件事对他们来说非常重要，因此这一年被他们称为第一年。这件大事足足有一千年，意大利人就是从这一年开始纪年的，正如希腊人以奥林匹亚德纪年和我们以耶稣诞生纪年一样。不过这件大事并不是某个人的诞生，而是一个城市的诞生，这个城市就是罗马。

和希腊历史一样，罗马历史也是从神话故事开始的。希腊诗人荷马讲述了英雄奥德修斯流浪的故事，很多年以后，古罗马诗人维吉尔也写了一部伟大的史诗，讲的是一个特洛伊人埃涅阿斯在特洛伊灭亡后的流浪生活。

当特洛伊城被焚毁后，埃涅阿斯逃离了那里，开始寻找新的家园。经过了几年的四处漂泊，他来到了意大利中部、台伯河的河口

◆牧羊人发现母狼和两个双胞胎兄弟，拼花地板

处。在那里，他遇到了国王的女儿拉维尼娅，他娶了拉维尼娅，从此过上了幸福的生活。后来他们的孩子成了这片土地的统治者，子子孙孙，一辈又一辈。直到许多年之后，有两个孪生兄弟诞生了，一个叫罗慕路斯，一个叫雷穆斯。到此为止，故事的第一部分也就结束了，烦恼由此开始，他们从此以后再也没有过上幸福的生活。

在双胞胎出生的时候，有人夺走了他们世袭的王位。这个人担心两个孩子长大后会把王位夺回来，于是他把双胞胎放在篮子里，把篮子扔到台伯河上。他希望这个篮子会顺水漂流把他们带进大海，或者

◆《古代牝狼》，罗马青铜塑像。牝狼曾拯救过罗马创建者罗慕路斯和雷穆斯，后来成了罗马人的图腾

干脆就翻到河里淹死两个婴儿。他觉得自己这样做也没什么不对，毕竟没有亲手杀死他们。可是，篮子既没有流到海里也没有翻到河里，而是漂流到了岸上。有只母狼发现了他们，还把他们当成自己的孩子一样喂养。有只啄木鸟也帮着用浆果来喂他们。后来，有个牧羊人把他们带回了家，还把他们当作自己的儿子一样地抚养成人。这个故事听起来有点像前面我们讲的那个帕里斯的故事吧，他也是被丢到山里等死，结果被一个牧羊人发现并养大的。

这两个孩子长大后都想建国称王，但国王只能有一个，究竟让谁来做呢？他们两个人都不想让步，为了这个事情争执不下。后来，罗慕路斯杀死了自己的亲兄弟雷穆斯。公元前753年，罗慕路斯在台伯河边建造了一座城市，正是在那里，母狼救了他们两兄弟，还喂养了他们一段时间。那里有七座小山。罗慕路斯以自己的名字给城市命名为罗马，住在那里的人就称为罗马人。所以，在这之后罗马的国王总是说他们是特洛伊英雄埃涅阿斯的后裔，原因就是在于埃涅阿斯是罗慕路斯的曾曾曾曾祖父。

你不相信这个故事是真的吗？其实我也不信。但这是一个非常古老的故事，几乎每个人都听说过，虽然它只是个传说。

据说，为了让人们到罗马定居，罗慕路斯找来了许多小偷和越狱犯，并保证他们在罗马的人身安全。

可是，这里的男人们都没有妻子，这个新城市里面也没有女人。于是，罗慕路斯又想了个办法帮助这些人娶上妻子。他邀请住在附近

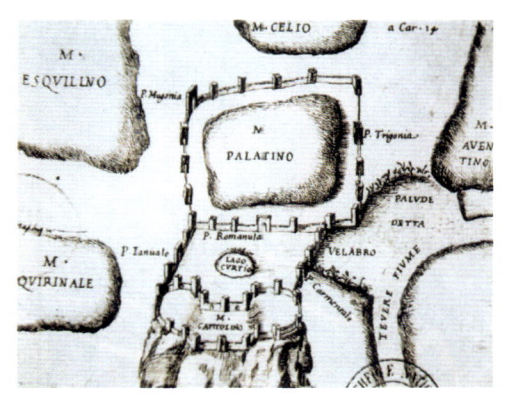

◆罗慕路斯建国时的罗马小镇，17世纪雕刻作品

◆《劫掠萨宾妇女》，焦尔达诺作

的萨宾人，包括男人和女人，来罗马参加一个盛大的宴会。

萨宾人接受了邀请，盛宴开始了，当所有人都正在大吃大喝的时候，有人发出了一个暗号，于是罗马人开始动手，每个人抢到一个萨宾女人后逃之夭夭。

萨宾的男人们立即召集了军队，要和这些抢了他们妻子的罗马人打仗。正当两军将要开战时，那些被抢走的萨宾女人们

◆《萨宾妇女的干预》，雅克·路易·大卫作

跑出来，站在她们的现任丈夫和前任丈夫之间，请求他们停止战争，她们说她们已经爱上了现任丈夫，不愿意再回到原来的家了。

你对这件事情怎么看呢？

一个新城市是这样子建立的，可真是够糟糕的，是不是？你可能会非常好奇罗马后来会变成什么样子——这座城市以罗慕路斯杀死自己的亲兄弟为开端，之后住进了一些逃犯，后来又抢了邻居的妻子。我们倒是要留心罗马城以后的历史，看看罗马人是否还会继续做这样罪恶的事情。

第十七章
长着螺旋卷发的国王们

◆ 波斯弓箭手，上釉人造浮雕

罗马城的开端很糟糕，第一个国王罗慕路斯就是杀害自己兄弟的人。罗慕路斯死后，罗马迎来了一个又一个的国王，其中有一些国王还挺不错的，但是有一些国王就很坏。

当时世界上最有名的城市，是在距离罗马很远的底格里斯河附近。这个城市叫尼尼微，这里住着亚述国的国王。还记得吧，我在前面讲到过亚述的。

和其他地方一样，我们听到关于亚述和亚述人最多的事情，就是他们总是在和邻国交战。不过，这并非因为他们的邻国有什么错。

因为住在尼尼微的亚述国王们贪图更多土地和很大的权力，所以他们不断攻打邻国，掠夺他们的土地。这些国王都留着很长的螺旋卷发,他们由于凶残善战而远近闻名,人们都很害怕他们。他们对待俘虏非常残忍,经常施用活剥皮、割耳朵、拔舌头、扎眼睛这样的酷刑,他们还觉得很骄傲。他们要被征服的人们上缴大量钱财,还要保证随时跟他们一起出兵打仗。

这样一来,亚述就变得越来越强大,世界上很多地方都被它占领了,其中包括两河流域的美索不达米亚和东边、北边、南边的土地,还有腓尼基,甚至是埃及。

◆长着翅膀的人首牛身像,公元前7世纪,亚述王巴尼拔王宫遗址复原图

亚述国王居住的地方极尽奢华。他们为自己建造了宏伟的宫殿,在每条通往宫殿的道路两旁都摆放着一行行巨大的雕像,雕的是一些长着翅膀与人头的公牛和狮子。这些长着翅膀的动物在《圣经》中被称为"小天使"。

你可能听过人们把可爱的小婴儿叫作小天使,但这些亚述人的怪物也叫小天使是不是很奇怪?

亚述国王不是和人打仗,就是和野兽作战。他们非常喜欢用弓箭打猎,有很多图画和雕像所描绘、雕刻的都是他们骑在马背上或是在

◆亚述国王正在用矛瞄准刺向一头狮子，另一头受伤的狮子正在袭击他的备用马。亚述统治者喜欢狩猎，并将其看成是一种神圣的使命

战车上与狮子们作战的样子。通常他们都会活捉那些猎到的野兽，然后把它们放在笼子里供人们前来参观。这听起来有点像我们现在的动物园。

亚述国王们的名字都是稀奇古怪的，辛那赫里布是其中最著名的一个，他生活在公元前700年。有一次，他去攻打耶路撒冷，到了晚上整个军队都安营扎寨，不知道在他们熟睡时发生了什么事情，结果到了第二天早上，没有人醒过来，所有的人和马都死了。后来，英国诗人拜伦写了首诗叙述这个事件，这首诗叫《辛那赫里布的覆灭》。或许他们是被毒死的，你觉得呢？

后来，亚述巴尼拔做了国王——大约在公元前650年。他同样骁勇善战，但同时也对书籍和阅读痴迷，因此，他建造了第一个公共图书馆。第一个公共图书馆中的书非常奇特，它们当然不是印刷的书籍，甚至都不是用纸做的，而是用泥捏成的，上面的文字是在泥土变干之前压上去的。我在前面讲过，这种文字叫作楔形文字。书也不是放在书架上，而是成堆地放在地上。不过他们存放得很有次序，还编了序号，到图书馆看书的人只需要报出序号就可以找到书。

亚述王国在辛那赫里布和亚述巴尼拔统治时期达到了权力的巅峰，在亚述巴尼拔统治期间，尼尼微人对尼尼微的一切都感到非常满意，所以称这个时期为黄金时代。

尽管尼尼微的状况对尼尼微人来说异常的美好，但其他地方的人对亚述人却是又恨又怕，因为他们给所到之处带来的只有死亡和毁灭。

在亚述巴尼拔死后不久，尼尼微的两个邻国终于决定不再忍受亚述的暴政，这两个邻国分别是南边的巴比伦和东边的米底。巴比伦的国王和米底人联合起来攻打尼尼微，他们一起把尼尼微从地球上除掉了。在公元前612年，尼尼微和亚述王国的强权政治土崩瓦解，史称尼尼微的衰亡，又叫尼尼微的终结。我们可以给它立一块墓碑。

第十八章 奇迹与邪恶之城

巴比伦的国王在击败尼尼微之后并没有就此罢手,因为他希望巴比伦也能像曾经的尼尼微一样强大,于是就去征服邻近的国家,直到巴比伦接替尼尼微成为其他国家的新统治者和领导者。那么,巴比伦是否也如尼尼微一样走向覆灭了呢?

在这位巴比伦国王死后,他把这庞大的帝国留给了他的儿子。他的儿子并不是叫约翰、詹姆斯、查理等等这样简单的名字。他的名字叫作——尼布甲尼撒,我很怀疑他的父亲叫他时会说出这么长的全名,他可能会叫类似"尼布"、"贾尼"或者"尼撒"这样简短一些的昵称吧。下面就是尼布甲尼撒写的自己的名字,他使用的是楔形文字。你会喜欢用这样特别的方式写自己的名字吗?

◆ 楔形文字图

尼布甲尼撒继承王位后,把巴比伦城建成为当时世界上最大、最宏伟、最无与伦比的城市。城市呈正方形,四面环墙,墙高足有人身高的五十倍！城墙也非常宽，上面可以容一架战车沿着城墙驰骋。在城墙上，他建造了一百扇黄铜大门。幼发拉底河在城墙下流过，环绕全城，又从另一边的城墙下流出。

尼布甲尼撒觉得巴比伦的女人都不够美，不能做自己的王后。巴比伦的女人们对此一定感到很难过——甚至疯狂。于是，尼布甲尼撒去了米底，就是那个曾经帮助他父亲征服尼尼微的国家，在那里，他找到了一位可爱的公主，他娶她为妻并把她带回了巴比伦。

米底这个国家境内大大小小的山峰众多，而巴比伦国内却是一片平原，看不到一座山。尼布甲尼撒的王后看到巴比伦这样平坦，感到非常无趣，开始想念家乡，非常向往自己家乡山峦起伏的景色。为了取悦她，使她能够安心留在巴比伦，尼布甲尼撒决定为她"建造"一座小山。奇怪的是，他把这座小山建在自己宫殿的屋顶上！在这小山的各个角落，他布置了很多美丽的花园，这些花园不仅种花，还种树，

◆艺术家想象中的巴比伦空中花园，传说是尼布甲尼撒大帝为他的妻子所建

这样，他的王后就可以坐在树荫下乘凉、享受美景。这个花园叫作空中花园。巴比伦的空中花园和巨大的城墙是举世闻名的世界七大奇迹之一。

你想知道另外几大奇迹都是什么吗？

我来告诉你吧，埃及的金字塔是一个，矗立在奥林匹克的宏伟的宙斯神像也是其中之一。还记得吗？奥林匹克就是举办奥林匹克运动会的地方。这两个奇迹加上空中花园就占了七大奇迹中的三个。

尼布甲尼撒和腓尼基人一样信奉多神教，而远在耶路撒冷的犹太人只信仰一个上帝。尼布甲尼撒想要犹太人也信仰他们的多神教，但犹太人不愿意；他还想让犹太人向巴比伦上交税赋，他们也不交。于是他就派兵攻打耶路撒冷，毁灭了这座城市，烧毁了所罗门建造的那座华美的神庙，把犹太人和他们的全部财物都带回了巴比伦。尼布甲尼撒把犹太人都关进了巴比伦的监狱，让他们在巴比伦的监狱里做了七十多年的囚犯。

巴比伦不但成为当时世界上最宏伟壮观的城市，而且成了最邪恶的地方。巴比伦放任自己肆意享乐。他们只想着"让我们吃好、喝好、过得开心"；他们从不为明天作打算；生活过得越堕落，他们就越开心。

不过，虽然尼布甲尼撒好像能够为所欲为，能得到世界上任何他想要的东西，但最终他还是发疯了。他幻想自己是头公牛，总是用四肢着地，啃着青草吃，以为自己就是地上的一头野兽。

而巴比伦呢？虽然有着巨大的城墙和黄铜的大门，最终还是灭亡了。巴比伦会被占领，这似乎不可能啊！它怎么会被占领，又是谁将它占领的呢？你可能永远都猜不到。

第十九章
宴会上的突袭

"除非你吃完晚饭,否则别想吃甜点。"

我小的时候,家人就是这样告诉我的,你可能也听到过类似的话吧?无论我饿不饿,永远是"不吃晚饭,不许吃甜点"。我爸爸说,这条规定是绝不会更改的,就像"米底人和波斯人的法律"那样。

那个时候,我根本不清楚米底人和波斯人是怎么回事,现在我知道了,他们是生活在巴比伦附近的两个印欧语系的民族——你还记得尼布甲尼撒娶的就是米底的女人吧——这两个民族都是通过法律来管理国家的,这些法律制定得极其严格而且不容更改,以至于我们现在说到一些不会改变的事情,还把他们比作"米底人和波斯人的法律"。

米底人和波斯人信仰的宗教既不同于犹太人,又不同于巴比伦人。这一宗教的创始人是一个名叫查拉图斯特拉的波斯人,他是一个像所罗门那样的智者。查拉图斯特拉到各个地方的群众中去,教给他们箴言和赞美诗。这些箴言已经被汇编成书。查拉图斯特拉说,这个世界上有两种伟大的神灵:善的神灵和恶的神灵。

他说善的神灵代表了光明,而恶的神灵代表黑暗,他将主宰善的神灵或者说光明之神叫作玛兹达。波斯人总是让祭坛上的火长明不灭，因为他们认为善的神灵是在火中。他们派专人守护，以防止火熄灭。守护火焰的人被称作麦琪，也就是古代波斯的祭司，据说他们能做各种神奇的事情。我们常称那些神奇的事情为"魔法"，那些能做神奇事情的人就叫作"魔法师"。接下来，我要给你讲个故事，在这个故事发生的时代，米底和波斯的统治者是一个名叫居鲁士的伟大国王。

不过，在我讲这个故事之前，得先提到一个小国。这个小国距离特洛伊很近，叫作吕底亚。吕底亚当时的国王叫作克罗伊斯，是世界上最富有的人。我们现在想形容某个人很富有时，依然会说"跟克罗伊斯一样富"。

吕底亚王国有很多金矿，而几乎所有的金矿都属于克罗伊斯。除了有这些金矿外，他还以征税的名义向附近所有城市索要财物。

在克罗伊斯之前，人们没有我们现在用的这种钱币。当他们想要买东西时，就只有用别的东西去交换自己想要的东西——多少个鸡蛋换一斤肉或者是多少斤酒换一双鞋子。如果要买一些贵重的东西，比如一匹马，他们就要付一块金子或银子，买之前用天平称一下金子或银子的重量。我们今天很难想象人们没有硬币、纸币——甚至根本没有钱——该如何生活，但是他们的确如此。

为了让买卖更加方便，克罗伊斯把金子分割成小块。可是，每个人在每次交易时都要把每块金子称一遍还是很麻烦的，而且他们还有可能没有随身带秤。克罗伊斯就叫人把切成小块的金子都称一遍，并把称过的重量和他的名字或名字首字母都刻到金子上，表明他保证这些金块的重量真实可信。这些刻着克罗伊斯印记的金块或银块，尽管不是圆形的，也不像我们现在的钱币那样雕刻着美丽的图案，却是世界上第一批真正的钱币。

现在，该说到故事中那位伟大的波斯国王居鲁士了。他想要占领富裕的吕底亚，将这里的众多金矿都据为己有。于是，他出兵攻打吕底亚。

当居鲁士的大军还在路上时，克罗伊斯急忙派人去希腊求助于德尔斐神谕，询问将要发生的战争会出现怎样的局面，最终谁会赢。你还记得吧？我说过这个德尔斐神谕，人们总是找神谕寻求答案——想要知道他们的命运会怎样，现在有些人还这样做呢。

神谕给了克罗伊斯这样一个回答："一个伟大的王国将会灭亡。"

克罗伊斯非常高兴，他认为神谕的意思是说居鲁士的王国将会灭亡。这神谕确实说中了，不过不是像克罗伊斯理解的那样。

的确有个伟大的王国灭亡了，但这个王国是他自己的吕底亚王国，而不是居鲁士的国家。

在攻占了吕底亚后，居鲁士并没有就此满足，之后他又进攻了巴比伦。

那个时候，巴比伦人只贪图享乐，整天忙着大吃大喝、纵情声色。他们为什么要担心居鲁士的进攻呢？他们的城市有那么高、那么厚的城墙，而且他们的大门都是用坚固的黄铜制成的。这样看来，似乎没有人能够攻占这座城池。

然而你还记得吧，幼发拉底河从城墙下流过，正好穿过这座城市。于是，一天晚上，趁着巴比伦年轻的王子伯沙撒正在举办宴会、尽情玩乐的时候，居鲁士派人筑起了一个水坝，把河水引向了别处。接着，居鲁士的军队通过抽干的河床长驱直入占领了巴比伦，不费吹灰之力就俘虏了惊慌失措的巴比伦人。据说，有一些巴比伦的祭司做了居鲁士的内应，他们甚至还为居鲁士的军队打开了城门。之所以这样做，是因为他们认为巴比伦已经堕落至极，该是让它毁灭的时候了。

如果这时候斯巴达的那位莱克格斯还活着，他一定会说："我不是说过了吗，终日享乐的人从来都不会有好下场。'

这次宴会上的突袭发生在公元前538年，很好记吧，5加3等于8。

两年后，居鲁士释放了五十年前从耶路撒冷被掳来的犹太人，准许他们回到自己的故土,从而结束了"巴比伦之囚"的时代。

今天,这个伟大的城市巴比伦——邪恶的、繁华壮观的、有着巨大城墙和黄铜大门以及空中花园的巴比伦——所剩下的只有一大堆泥土。

第二十章
世界的另一边：印度

印度是波斯东边的一个国家，生活在那里的人叫印度人。当然，这里的印度人和现在叫作印第安人的美洲原住民是完全不同的。印第安人原来也叫印度人，那是因为早期的探险家到达美洲时，误以为自己到达了印度或是东印度群岛，所以把住在那里的人称作印度人。

你还记得吧，印度是早期文明的发源地之一，也是沿着河谷发展起来的。还记得那条河的名字吗？给你个提示吧，它和印度这个国家名连在一起。记起来了吧？它叫印度河。

印度是一个非常古老的国家，它现在的邻居巴基斯坦曾经就是印度的一部分。很久以前——大约在公元前2500年时，居住在印度河沿岸（也就是现在印度和巴基斯坦所在地）的人们，驾着船只沿河做买卖。他们还发明了一套书写方法来记录他们的生活。他们建造了很多大城市，城市里面有宽阔笔直的街道，房子里甚至还有带下水道的浴室，浴室的下水道都与整个城市的排水系统相连。你觉得只有现代人才有排水系统吗？那你就错了。你看古印度人早在很久以前就想出这种卫生设施了。

古印度沿着印度河建造了最初的一些城市后，大概过了一千多年，生活在他们西边的人侵犯了他们的土地。这些人是印欧语系的人，他们来自靠近波斯的某个地方。初到印度时，这些人还不会写字。不过他们都是强壮的战士，渐渐地，他们在印度占领了越来越多的土地。原来的印度人和这些新来的侵略者互相学习，并适应了对方的一些习俗。

在这个时期的印度社会中，人们分为四个主要的"种姓"，或者叫等级。不同的种姓、等级之间不会有任何来往。比如，一个种姓的男孩或女孩绝不能和另一个种姓的男孩或女孩一起玩，这个种姓的男人绝不能娶那个种姓的女人，这个种姓的人绝不能和那个种姓的人一起吃饭。

最高的种姓是由僧侣和学者组成的，其次是各级士兵和官吏，农民和商人是第三个种姓。第四个也是最后一个种姓，是劳工，就是那些砍柴、挖土或担水的人。

◆佛陀释迦牟尼降生

但是这些人的等级还不是最低的!还有一些人,他们地位低下到不属于任何一个种姓,所以,他们被称为"弃民"或者"贱民"。甚至到了今天,虽然印度试图改变这种情况,而且种姓区分已经被定为非法行为,但是这些人依然做着打扫街道、清理水沟、捡垃圾和那些没人愿意干的脏活儿。

◆描绘释迦牟尼出家的情景的《出家决意》

现在的印度人口十分密集,它的面积只有美国的三分之一大,但是人口却是美国的三倍还多,想想看这意味着什么

今天大多数印度人都信仰印度教,但是大约从公元前300年到公元

◆乔达摩·悉达多在森林中苦修,另外五个人是他的追随者

◆释迦牟尼鹿苑宣法

400年——700多年的时间，佛教在印度却极其盛行。它的产生和发展的过程是这样的：

大约公元前500年，印度有位王子出生了，他的名字叫乔达摩（即释迦牟尼）。乔达摩看到世界上有太多的苦难和不幸，觉得自己是因为幸运地出生在贵族家庭，才过着快乐的生活，可其他那么多人都生活得很悲惨，一点儿也不幸福。于是，他放弃了自己高贵的出身和安逸的生活，用他全部的精力和时间来为人民造福。

乔达摩教人们向善，教人们诚实，还教他们帮助穷困和不幸的人们。过了一段时间后，人们叫他佛陀。大家都觉得他是如此神圣和纯洁，最后他们认定他本来就是神的化身，所以他们把他当作神一样敬仰。

这些信奉佛教的人们做了佛教徒，很快其他很多人也成了佛教徒。佛教总是导人向善，所以，有大量的群众成为佛教徒也就不足为奇了。

佛教徒们认为他们的宗教很好，因此希望世界上所有人都成为佛教的信徒。他们派出传教士，漂洋过海来到日本岛上。从此，这个新宗教就广泛地传播开来。现在，世界各地的佛教徒比美国人口还要多。

你也看出来了吧，印度是个非常重要的地方，它是世界上最古老的文明发源地之一，也是世界上两大宗教（佛教和印度教）的家园。

第二十一章 中国人自己的世界

几乎是在乔达摩在印度创立佛教的同时，中国出了一个名叫孔子的伟大智者，他教导中国人应该做什么和不应该做什么。他的教导被记载在几本书中，逐渐成为中国人和其他许多亚洲人的一种生活方式。

孔子教导人们要忠诚，要服从他们的君王，同时也认为统治者有责任照顾好他的人民。他相信这样就会给中国带来和平与和谐。他还教导人们要听从自己的父母和老师，并敬奉自己的祖先。这听起来有点像《圣经》"十诫"中的一条："孝敬你的父母。"

孔子还教给人们一条金科玉律，意思和你在《圣经》中学过的一条金科玉律相同，只是说法不同，你学过的格言

◆孔子像

是"己所欲，施与人"，而孔子说的是"己所不欲，勿施于人"。

中国也是世界上最古老的文明发源地之一。你还记得那条孕育了中国文明的河流叫什么吗？它叫黄河，里面充满大量黄色的泥沙。这些泥沙令土壤肥沃，人们种的庄稼就可以有个好收成。起初，人们在黄河沿岸定居下来，后来也有些人在长江边上安居乐业。

中国距离我们前面讲过的所有那些文明古国都非常远，它在古代世界中是孤立存在的。它的西边矗立着喜马拉雅山，北边横亘着戈壁沙漠，南边有很多高山和大海，东临广阔的太平洋，太平洋一直延伸到美国的西海岸。那时候既没有大的航船舰艇也没有飞机，中国人很少与外面的世界接触。所以，中国文明完全是独立发展起来的。

我们知道，早在公元前1500年，中国人就已经有了文字，那时候中国北部的疆域正处于商朝。你看中国的文字现在仍然与其他国家的文字有很大不同。中国并没有转变成字母文字，而是继续使用字符文字——每个文字都是不同的字符。学习读写中国字是非常困难的。

我们要学习的只有26个字母，可中国的孩子们在进行基本的读写之前要记住大约600个字符呢！

有很多发明，在世界上其他地方的人都还没有听说过的时候，在中国早就出现并开始应用了。大约在耶稣诞生时，中国人就已经会制造丝绸、瓷器和纸张。这时，中国和我们以前读到的一些国家开始有了贸易往来。中国丝绸远销罗马和地中海沿岸，大受欢迎。

在公元600年左右，中国就发明了印刷术，并开始使用印刷机。又过了几个世纪，他们发明了磁针罗盘，这种罗盘对航海的水手们的帮助非常大。罗盘也叫指南针，你知道它是什么样子的吗？它是一个小巧的机械，上面有一个指针总是指向北方。只要知道北方在哪个位置，水手们就能把握他们航行的方向——即使他们已经驶入漫无边际的大海，远离了陆地和海岸线。也许你的同学们或是邻居家的孩子就有一个指南针呢，可以请他（她）拿出来给大家看一看。

中国人还发明了接种预防天花的办法。天花是一种非常可怕的传染病，可以导致大批人死亡。他们还是最先开始发现如何制造火药的人，火药就是我们用来做弹药和焰火的东西。

从上面的内容你可以知道，中国人也许生活得相对隔绝，但是他们却一直忙于发明制作各种各样的东西，这些东西传播到世界各地，引起了人们的极大兴趣。

第二十二章
雅典的穷人和富人

每次我看到孩子们玩球,几乎总会听到有人嚷嚷说:"这样不公平!"似乎总是有选手认为别的选手没有公平比赛,所以双方经常会发生争吵。

这时候,他们需要一个裁判。

当雅典还是个新兴城邦时,城里有两派人——穷人和富人,也就是平民和贵族,他们经常发生争执。每一派人都试图获得更多的权利,而且每一派都说对方没有公平行事。

他们也需要一个裁判。

雅典曾经是有国王的,但国王站在富人这一边,所以雅典人撵走了最后一个国王,从那以后雅典就再也没有国王了。

大约在公元前600年的时候,雅典的社会状况变得非常糟糕,于是大家选出一个名叫德拉古的人来为雅典人制定了一套法律。他制定的这套法律叫作《德拉古法典》。

《德拉古法典》里规定了对触犯法律的人惩罚,这些惩罚非常严酷。如果有个人偷了点东西,哪怕只是一个面包,他就要被判处死刑,而不是被罚款或者关进监狱!无论一个人犯的过错有多么微不足

◆公元前594年,梭伦以其威望和功绩当选为雅典城邦的"执政兼仲裁",开始进行一系列具有宪政意义的经济、政治和社会改革运动,为雅典城邦的振兴与富强开辟了道路,奠定了城邦民主政治的基础

道,他都要被处死。德拉古在提到他制定的严刑峻法时是这样说的:小偷活该被处死,而且就应该被处死,而对杀人犯的惩罚应该比处死更严厉,可惜没有比处死更严厉的惩罚了。

你能想到《德拉古法典》导致了多少纠纷吧?这个法典实在太过严酷,所以后来人们呼唤另一个人来重新制定一部法典,这个人叫梭伦,他制定的法典非常公正、完备。我们现在总把参议员和参与立法的那些人叫作梭伦,就是源于这个古代雅典的立法者,只不过现在的参议员们所制定的法律可不见得都是公正合理的了。

然而,人们对于梭伦的法典还是不太满意。上层阶级的贵族们认为法典给了下层人民太多好处,而下层的平民则感觉法典过于袒护上层的贵族们。不过,尽管贵族和平民都对梭伦的法典有所抱怨,但他们在一段时间内还是遵从这个法典的。可是在公元前560年左右，有个名叫庞西特拉图的人出现在雅典的政治舞台上，他一个人管理国家所有的事情。他没有经过任何选举或任命就自行称王，而他的势力又很强大，没有人能阻止他。这就像一个小孩没有经过队员们的任何选举就自立为队长或裁判一样。

在希腊，总是有人和庞西特拉图一样做这种自封为王的事情，他们被称为"暴君"。庞西特拉图虽然是希腊人所说的暴君，但他解决了雅典贵族和平民总是争执的老问题。他并不残暴，还很公正。事实上，庞西特拉图就是遵照梭伦的法典来治理雅典的，他还采取了很多措施来建设雅典，改善雅典人的生活。这其中一个措施是，让人把《荷马史诗》记录下来以方便人们阅读。而在此之前，人们都是通过口口相传的方式知晓这部诗歌的。这项举措非同寻常，因为这样一来，历史就能以书面的形式流传下去。而在过去只是口口相传的时期，人们必须得有好记性才行。

在庞西特拉图和他的儿子执政期间，雅典人还算配合他们，保持相安无事。但后来，他们还是厌倦了庞西特拉图的儿子的统治。于是在公元前510年，雅典人把所有庞西特拉图家族的人都赶出了雅典。

下一个试图解决贫富两派冲突的人名叫克利斯提尼。有时候，要我们记住一个陌生人的名字真的很难，除非我们多听几次这个名字。好吧，那我

◆希腊人把陶片投进投票箱

就多说几遍他的名字，这样你就能对它更熟悉一些：

克利斯提尼，克利斯提尼，克利斯提尼。

你的父母可能不怎么有钱，也可能很有钱。

如果他们是穷人，他们俩在选举时都可以投上自己的一票。

如果他们是富人，他们俩也各自有一张选票，但仅仅是一人一票，不会更多了。

如果人们犯法了，无论他们是穷是富，都得进监狱。

可是，情况并不总是这样，即便是在现代社会也不见得都是这样。不过在古代社会中，情况就更糟一些。

克利斯提尼把选举权给了每个男人——富人和穷人都一样，但是他没有给女人选举权。在古代，女人总是被排除在政治之外的。虽然如此，雅典的人们仍认为克利斯提尼的统治是公正贤明的。克利斯提尼发明了一种"陶片流放制"。如果因为某些原因，人们想要除掉某个人，他们所要做的就是把他的名字刻在破陶罐的碎片上，然后在一个规定的日子里，把这些碎片扔到投票箱里。如果选票达到了一定数目，那么这个人就必须离开雅典，在外面待上十年。这就叫作陶片流放制。我们现在也经常用"流放"这个词。如果有个人，大家都不愿意搭理他，也不愿意待在他周围，我们就说他被"流放"了。

你有过因为调皮捣蛋，被家人从饭桌上赶走，撵到厨房或是自己房间的时候吗？

如果有，那么你也曾经被"流放"过。

第二十三章 赶走国王的罗马人

公元前509年，罗马发生了一件大事。和雅典一样，罗马社会也分为两大阶级，富人被称为贵族，穷人被叫作平民。我们现在也一样用贵族来称呼那些富有和讲究气派的人，而把贫穷的、没有受过教育的人称作平民。一开始，在罗马只有贵族才有选举权，穷人是没有选举权的。

后来，穷人也享有选举权了。可是到塔克文国王执政时，他认为穷人不应该有选举的权利，于是就下令剥夺了平民的选举权。平民们不接受这个命令，因此他们联合起来将塔克文赶出了罗马城，就像雅典人赶走他们的国王一样。这件事情发生在公元前509年，塔克文也就是罗马最后一个国王。

在塔克文国王被赶走之后，罗马人建立了共和政体，有点像现在的美国。不过，他们没有选出一位总统，因为他们担心只有一个人做领导者的话，那个人又想要做国王，而他们已经受够国王了。

所以，罗马人每年选举两个人来管理国家，这两个人被称作执政官。每个执政官各自有一支由12人组成的卫队。这些卫队成员叫"扈从"，每个扈从的肩膀上都背着一捆木棒，这捆木棒的中间或者是下边插着一把斧头。这捆插着斧头的木棒叫作束棒（音译为法西斯，20世纪上半叶被意大利法西斯党作为标志使用，由此引出了法西斯主义的说法），它代表执政官有惩罚罪犯的权力，他可以用木棒打犯人，也有权用斧头砍掉犯人的脑袋。在现代社会中，还有一些硬币和邮票上面有束棒的图案。

你可能在一些纪念碑或是公共建筑物上，看到过用作装饰和点缀的束棒图案。

在第一任的两个执政官中，年长一些的名叫布鲁特斯，他有两个儿子。这时候，被赶走的国王塔克文密谋回到罗马再登上王位。他成功地说服了一些罗马人帮他，说来也奇怪，这些人中就有罗马新执政官布鲁特斯的两个儿子。

◆《布鲁特斯判处儿子死刑》，德国菲格尔作

布鲁特斯发现了这个阴谋，也知道了自己的两个儿子是塔克文的同谋。于是，他把两个儿子送上了法庭，他们被判有罪。尽管他们是自己的亲生儿子，他还是让侍从们将他们俩和其他叛乱者一起处死了。

因此，塔克文想要夺回罗马王位的计划失败了。第二年，他又一次卷土重来。这一次，他联合了邻国伊特鲁里亚人的军队一起来攻打罗马。

当时，台伯河上有一座木桥，木桥两边分别是伊特鲁里亚和罗马。为了阻止伊特鲁里亚人过桥入侵罗马，罗马英雄贺雷修斯下令拆毁这座桥，这位英雄已经在之前保卫罗马的战争中失去了一只眼睛。

当这座桥被砍断的时候，贺雷修斯和他的两个伙伴还站在桥头，抵抗着整个伊特鲁里亚军队的进攻。当听到桥就要被另一头的罗马士兵砍断的声音，贺雷修斯命令他的两个伙伴在桥塌之前飞快地跑回罗马那边去。

接着，贺雷修斯独自一个人对抗敌人，直到这座桥彻底倒在河里。桥塌后，贺雷修斯就穿着沉重的盔甲跳入河中，奋力游向对岸。尽管伊特鲁里亚人的乱箭密密麻麻地射向他，尽管身上笨重的盔甲带着他向下沉，贺雷修斯还是安全到达了对岸。这时，就连作为敌人的伊特鲁里亚人也惊叹于他的勇敢，情不自禁地为他高声欢呼。

有一首非常著名的诗歌叫作《桥上的贺雷修斯》，描述的就是贺雷修斯的英勇壮举。

贺雷修斯死后不久，罗马又涌现出一位出色的人物，他叫辛辛纳图斯。他只是台伯河边一个普通的农夫，靠种几亩薄田为生。但是他非常聪慧仁德，罗马的人们都非常尊敬和信赖他。

有一次，敌人计划要攻打罗马——在那个时代，经常有敌人找这样那样的借口去攻打罗马——人们不得不推选一位领袖和将军。他们想到了辛辛纳图斯，请他出任独裁官。

所谓的独裁官，就是罗马人在紧要关头推举出来的人，这个人在危急时刻可以召集和领导军队，在万分危急时也可以领导全国的民众。辛辛纳图斯放下了耕田的犁，来到城里，召集了一支军队，出城迎击并打败了敌军，之后他又回到罗马。所有这些事情从开始到结束不超过24小时！

人们为辛辛纳图斯这样快速、果断地拯救了罗马而欢呼雀跃，所以他们想要辛辛纳图斯在和平时期也继续做他们的将军。虽然他们非常痛恨国王，但如果辛辛纳图斯愿意的话，他们也情愿尊他为王。

不过辛辛纳图斯可不想要这些头衔。在责任完成后，他只想回到妻子身边，回到自己的小茅屋和田地里去。尽管众人都认为这是千载难逢的好机会，他依然解甲归田，选择做一个普通的农民而不是国王。

辛辛纳图斯生活在公元前500年左右，但他的名字流传千古。美国俄亥俄州的辛辛那提市就是为纪念这位古罗马人而命名的。

第二十四章
希腊对波斯

你知道这个故事里"对"字的意思吗?

可能你在足球比赛的门票上面见过它吧?通常有两支队伍比赛的时候会用到这个词,比如哈佛对耶鲁。

"对"这个字在这里是"对抗"的简称。

从前,在希腊和波斯之间有一场重大的竞赛,但这场竞赛不是运动会之类的比赛,而是生与死的较量,是弱小的希腊王国和强大的波斯帝国之间的战争。

前面的故事中讲过一位伟大的波斯国王——居鲁士。他曾征服了巴比伦和其他一些国家。他不断地对外征战,直到波斯统治了世界上的大部分地区,除了希腊和意大利。

大约在公元前500年,一位名叫大流士的人成了庞大的波斯帝国新任国王。有一天大流士闲来无事拿起地图,看他所拥有的疆域,地图上好大一片都在他的统治之下,但是当他看到像希腊这么小的国家居然还不属于他时,顿时觉得这真是个遗憾。

大流士对自己说道:"我一定要拥有希腊这块土地,使我的帝国锦上添花。"除了这个原因之外,希腊人还总给他制造麻烦,他们曾

◆大流士大帝的营帐

帮助他的属国反抗他的统治。大流士说:"我一定要惩罚希腊人,让他们为自己的所作所为付出代价,然后把他们的国家纳入波斯帝国的版图。"

他招来女婿,命他远征希腊。

他的女婿奉命行事,带着一艘战舰和一队士兵出发去攻打希腊了。可在他们的船到达希腊之前,一场突如其来的暴风雨把船摧毁了,他只得徒劳无功地返回了波斯。

大流士为此非常愤怒,他对女婿大发雷霆,同时也痛斥那个毁掉他战舰的天神。当时的人不了解自然现象,总认为天气的变化是由神灵操控。他下定决心,准备下一次亲自率领大军去攻打并占领希腊。

不过,他先派了信差去希腊所有的城邦,要各个城邦都送一些泥土和水给他,以此表明他们愿意主动献给他土地,成为他的属国,这样就不必大动干戈了。

希腊许多城邦都畏惧大流士的威胁和强权,立刻按他要求的那样

◆公元前4世纪希腊陶罐上的大流士，他坐在宝座上主持会议。据说，这表现的是公元前5世纪初大流士在希腊战役前召开军事会议的情景

◆三排桨战船

送去了泥土和水。

但是小小的雅典和斯巴达都拒绝这样做，虽然他们只是两个很小的城邦，但对抗的却是强大的波斯帝国。

雅典人抓住大流士的信使，把他扔进井里说："那里是给你的水和土，你自己请便吧！"斯巴达人也是这样做的。于是这两个城邦联合起来，并号召他们的邻国也加入，为保卫自己的国土抵抗大流士和波斯。

大流士准备先征服雅典，再进攻斯巴达。

要到达雅典，波斯的军队必须先乘船穿过大海。当然，那时候还没有蒸汽轮船，轮船是在大约两千年后才发明的。

在那个时代，想让船前行只有用帆和桨。要造一艘用很多桨行进的大船，就必须要有很多很多的划桨手——要有三排人，上面一排，船两边各一排。

这种船叫作三排桨战船，就是说船上要装有三排桨。而大流士的军队要乘船去希腊需要大约600艘这样的大型战船,除了划桨手和船员以外,大约每艘船上有200名士兵。你可以自己算算大流士的军队有多少士兵,一共600艘船,每条船上200名士兵。是的,这就是道乘法算术题——一共是120 000名士兵。

这一次,波斯人没有遇到暴风雨,他们划桨穿过大海,安全抵达希腊海岸。他们停泊的地方叫作马拉松平原,这里距离雅典只有大约42公里了。你很快就会知道为什么我要强调这个公里数——42。

雅典人得知波斯人将要兵临城下,他们急需斯巴达的支援,对此斯巴达人也有过承诺。

可是,那时候可没有电报、电话或铁路这些东西。除了派人去斯巴达送信之外,也没有别的办法了。

他们就找了一个有名的长跑运动员费迪皮迪兹去送信。费迪皮迪兹立即启程动身,从雅典跑去斯巴达,全程大约有241公里。他不分昼夜地奔跑,几乎没有停下来休息和吃喝,第二天,他就到了斯巴达。

但是,斯巴达人却回信说他们不能立刻出发,因为月亮不够圆,而在不是满月的时候出发会遇到厄运。他们这种想法是一种迷信,就像现在还有人认为星期五出门旅行不吉利一样。斯巴达人说他们会等到月圆时再出发。

雅典人可不能再等了。他们知道波斯人在月圆之前就会到达雅典,一定不能让波斯军队兵临城下。

因此,所有的雅典士兵都离开了雅典城,前往42公里以外的马拉松平原迎敌。

雅典人由米太亚德将军率领,他们只有10 000名士兵。此外,临近的一个小城邦一向和雅典友好,愿意支持雅典对抗波斯,他们派来了1000多名士兵——这样一共就有11 000名战士。如果你算一算,就会知道波斯士兵大约是雅典士兵的十倍多,也就是说10个波斯兵对付1个希腊兵。

但是我们知道，希腊人都是训练有素的运动员，良好的生活方式使得他们的身体都非常强健。这一点波斯人可不如他们。所以尽管希腊士兵很少，但是人数众多的波斯人却被他们打败了，而且是败得一塌糊涂。当然，这一方面是因为希腊人相对波斯人而言都是受过长期训练、英勇善战的士兵，但更主要的是，他们是为保卫自己的家园而战。

你可能听说过一个寓言吧，就是那个猎犬追野兔的故事。野兔跑掉了，猎犬因为没有抓住野兔而受到了嘲笑。对此猎犬回答道："我只是为我的晚餐而跑，野兔却是为保命而逃啊！"

波斯的战士们不是为了他们远在大海那边的家园而战，对他们而言，谁赢了战争都跟自己没什么关系，因为他们大多数都是雇佣兵和奴隶，他们只是听从王命行事而已。

仗打赢了，希腊人当然欣喜若狂。

那位著名的长跑运动员费迪皮迪兹，立刻又从马拉松平原出发，把令人喜悦的捷报带回到42公里以外的雅典去。他一口气跑完了这42公里。几天前，他到斯巴达跑了个来回，还一直没有时间休息，而这一次他又跑得那么快，当他跑到雅典，气喘吁吁地把消息告诉给街市上的雅典人后，就直接倒地身亡了。

为了纪念这次著名的长跑，现在奥林匹克运动会上有一个项目就叫作马拉松比赛，在这个比赛中，运动员们也要跑同样的距离——42公里。马拉松战役发生在公元前490年，这是历史上最著名的战役之一。强大的波斯军队被区区一个小国和它的邻居击败了，波斯人不得不垂头丧气地回到自己的国家。

一个自治国家的少数人，竟然能够打败由伟大国王率领的、由雇佣兵和奴隶组成的庞大军队，这场战争的意义不只是以少胜多那么简单。

但是，这并不是希腊人最后一次迎战波斯人。

第二十五章
战争狂

在这场战争后,大流士更加恼羞成怒,他更决心要将这群顽固的希腊人置于死地,谁让他们竟敢跟波斯这么强大的国家对抗!他开始准备下一次进攻。这次他决定组成世界上无敌的陆军和海军,还庄严地宣誓要灭掉希腊。他花了好几年时间来组建部队和准备物资,但是突然发生了一件大事,因此他尽管发了誓,也还是没能实现他的计划。你猜猜这是为什么呢?因为是他死了。

但是大流士有个儿子叫薛西斯,薛西斯想要击败希腊人的信念与他父亲一样坚定,所以他继续了父亲的准备工作。

不过,希腊人也下决心一定不能被波斯打败,他们同样做好了战争的准备,因为他们知道波斯人迟早会卷土重来的。

雅典这时候有两个重要的人物,他们都想成为领袖。一个名叫地米斯托克利,另一个是阿里斯蒂德斯。你注意到没有,希腊人的名字里带"斯"的非常多啊。

地米斯托克利督促雅典人做好准备,迎接与波斯之间的下一场战争,他特别坚持雅典人要组建一支舰队,因为他们没有舰队,而波斯人却有大量的战舰。

而阿里斯蒂德斯不赞同地米斯托克利建造战舰的方案，他认为这是一项毫无意义的花销，所以坚决反对。

阿里斯蒂德斯一向都是公正睿智的，所以人们都叫他"公正的阿里斯蒂德斯"。可尽管如此，还是有些人想要驱逐他，因为他们认为在建造战舰这件事情上他的看法是错的，而地米斯托克利是对的。这些人在等待陶片流放投票日的到来。你还记得是谁确立的这个习俗吗？我在前面的故事中讲过，是大约公元前500年时，由克利斯提尼创立的。

当投票日到来时，一个不会写字、也不认识阿里斯蒂德斯的人碰巧请阿里斯蒂德斯帮他投票。阿里斯蒂德斯问他想写谁的名字，那人回答："阿里斯蒂德斯。"

阿里斯蒂德斯没有告诉对方自己的名字，只是问他：

"你为什么想把这个人赶走呢？他做了什么错事吗？"

"哦，不是的，"那人回答说，"他没做过什么错事。"接着他又长叹一声说："只不过总是听人说他'公正''公正'的，我实在听得烦了。"

阿里斯蒂德斯听到这样不可理喻的回答感到非常震惊，不过他还是替这个人写下了自己的名字，后来统计选票，主张流放他的人数很多，他就被驱逐出境了。

虽然流放阿里斯蒂德斯似乎并不公平，不过这样做却是幸运的，因为地米斯托克利就可以实现自己的主张，雅典人可以继续为战争做准备了。结果证明，这是非常正确的。

他们建造了一队三排桨战船，而且还联合了希腊所有的城邦。大家一致同意，一旦战争爆发就合力抵抗。而斯巴达由于是著名的战士之城，所以被推举为战争时的联军领袖。

在公元前490年的马拉松战役之后的第十年，也就是公元前480年时，强大的波斯帝国再次准备进攻希腊。这一次，波斯集结了来自帝国

◆地米斯托克利头像

各地的军队，士兵数量比上一次120 000人的军队还要多得多，在那个时代，这种数量的军队已经是相当大的规模了。

据说这一次，波斯军队由超过200万名士兵组成——200万人，你想想看这是多么庞大的数字啊！可问题是怎么把这么多士兵运到希腊去呢？用船是不行的，因为即便是最大的三排桨战船也只能装下几百人而已，如果都要用船来运的话——好吧，你能算出要把这200万士兵运到希腊需要用多少艘船吗？也许那时候世界上所有的战船加起来都不够用。于是，薛西斯决定全军步行走到希腊，虽然路途很漫长，但那是唯一可以绕过大海的方式，他们就这样出发了。

波斯军队在行军途中遇到一条海峡，样子有点像宽阔的河流，正好横穿波斯军队必经之路。这条海峡在当时叫赫勒斯滂，现在依旧在那里，你可以在地图上看到，它现在叫达达尼尔海峡。达达尼尔海峡上面没有桥梁，因为它几乎有1600米宽，那个时代可没有那么长的桥。薛西斯让士兵们把船拴在一起连成一行，又在船上铺上木板，形成一座桥，军队就能从上面穿过海峡了。

就在他刚刚把桥搭好的时候，忽然来了一阵暴风雨把桥毁了。薛西斯对这场风浪极其愤怒，他下令鞭打达达尼尔海峡的水，就像惩罚一个敌人或者奴隶那样。然后他下令另造新桥，这一次水面平静如常，他的士兵们安全、顺利地穿过了海峡。

薛西斯的军队实在是太庞大了，据说这些人分成两列，连着七天七夜不间断地走，才全部穿过海峡到达对岸。而薛西斯的舰船沿着海

◆《薛西斯鞭笞大海》，吉涅作。在雨果笔下，这位王中之王当时这样说道："你不过是片小洼地，我要辱骂你，毁灭你。"

岸，紧跟着部队前进，最后他们都到达了希腊的北部高原。他们从希腊北部向下俯冲，浩浩荡荡地一路杀入希腊腹地，势如破竹，似乎世界上已经没有任何事物能够阻挡住这支庞大的队伍了。

第二十六章
以一挡千

波斯人想要到达雅典必须经过一条狭窄的通道,这条通道的一边是群山峭壁,另一边是湍急的河流。这条通道是个叫作Thermopylae(音译为塞莫皮莱)的山口。如果你注意到这个词的前面部分和thermos bottle(热水瓶)这个词有点像,你就大概能猜到它的意思了。事实上,Thermopylae的意思是温泉关,之所以叫这个名字,是因为在这条去往希腊的天然通道附近有多处温泉涌出。

希腊人决定,在波斯军队到达雅典之前,先到温泉关与他们对垒。在这样一个据点,少数的希腊战士就能够以一当十来对付众多的波斯人。

希腊人还决定派出自己的精兵良将,一支由最勇猛的将军率领的、由全希腊最好的战士组成的军队,这似乎也是一个明智的决定。

斯巴达国王被推选为派往温泉关的领袖,他叫利奥尼达斯,这个名字在希腊语中的意思是"像一头雄狮"。随他一同去的有7000名士兵——7000人要去抵挡200万人的进攻!这7000人中有300人是斯巴达人,而斯巴达人所受的教育就是永不投降、永不屈服。斯巴达人的母亲经常这样对儿子说:

"要么拿着你的盾牌回来,要么躺在上面回来。"

当薛西斯看到自己的道路被这群少得不可思议的士兵们挡住时,感到很可笑,就派使者去让他们投降。

你猜利奥尼达斯是怎么回答的?

那是我们意料之中的斯巴达人的回答,简洁却切中要害,是拉科尼式的回答。他简单地说了句:

"来抓我们吧!"

薛西斯没有别的办法,命令军队向前挺进。

战斗持续了两天两夜,但是利奥尼达斯仍然带兵坚守着这条要道,波斯人无计可施。

◆《温泉关战役》,(法)大卫作。利奥尼达斯率领1400人勇迎波斯大军,最后英勇牺牲

这时候，希腊有一个可耻的懦夫做了叛徒，为了活命和得到薛西斯的奖赏，他向波斯人泄露了山上的一条秘密通道，这样波斯军队就可以绕过关口的希腊人，从山上向下俯冲，包围挡路的利奥尼达斯和他的战士们。

第二天早上，利奥尼达斯得知波斯人已经发现了秘道，并且已经从背后向他们包抄过来，不过这时候他和战士们要逃离这里还来得及。于是，他叫所有想要逃走的人立即离开。坚持留下的人都清楚地知道，战争是必输无疑了，他们所有留下的人都要死。尽管是这样，还是有1000人愿意坚持在他们的领袖身边，其中就包括所有300名斯巴达人。他们说道：

"我们的任务是守住要道，无论发生什么，斯巴达人都会服从命令，绝不投降！"

利奥尼达斯和他的1000名勇士浴血奋战，坚持到最后一刻，最后只剩下一个人活着回到希腊。

就这样，通往雅典的大门被打开了，形势对希腊人变得严峻起来，因为再没有什么能够阻挡波斯军队踩着利奥尼达斯将士的尸体长驱直入了。

不知所措的雅典人慌忙跑去德尔斐神庙那里，寻求神的启示。

神谕的回答是：雅典城自身将要灭亡，它将被摧毁，在劫难逃，但是雅典的人们却会被木墙拯救。

这个回答与神谕通常的那些回答一样，像个难解之谜。可是，地米斯托克利却说他明白神谕的意思。你还记得吧，就是他曾经极力主张要组建舰队。地米斯托克利说，神谕中所讲的木墙指的就是这些舰船。

雅典人听从了地米斯托克利的安排，遵照神谕的意思离开了他们的城市，逃到离城不远的萨拉米斯海湾的战船上躲避。

波斯大军到了雅典，发现它竟然成了一座空城。正如神谕所说，他们焚毁了雅典城。接着，他们行军到了萨拉米斯湾，也就是雅典舰船停泊的地方。薛西斯在一座能够俯瞰海湾的小山坡上搭起宝座，这样他就能够坐在那里，像在剧院里欣赏一出戏一样观看自己强大的舰队摧毁那满载着全城雅典人的、小小的希腊舰队。

希腊人的舰队由地米斯托克利率领，他们的船只就在这窄窄的海湾之中，就像利奥尼达斯和战士们在温泉关的狭窄山谷中一样。

地米斯托克利看到萨拉米斯海湾和温泉关通道有几分相似，他想出了一个注意。他假装自己也像温泉关战役时叛变的那个懦夫一样去投靠薛西斯，并向他献计说，如果波斯舰队兵分两路，一路待在海湾的前

◆《萨拉米斯之战》，考尔巴赫作。对这场战争，希腊戏剧家埃斯库罗斯这样描述道："我们能够听到响彻云霄的呼喊：'前进吧，希腊的儿女们，去解救你们的妻子与孩子，神灵的圣殿和祖先的墓冢：这是一场至高无上的战斗。'"

头，另一路守住海湾的另一头，希腊人就会被夹击在中间，成为网中之鱼。

薛西斯觉得这是个好主意，就下令让他的舰队按照地米斯托克利所说的那样去做。但是，得意洋洋地坐在宝座上的薛西斯却遇到了他人生中最大的意外，这个结果正与他所设想的相反。随着波斯人的舰队分为两部分，中间的希腊人可以分别对付两头的波斯舰队，而由于海湾狭窄，波斯人的舰船互相撞在一起，很多船都沉下去了。

波斯人的舰队彻底被打败了，不可一世的薛西斯带着他残余的海陆大军，从原路狼狈地逃回了波斯。

这是波斯人最后一次试图占领希腊这个小国。

如果地米斯托克利没有当权，他就不能建立这样一支强大的舰队，那你想想看雅典和希腊将会是怎样的命运啊！

第二十七章
黄金时代

我在讲石器时代和青铜时代的故事时曾提到了黄金时代,我们曾听说过这个时代,可是它到底是怎样的呢?

那么,我们现在就来讲讲黄金时代的故事吧。黄金时代并不是说曾经有个时期人们使用的物品都是用黄金做成的,也不是说他们那时候有大量的黄金。它的意思是……还是让我们来看看那是个什么时代吧,这样你就会明白这个名称的意思了。

在结束与波斯的战争后,雅典人被胜利的喜悦激励着去创造各种美妙的事物。在波斯人被赶出希腊后的半个世纪,也就是公元前480年到公元前430年,是希腊历史最兴盛的时代,可能也是欧洲历史最辉煌的时代。

雅典城被薛西斯的军队烧毁了,这在当时似乎是可怕的灾难,但实际上并非如此。人们马上开始重建,将雅典建成为一座比以前更美丽、更繁华的城市。

这个时候雅典的领袖人物是伯利克里,他既不是国王也不是统治者,而是一个非常有智慧的演说家和颇受群众欢迎的领袖。他认为怎样做最好,雅典人就会照他说的那样去做。他就像个非常受爱戴的球队队长，自己本身就是个好球员，还能使自己的队友们都发挥出最好的水平；雅典就是他的球队，他把这支队伍训练得非常好，每个球员都能在自己的位置上发挥出最大的能力：一些人成为伟大的艺术家，另一些人成为伟大的作家，还有一些人成为伟大的"哲学家"。你知道哲学家是什么样的人吗？他们是一些聪明睿智的男人和女人，学问渊博、热爱知识。

◆伯利克里

艺术家们建造了美丽的房屋、剧院和神庙，他们为希腊的男神和女神们塑造了美丽的雕像，把这些雕像放在建筑物上和城市的四周。

哲学家们告诉人们如何才能变得明智和善良。

作家们创造了许多优美的诗歌和戏剧。与我们现在的戏剧不同，那时候的戏剧讲述的都是关于神灵们的事情。

剧院和我们现在的也不一样，他们的剧院几乎都是露天的，一般都是建在小山旁边，这样剧院的大看台就可以正对着舞台。这样的剧院很少或者根本没有任何戏剧布景，也没有演奏的乐队，只有一群歌手用合唱来为演员们伴奏。演员们都带着表示喜怒哀乐情绪的面具，当要表示滑稽可笑的时候，就戴上龇牙咧嘴的"滑稽"面具；想表示悲痛的时候，就换上愁眉苦脸的"悲剧"面具。

可能你以前见过这些面具的图片，因为我们现在剧院里面有时也用这样的"滑稽"面具或"悲剧"面具的装饰物。

雅典是因女神雅典娜而命名的,据说雅典娜一直在照看和守护着这座城市。所以雅典人认为她应该有一个特别的神庙。于是,他们专门在阿克罗波利斯山(现在称为雅典卫城)的山顶上给她建造了一座神庙。这座神庙因雅典娜而被命名为帕台农神庙,"帕台农"在希腊语里是少女的意思,而少女也是对雅典娜的称呼之一。

有些人认为帕台农神庙是世界上最美丽的建筑之一,不过你现在从照片上看到它已经被毁坏得很严重了。这座神庙的中心位置放着一座巨大的雅典娜雕像,它是由一名叫菲迪亚斯的雕刻家用黄金和象牙制成的。据说,正如帕台农神庙是世界上最美丽的建筑之一一样,这座雕像也是世界上最美丽的雕像之一,但是它现在已经不知所终,没有人知道它现在成了什么样子,我们能想到那些黄金和象牙对盗贼来说是多么大的诱惑,他们可能一块块地把它偷走了。

菲迪亚斯在帕台农神庙外也制作了很多雕像,可是到现在,其中的大部分都被挪走了,有些被陈列在博物馆中,还有些丢失或被毁坏了。

帕台农神庙的雅典娜雕像与别的那些雕刻品使菲迪亚斯声名远播,所以他被请去为众神之父宙斯制作雕像,这座雕像完成后被放在奥林匹亚山上,就是奥林匹克运动会的举办地。他制作成的宙斯雕像甚至比那具雅典娜雕像更精致,几近完美,因此被称作世界七大奇迹之一。你还记得吧,埃及的金字塔和巴比伦的空中花园也是世界七大奇迹中的两个。有趣的是,这三大奇迹分别位于不同的大陆。你能说出它们哪个是在非洲大陆,哪个是在亚洲大陆,哪个是在欧洲大陆吗?

菲迪亚斯被称作是历史上最伟大的雕刻家,但是他却犯下了一个希腊人认为无法饶恕的罪行。在我们现代人看来,他的做法也不算是什么可怕的错误,但是希腊人看待对错的观念与我们不同,这就是他犯下

◆ 帕台农神庙

的"罪过"：菲迪亚斯在制作的雅典娜雕像的盾牌上面，刻下了他自己和他朋友伯利克里的头像。那只是盾牌上的一部分点缀而已，人们几乎注意不到它。但是在希腊人的观念中，把人类的形象刻在女神的雕像上是一个亵渎圣物的行为，当希腊人发现菲迪亚斯做了这件事时，就把他关进监狱。他最终也死在监狱里。

希腊人在建筑中使用各种各样的圆柱，这些圆柱现在也经常被用在许多公共场合中和一些私人建筑物里，我来告诉你每一种圆柱的样子，看看你能找到多少。

帕台农神庙中圆柱的建筑风格是多立克式的。

圆柱的顶端叫作柱头，而多立克式圆柱的柱头形状就像一个碟子，碟子上面盖着一个正方形。圆柱的底部没有基石或垫块，而是直接立在地板上的，因为多立克式的圆柱非常朴素简洁，充满阳刚之气，所以是男性化的风格。

第二种圆柱的风格是爱奥尼亚式。

爱奥尼亚式圆柱的柱头有一个方形的基座，在这基座下面的柱头上有些卷曲的装饰物，圆柱下面也有块基石。

这种圆柱比多立克式圆柱更纤细修长，也有更多的修饰，所以被认为是女性化的风格。

第三种圆柱的风格是科林斯式。

科林斯式圆柱的柱头要高于前两种圆柱，而且有更多华丽的装饰。据说，第一位制作这种圆柱的建筑师的设计灵感，是偶然看到一个小孩墓前摆放着的一个装满玩具的篮子而获得的。这个篮子上盖了一片瓦，恰好又放在一棵莨苕的根上，莨苕的叶子越长越大。由于篮子上盖着的瓦片阻止主茎向中间生长，茎叶便向外弯曲，把篮子围在了中间，这个篮子因此看起来非常漂亮。建筑师想，用这个花样做柱子的柱头肯定很美，于是他就做了这样的柱头。

我曾经把这三种圆柱的样子告诉给几个男孩，让他们去找找，看看周围有没有这样的圆柱，看谁找到的最多。第二天一个男孩说他曾经看到过两个爱奥尼亚式的圆柱，就分别立在他家房子的两边，还有一个孩子说在银行看到了10根多立克式的圆柱，但是第三个孩子说他看到过138根科林斯式圆柱。

我问他："你究竟在哪里看到这么多的圆柱呢？"

他回答："上学的路上我数了一路的灯柱，他们都是科林斯式圆柱。"

伯利克里有一个名叫希罗多德的朋友，他用希腊文字写下了世界上最早的历史。因此希罗多德被称为"历史之父"，如果你以后学习希腊文的话，可能就会读到希罗多德这本历史书的原始版本。不用说，那个时候可记载的历史很少，现在发生过的事情，那个时候还都没有发生，他写下了埃及和古代世界上其他一些地方的历史。其中有些地方非常遥远，大多数希腊人都没有去过。比如，有个叫库施的地方就是这样，它在非洲，在埃及的南边。希罗多德所写的大部分历史内容是描述希腊与波斯之间的战争经过，也就是我在前面刚给你们讲过的那段历史。

在那个时代，每隔一段时间就会爆发一种可怕的传染病，叫"瘟疫"。当瘟疫爆发时，人们会大规模地传染，成千上万地死去，因为那时候医生们对瘟疫所知甚少，根本不知道该怎么治疗。伯利克里亲自去护理病患，尽心尽力地照顾这些病人，但是最终他自己也染上了瘟疫，病死了。这就是黄金时代的终结，为了纪念这位伟大的人物，这个时代也被叫作伯利克里时代。

◆希罗多德像

第二十八章 当希腊人遇上希腊人

雅典空前辉煌的黄金时代仅仅持续了50年，你猜猜它为什么会结束呢？

事实上，它终结的主要原因是因为一场战争。

不过，这场战争并不是希腊与其他国家（比如波斯）之间的战争，这场战争的交战双方是关系曾经多少有些友好但大多数时间都不太友好的两个城邦：斯巴达和雅典。这是希腊内部的纷争，之所以开战，主要是因为其中一个城邦——斯巴达，嫉妒另一个城邦——雅典。

你知道的，斯巴达人都是优秀的战士，而雅典的战士们也很杰出，但是自从地米斯托克利在萨拉米斯海湾用自己创建的战船击败了波斯人，雅典就有了一支优秀的舰队，而斯巴达却没有。更主要的是，雅典成了全世界最美丽、文明最发达的城市。

斯巴达并不关心雅典那些华美的建筑和它的教育、文明程度这类事情，对这些都不感兴趣。斯巴达眼红的是雅典的舰队，斯巴达是内陆地区，不像雅典那样在海边或是邻近海域，所以斯巴达无须一支舰队，可是它却不想在这方面落后雅典。因此斯巴达联合了周围邻近的城邦，找了种种借口，一起对雅典开战了。

斯巴达位于希腊的一个岛上,这个岛的名字很复杂,叫伯罗奔尼撒半岛。在当时,人们并不觉得这是个叫起来很费劲的名字,因为他们很熟悉这个名字。举个例子,就好像你熟悉美国的马萨诸塞州一样,马萨诸塞州这个名字同样很复杂,可是因为你熟悉就不觉得;但是,这个名字对于希腊人来说估计就如同伯罗奔尼撒对你而言一样麻烦。雅典和斯巴达的这场战争叫作伯罗奔尼撒战争,这是因为和雅典作战的不仅仅是斯巴达,而是整个伯罗奔尼撒半岛的城邦。

一场战争如果持续45年就算相当长了,但是伯罗奔尼撒战争打了整整27年。有句谚语说,当希腊人遇到希腊人,必会有一场大战,两强相遇其斗必烈。这句话的意思是说,像雅典和斯巴达这两个希腊城邦在战场上相见,他们的实力相当,谁能知道结果是怎样呢。

这27年间的所有故事,我就不讲了,就说说这场漫长的、血流成河的战争的结果吧。战争使得两个城邦都元气大伤且走向衰落,雅典的繁荣消失殆尽,尽管斯巴达占了上风,但他们都没有笑到最后。伯罗奔尼撒战争把他们都毁了,这就是战争的结果。

在伯罗奔尼撒战争期间,雅典有个名叫苏格拉底的人。很多人都认为,他是古往今来世界上最明智、道德最高尚的人之一,人们称他为哲学家。他在雅典城里到处给人们讲什么是对的、什么是应该做的事情,但他不只是简单地"告诉"人们什么是对的,而是通过问别人问题,让他们自己

◆苏格拉底头像

找到答案。用这种提问的方法,他让人们发现了他想要他们明白的一切。这种主要是通过询问来对他人进行教育的方法,自此以后一直被称为"苏格拉底问答法"。

苏格拉底的鼻子短扁上翘,还是个秃头,长得非常丑,可是他很受雅典人欢迎。这可是很难得的,因为雅典人热爱漂亮的面容、美丽的雕像等一切美丽的事物,苏格拉底的外表无论如何也不能和美搭上边儿。所以,一定是苏格拉底性格中的美好使他们忽略了他丑陋的外貌,就像我知道有些孩子认为他们的女老师非常漂亮,仅仅是因为他们敬爱这个特别善良、和蔼的老师,而实际上她一点儿都不漂亮。

苏格拉底的妻子叫赞西佩,她的脾气很暴躁,是个爱发牢骚的泼妇。由于苏格拉底不去工作挣钱,她就认为他整天游手好闲,是在浪费时间。有一天,她又大骂苏格拉底,声音很大,苏格拉底无奈只好走出家门,她又从楼上将一桶水倒在他身上,而从来吵架不还口的苏格拉底只是自言自语地说道:"响雷之后,必有暴雨。"苏格拉底不信仰希腊人的众多神灵,比如宙斯、阿弗洛狄忒和其他那些神灵,但是他很小心,没有把这个想法说出来,因为希腊人在这一点上非常较真,不允许有人说什么或做什么来反对他们的神灵。你还记得吧?菲迪亚斯就因为把他的头像刻在雅典娜女神雕像的盾牌上而被关进了监狱。如果有人教育年轻人不信仰

◆《苏格拉底和妻子》,布卢姆芒达埃尔作。画中苏格拉底的妻子正将一桶水倒在他头上

◆《苏格拉底之死》。古希腊哲学家苏格拉底因主张无神论和言论自由,而被诬陷引诱青年、亵渎神圣,最后被判处服毒自杀。众人劝他逃走,均遭严词拒绝,最后当着弟子的面从容服毒自杀。法国著名画家达维德的名画表现的正是这一刻的情形。在临死前,这位哲人说道:"对死亡,大家应该充满希望,一个善良的人,不论是活着还是死亡,都不会有东西伤害他。在我看来,我认为死亡比活着要好。所以,我根本就不恨那些将我推向死亡的人。再见了,我走向死,大家走向生。但究竟谁更好,只有神知晓。"在欧洲文化史上,他一直被看作是为追求真理而死的圣人

这些神灵,那可是会被处死的。

但是正如苏格拉底曾经担心的那样,他最后还是受到指控,说他不信仰希腊众神并且教唆别人不信仰众神。为此他被判处死刑,他要奉命喝下一杯毒堇汁,这是一种致命毒药。苏格拉底的学生,或者按照那个时代的称呼叫门徒,想让他拒绝喝毒药,但是他不愿违抗命令,于是在苏格拉底将近七十岁时,他喝下了那杯毒堇汁,在围绕着他的所有门

徒身边死去了。

然而苏格拉底所坚信和创导的事物，至今仍为人们所笃信。他的信念之一，就是我们每个人内在都有一种"良知"，良知可以告诉我们什么是对、什么是错，我们无须从书本和别人那里知晓这些。

他宣扬的另一个观念是，人死后还有另一个世界存在，肉身死亡，灵魂还活着。

难怪他不畏惧自己的死亡呢！

第二十九章
智者和愚人

你有过这样的经历吗？你和小伙伴们正在家户的院子里玩，有个陌生的男孩一直在围墙那头看，他忽然开门说想进来和你们一起玩，还说要教你们该怎么玩。你们不想他在旁边看着，也不想和他一起玩，但是不知道怎么就让他加入进来了，而且很快他就成了你们这些人的头儿。

同样，在希腊北部有个名叫菲利普的人，他一直在旁边观望斯巴达和雅典——打仗而非玩耍，他想要加入这场比赛。菲利普是一个叫马其顿的小国的国王，但是他也想要当希腊的国王，而斯巴达与雅典的战争对他来说是个好机会，这让两个城邦在伯罗奔尼撒战争后开始萧条、衰落，他要趁这个机会参与进来，并成为希腊的国王。菲利普能征善战，但除非迫不不得已，他不想和希腊人作战。他想通过和平的方式当上希腊的国王，希望希腊人欣然同意。于是，他想出了一个计谋。

你从前面的故事中知道了希腊人是有多么痛恨波斯人吧，在大约一百年前，他们把进犯的波斯人赶出了自己的国土，菲利普也非常清楚这一点。虽然和波斯的战争已经过去很久了，但希腊人从未忘记他们祖先的英勇以及他们对抗波斯人获得胜利的故事。他们的祖父母和父母把这些故事一遍遍地讲给他们听,他们自己也非常喜爱这个故事,把希罗多德写的历史读了一次又一次。于是,菲利普对希腊人说:"不可否认,你们的祖先将波斯人赶出了希腊,但是波斯人回到了他们的国家,你们的祖先应该乘胜追击,好好地教训一下他们。可是你们甚至没有想到过要报复他们,你们现在为什么不到波斯去征服他们呢?要让波斯人为他们过去的所作所为付出代价啊!"

接着,他又狡猾地补充说:"让我来帮助你们吧,我会领导你们对付他们的。"谁都没有看透这是菲利普的计谋——除了一个名叫狄摩西尼的雅典人。

当狄摩西尼还是个小男孩的时候,他就下定决心,总有一天要成为一名伟大的演说家或者叫雄辩家,正如你可能也经常说自己长大了要当医生、飞行员或者老师那样。

狄摩西尼为自己选择了一个他天生最不适合的职业。首先,他的嗓音柔和微弱,很难让人们听清他在说什么。此外,他说话还口吃得厉害,背诵首短诗,中间还总是结结巴巴的,大家都爱嘲笑他。因此,他立志成为一名伟大的演说家就似乎是太荒谬了。

◆《狄摩西尼面朝大海放声演讲》,德洛克洛瓦作

但是，狄摩西尼完全靠自己练习，练习、练习、再练习。他到海边去，在那里捡一块鹅卵石放进嘴里，这样想把话说清楚就更困难了。然后，他对着呼啸的海浪讲话，假装自己是对着一群愤怒的民众发表演说。为了不让群众的喧哗吵嚷淹没自己的声音，他讲话的声音必须要特别大才行。

最后，通过这样持续不断地练习，狄摩西尼真的成了一名非常伟大的演说家。他的演说非常精彩，以至于他想要听众哭他们就哭，想让听众笑他们就笑；他想要听众做什么，就能说服他们去做。

这时候，只有狄摩西尼看出了菲利普征服波斯的这个提议实际上是个阴谋。他知道菲利普真正的目的是要当上希腊的国王，因此他发表了12篇演说来反对菲利普。这些演说被称为"菲利普演说"，因此它们都是攻击菲利普的。"菲利普演说"非常著名，直到今天我们还把这种激烈痛斥和抨击他人的演说叫"菲利普演说"。

希腊人在听演说的时候都怒火中烧，激烈反对菲利普，但一旦离开狄摩西尼影响所及的范围，这些希腊人就变得毫无斗志，也不去做什么来阻止和反对菲利普了。

最终，尽管狄摩西尼为反对菲利普做了全部努力，但菲利普还是如愿以偿，成了希腊的国王。

不过，虽然菲利普曾保证过要带领希腊人征服波斯，可是他还没开始着手准备就被自己人杀死了，这样他就没能实施自己的计划。

菲利普有个大儿子叫亚历山大。菲利普死的时候，亚历山大只有20岁，但是在父亲死后，亚历山大就成了马其顿和希腊的国王。当亚历山大还是个小孩子的时候，他看一些男人试图驯服一匹年轻的野马，但是只要有人接近，马就受惊直立、暴跳不已，因此没有人能够骑上去。亚历山大就请求父亲让自己也试试，看看能否将这匹马驯服。亚历山大的父亲觉得儿子的请求很可笑，那么多年纪比他大得多的人都做

◆马其顿国王菲利普二世。马其顿帝国的缔造者,让对手闻风丧胆的"马其顿方阵"的发明者。他不仅善于驰骋战场,建功立国,还是有史以来最成功的教育家之一,他培养出一个好儿子——后来有"世界之王"之称的亚历山大大帝。他不仅延聘了世界上最伟大的哲学家亚里士多德做自己儿子的老师,而且把自己的思想、带兵的经验传授给他。在凯罗尼亚战役中,当时年仅18岁的亚历山大就被委以重任,并发挥了重大作用。在他的有效培育下,亚历山大在20岁即继承其父未竟事业,成功征服了波斯

不到,何况是一个小孩,但最终他还是同意了儿子的请求。

实际上,亚历山大注意到了那些人没有留心一个细节。这匹马似乎害怕它自己的影子,年轻的小马驹总是很容易害怕那些黑暗的和移动的事物,这和一些小孩子害怕夜晚的黑暗是一个道理。

亚历山大牵着小马转了个身,让它正对着太阳,这样它的影子就在后面,看不到了。然后,他骑上马,轻而易举地驰骋起来,所有人都惊讶得目瞪口呆。

菲利普为亚历山大的聪慧感到欣喜万分,于是他把这匹小马送给了亚历山大作为奖励。亚历山大给这匹马取名布西法尔,他非常喜爱这匹马,在这匹马死后专

◆亚历山大威武的战马布西法尔。这匹战马带着它的主人成功地经历了数十次战役,从不让其他任何人骑,但只要亚历山大一出现,就会变得非常温顺,它会跪下让国王容易地跨上马鞍

第二十九章 智者和愚人

◆亚历山大骑着布西法尔打败波斯军队

◆亚里士多德（左）正在辅导他的学生亚历山大（右）。象牙雕刻

门为它建造了一块纪念碑，还以它的名字命名了一个城市。

亚历山大的确是个很优秀的孩子，但是有些人认为他的伟大多少跟他有一个杰出的老师有关，这位老师的名字是亚里士多德。亚里士多德大概是从古至今最伟大的老师了，如果有更多像亚里士多德一样了不起的老师，大概会有更多像亚历山大这样优秀的学生。

亚里士多德学的书几乎涉及了各种不同的学科领域——关于星球方面的书称作天文学著作，关于动物方面的书称为动物学著作，还有一些你可能都没有听过的其他学科的著作，比如心理学和政治学等。

千百年来，亚里士多德所写的这些书都作为学校的教材来使用，在很长的一段时间里，这些书也是学生们唯一的教科

◆走出雅典学院的柏拉图（左）和他的学生亚里士多德（右）。柏拉图生于雅典，父母都出身名门望族，受过良好的教育。大约20岁时，柏拉图成了苏格拉底的追随者，成了智慧的热烈追求者。在营救恩师苏格拉底失败后，他开始思考国家的政治体制问题，并开始了他的游历生涯。返回后，在雅典城外西北角的阿卡德摩建立柏拉图学园，该学园前后持续达九百年之久。柏拉图的学园在西方开始了学术自由的传统，是希腊世界最重要的思想和人才宝库。公元前347年，柏拉图在参加一个学生的婚礼时辞世。整个雅典人们倾城而出，为他送葬

书。而现在，学校的教科书通常是写成后用不了几年就换新的了。亚里士多德的课本却用了那么长时间，多么了不得啊！

亚里士多德曾有位老师叫柏拉图，他既是一位伟大的老师，又是一位著名的哲学家；而柏拉图曾是苏格拉底的弟子，所以也可以说亚里士多德是苏格拉底的"徒孙"。你已经听说了东方的一些智者，而这是希腊的三位智者：

苏格拉底

柏拉图

亚里士多德

也许将来有一天你会读到他们在两千多年前写的书和说过的话。

第三十章
一位少年国王

你想一下当你到了20岁的时候，你会在做什么呢？

是在上大学吗？

还是已经工作了，或是在做别的什么事情呢？

当亚历山大20岁的时候，他已经成为马其顿和希腊的国王了。但是对于这位杰出的年轻人来说，马其顿和希腊都太小了，他想要统治更大的国家。事实上，他想要统治整个世界，也就是地球上所有地方。

于是，亚历山大立即着手进行他父亲征服波斯的计划，这一次波斯要为

◆亚历山大（公元前356—公元前323）猎狮时的英姿。亚历山大一生的征服改变了世界历史，他使古希腊文化在近东统治长达一千年之久

一百五十年前最后的侵略付出代价了。

他组织了一支军队，穿过达达尼尔海峡到了亚洲，与到前线阻止他们进犯的波斯先遣部队展开了战斗，并接连获胜。

他一路不断前进，因为波斯是个强大的帝国。

很快，他到达了一个城镇，那里有座庙宇，庙宇里有根绳子，这根绳子因为打了一个非常奇怪的结而远近闻名。这个绳结叫"戈尔迪之结"，它之所以非常有名，是因为神谕说过能打开它的人会征服波斯。可是，一直没有人能打开它。

亚历山大听说了这个故事后，他来到了庙里，看了一下那个绳结，一眼就看出它是不可能解开的。于是他试都不试，直接拔出剑来，一剑将绳结砍成了两段。

现在，当有人以快刀斩乱麻的方式，干脆利落地解决了所有困难的问题，而不纠缠于琐碎的细节时，我们通常就会说他"砍断了戈尔迪之结"。

从此之后，亚历山大征服了一个个的城市，从未在重要的战争中打过败仗，直到征服了整个波斯。

接着，他的大军开进了埃及，那时候埃及是属于波斯的，他把埃及也征服了。为了庆祝这次胜利，他在尼罗河入口处创建了一座城镇，并用自己的名字来命名。他还在那里建立了一个很大的图书馆，后来这座图书馆变得越来越大，据说那里有50万册的藏书——那就是100万的一半呢，可以说是古时候最大的图书馆了。这里的书和亚述巴尼拔图书馆中的书不同，

◆亚历山大斩断"戈尔迪之结"

当然也和我们现在的书不一样，因为当时还没有发明印刷术呢。那时候书里的每个字都是手写的，书也不是一页页的，而是用木棍卷起来的、很长的卷轴。

◆卷轴、钢笔和墨水

亚历山大城里有个港口，港口里有座小岛叫法洛斯岛。这个岛在若干年后建立了一个灯塔，以小岛的名字命名为法洛斯。相对于普通的灯塔而言，这座灯塔更像是一座现代的摩天大厦——它有30多层楼那么高。这在当时是很不同寻常的，因为当时的建筑大多都只有一二层楼那么高。它的光亮在几十公里开外都能看到。亚历山大的法洛斯灯塔被称为世界七大奇迹之一。你已经听过其中的三大奇迹了吧，这是第四个了。

亚历山大城在这个时期发展起来，成为古代世界上最大、最重要的海港。不过到了今天，法洛斯灯塔和图书馆以及所有这些古代的建筑物都早已不复存在了。

亚历山大没有在任何一个地方久留。他是个闲不住的人，总想要继续前行。他想看到陌生的土地，想征服新的民族。他几乎把自己的马其顿小国和希腊都抛诸脑后了。与别人不同的是，他一点儿都不想家；相反，他一天天地远离家园，向着远方不断地前进，我们通常把这样的人叫作冒险家或是探险家。同样，他也是一名伟大的将领。就这样，亚历山大征服了一个又一个地方，直到他到达了遥远的印度。

◆亚历山大的法洛斯，这座灯塔在1349年因地震倒塌而沉入海底

到了印度后，一直跟随他东征西战的战士们都开始思念家乡，想要回家。他们已经离开家十多年了，现在又离家这么远，都担心再也回不去了。

亚历山大这时只有30岁，但他却被称作亚历山大大帝，因为他是整个世界的统治者——至少对大多数希腊人而言，他们所知道的地方都已经被他征服了。意大利除外，因为那时候的意大利只是一些微不足道的小城镇而已。当亚历山大发现没有更多国家可以去征服的时候，他失落万分，竟然痛哭起来！

最终当没有地方可以征服了，他同意了战士们的请求，开始踏上了返回希腊的漫漫旅程。

他到达了巴比伦这座曾经无比强大和辉煌的城市，在那里举行了盛大的庆祝宴会，就在纵情享乐的时候，他忽然死去了，他没能回到希腊。

这一切发生在公元前323年，他当时只有33岁。这些数字你应该很容易就能记住吧，这些数字基本都是"3"，除了中间的那个"2"。

亚历山大大帝征服的土地最多，这些领土都归于他一人的统治之下，但这并不是我们称他为"大帝"的唯一原因。

亚历山大不仅是最伟大的统治者和将领，还是伟大的老师呢。你可能对此会感到奇怪吧，是亚里士多德教他成为一名老师的。

亚历山大教他所征服的那些地方的人们学习希腊语，这样他们就能阅读希腊的书籍；他教给他们关于希腊的雕塑和绘画方面的技巧，还教给他们希腊哲学家们所说过的名言警句，这些哲学家们包括苏格拉底、柏拉图，还有他自己的老师亚里士多德；他还教他们进行体育训练，就和希腊人为参加奥林匹克运动会所做的一样。亚历山大娶了一个美丽的波斯女子，她的名字叫罗克珊娜。但是，他们唯一的孩子在亚历山大死后才出生，只是一个小婴儿。因此，这位伟大的国王死后，没有能继承他基业的人。亚历山大在死前曾对众多将领说，他们中最强大的人将会成为下一位统治者，而他们必须通过比武来确定这个人选。他的将领们真的用了比武的办法，最后有四个人获得了胜利。他们的决定是把这个伟大的帝国分成四份，每个人分得自己的一块地盘。

这其中的一个将领名叫托勒密一世，他分得的地盘是埃及，还把埃及治理得很好。但其他三个人就没他这么了不起，过了一段时期后，他们的领土都逐渐衰落下去，并且四分五裂了。这就像你吹气球一样，你不断地吹气，气球就变得越来越大，亚历山大的帝国也是这样越来越大，直到突然"啪"地一声，什么都没有了，只剩下了一堆碎片。

第三十一章
找茬打仗

有句俗话:"皇帝轮流做,明年到我家。"

一位网球冠军或是赛车冠军赢了上一任冠军,然后有那么几年,他一直保持着冠军的地位。不过,早晚都会有更年轻、更优秀的运动员出现,从他这里赢得冠军的宝座。

同样的道理似乎也适用于国家。一个国家从另一个国家手中赢得霸主地位,在这个位置保持几年;然后,这个国家逐渐衰落,最终又由后起之秀接替了它的地位。

我们已经知道:尼尼微曾做过世界霸主,接着轮到了巴比伦,接着轮到了波斯,接着是希腊,而最后是马其顿。

你可能会好奇,在亚历山大帝国四分五裂之后,谁会是下一任霸主呢——谁会来接这个班呢?

亚历山大在征服世界的时候,他一直是朝着日出的东方和南方前进,而不太留意日落方向的西方国家。罗马——我们有一段时间没有提到它了——那个时候只是一个小城镇,那里街道狭窄,房子也都是些小木屋。对于亚历山大而言,这样的地方根本不会放在心上。那时候罗马本身也没有什么野心,只是想要防止外界侵犯。

但是在这个时期，罗马开始发展起来，不仅能够保护好自己的国土不受侵犯，还能对外发动战争，与其他国家打一场硬仗了。罗马几乎和意大利的所有城邦都进行了一番交战，并且取得了胜利，最终罗马成了整个"靴子"地区的霸主。这里的"靴子"指的是意大利，因为意大利的国土在地球上的形状就像一只靴子。然后，罗马人开始环顾外面的世界，看看在意大利之外，是不是还有别的什么地方可以让他们去征服。

可能你在地图上看到了，意大利这只"靴子"尖正对着它前面的一个小岛，就好像要把它当足球踢一样。这个小岛是西西里岛，而穿过地中海的北非那边有一个城市正对着西西里岛，这个城市叫迦太基。

迦太基是腓尼基人在多年前建立的，已经发展成一座非常富有、强大的城市。很多年过去了，腓尼基人已经和北非当地被称作柏柏尔人的原住民相融合，形成了一种独特的文明。

他们在农场里种植了大面积的果树和橄榄树，还饲养了成群的牛、羊和马。这其中，富人家还拥有很大的庄园。

由于迦太基邻近海域，就建造了很多船只，和地中海沿岸的其他海港进行贸易往来，正如古代腓尼

◆地中海地图，上面有迦太基、西班牙等

基人的提尔城和西顿城一样。到这个时候，迦太基已经控制了地中海西端的全部地区。

迦太基不想看到罗马变得如此强大、有力，换句话说，迦太基感到罗马对它是个潜在的威胁。

而罗马这边，也嫉妒迦太基的富有和发达的海上贸易。所以，罗马急切地想找到一个借口，来挑起和大海对面这个敌手的战争。

你现在明白了吧，如果是诚心想找麻烦，那挑起争端和引发战争就再容易不过了。一个男孩伸了伸舌头，另一个男孩踢了他一脚，于是两个人就打起来了。

这两个国家当时就像两个小孩子一样，找了个微不足道的理由就开战了。虽然罗马和他们说这是"战争"，其实不过是小孩子一样的"掐架"，只是没有爸爸妈妈过来训他们，并把他们各自领回家去而已。

很快，罗马和迦太基就找了个借口，他们之间开始了战争。罗马人把这次战争叫作布匿战争，因为布匿是他们对腓尼基人的称呼，而迦太基人的祖先就是腓尼基人。

因为迦太基在海的那边，罗马人想要过去就只有乘船。但是罗马没有船只，因为它远离海边，不知道该怎么造船，也就不会驾船航行。

而迦太基人却有很多很多的船只，还有众多经验丰富的老水手。

碰巧的是，罗马人这时候发现了迦太基人扔在海边的一条船的残骸，他们立刻按照这条船的样子做起船来。在非常短的时间里，他们就造出了一条，接着一条条地生产，最后他们拥有了大量的船只。然后，罗马人攻击了迦太基的舰队，尽管他们在海战方面还是菜鸟。

这种情况下，迦太基人应该还是能轻松获胜才对，因为罗马人对于船只了解不多。在以往的海战中，罗马人的作战方式都是驾船直接冲向敌人的船腹，直接捣毁和击沉对方的战船。

罗马人知道如果是这样作战，他们肯定不是迦太基人的对手。于是他们想了个办法，让他们打海战也能和在陆地上作战一样。

他们为此发明了一种巨大的铁钩子，把它叫作"乌鸦"。一旦罗马人的船只靠近迦太基战船的一侧，他们不是直接把对方撞沉，而是扔出"乌鸦"勾住对方的战船，把两条船拉到一起。这样，罗马战士们就可以冲到敌人的船上，像在陆地上一样跟对方短兵相接。

这个方案奏效了。

这种新式的作战方式让迦太基人大吃一惊，所以罗马人首战告捷。

但是，罗马人也不是一直占据上风，迦太基人很快也学会了这种作战方式。因此双方在海陆大战中各有输赢。不过最终，罗马人取得了胜利，打败了迦太基人，这样就结束了第一次布匿战争。

第三十二章
"靴子"的反击与践踏

迦太基人并没有一败涂地,他们在等待时机向罗马讨回公道。但是,之前他们从正面与意大利作战失败了,于是他们决定从后方进攻。他们的计划是绕一个大圈子,经过西班牙,从意大利北部上方俯攻罗马。

为了实现这个计划,他们要先征服西班牙,这样才能经由这里进攻罗马。他们轻而易举地攻下了西班牙,因为迦太基有一名伟大的将军名叫汉尼拔。可是接下来,他们在这条从后方进攻意大利的路上遭遇了极大的困难。

在这个"靴子"的上方,也就是意大利的北部有一座山峰叫阿尔卑斯山。它有几千米高,常年覆盖着厚厚的冰雪,即使夏天也不会融化。山上到处都是悬崖峭壁,一不留神就会跌下万丈深渊。

因此,阿尔卑斯山可以说是一座坚实的天然屏障,比任何国家建造的城墙都管用得多。罗马人想当然地认为,没有军队能翻越这座无比高大而又危险万分的"城墙"。

一次次的事实证明,有很多事情人们都声称是绝不可能完成的,但是就有人坚持做下去并且成功了。

人们曾经说过人是不可能在天上飞的。

◆《雪风暴：汉尼拔和他的军队穿越阿尔卑斯山》，布面油画，特纳作，泰特美术馆收藏

可是后来，有人做到了。

人们说军队是不可能翻越阿尔卑斯山的。

然后，汉尼拔来了，在罗马人还没有搞清楚发生了什么之前，他率领着军队翻过了阿尔卑斯山，打到了意大利的后方！他做到了。汉尼拔还把他的象群从非洲带到了这里。象群就如同古代的坦克一样，是非常有价值的作战工具。你能想象一大批军队和象群是怎样翻越了那些高山吗？

罗马人无法阻止汉尼拔的大军朝他们的城市开进，大军一路上过关斩将，接连取得胜利。汉尼拔的军队在意大利如入无人之境，征服了从北到南的众多城镇，在那里他们为所欲为。照这种情形发展，罗马就要被打败，整个意大利就要沦陷。

有时候，在一些竞赛中，如果你无法捍卫自己的地盘，那么试着攻击你对手的地盘可能也是个不错的办法。

罗马人认为他们应该试试这个办法。当汉尼拔进攻罗马时，罗马就去攻击迦太基，因为这时他们的大将军远离了国土，国内已经没有杰

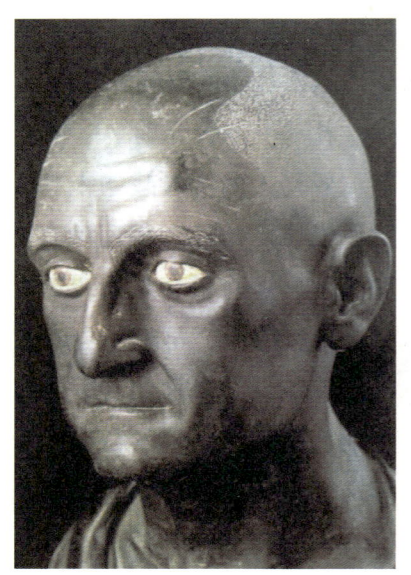

◆西庇阿头像

出的将领来保卫国家。

　　罗马人派出了一个名叫西庇阿的少年将领，让他率军执行这个计划。不过，西庇阿首先到了西班牙，在那里截断了汉尼拔的归路，让他无法从来时的路返回迦太基。

　　接着，西庇阿渡海登陆非洲，直接进攻迦太基。

　　迦太基人面对突然到来的进攻显得惊慌失措，因为他们的大将军和大部队都远在意大利。于是，他们迅速派人通知汉尼拔回来救援。汉尼拔后来回到了迦太基，但已经太迟了。在迦太基附近的扎马，西庇阿和汉尼拔的

◆《布匿战争期间在意大利的汉尼拔》，壁画

军队进行了决战。这次战役非常有名，在这次战争中，迦太基又一次被击败了，这是它第二次被罗马人击败。这样，在公元前202年，第二次布匿战争结束了。这次战争的时间和地点也很容易记住的：

扎马——公元前202年。

罗马人两次对战

◆扎马之战，非洲的西庇阿在扎马打败汉尼拔

迦太基人都获得了胜利，你可能认为他们会满意了吧。但是他们没有。他们觉得还没有彻底打倒迦太基，担心迦太基还保留着一定的实力，还有机会东山再起。他们认为如果不把迦太基赶尽杀绝，星星之火可以燎原，早晚还会成为自己的心腹大患。

现在，如果你已经打败了你的对手，还要继续痛打他，这是很没有风度的行为。迦太基已经被打败了一次又一次，弄得遍体鳞伤。但是几年之后，罗马人第三次进攻迦太基，这也是最后一次。

迦太基人已经无力保卫自己的家园，罗马人毁灭了这座城市。不过，后来罗马的将领尤利乌斯·恺撒重建了这座城市。再后来，罗马人又在附近兴建了其他一些城市，并在城市之间修建了四通八达的道路，在城市里修建了自来水管道。现在我们还可以到这里来参观罗马的遗迹，这个地方现在叫突尼斯。

第三十三章
世界的新霸主——罗马

你能猜到当时所有的罗马人会为自己"是"罗马人而感到多么自豪吧？因为罗马已经成为世界的新霸主了。如果一个男人摇头晃脑地说"我是罗马公民"，人们通常要想办法巴结他，害怕惹他生气，担心一不小心得罪了他。罗马不仅统治了意大利，还统治了西班牙和北非地区。与其他的古代民族一样，罗马开始向外不断地征服、扩张，直到公元前100年，罗马成了地中海周围所有国家的统治者——除了埃及。

罗马这个新的世界霸主——而且还会持续很多年的世界霸主，做事非常实际。

希腊人喜欢美的东西：美的建筑、美的雕塑、美的诗歌。罗马人模仿希腊人，从他们那里学到了如何创造很多美的东西，也喜欢那些美的东西，但是他们的本质却是务实的，他们最感兴趣的是那些实用的事物。

举个例子，既然罗马人统治了世界，他们就需要用一种方便、快捷的方式向帝国的任何地方派遣使者和军队。所以他们必须要有很多道路，这样才能使交通更加方便。当然，当时没有铁路，道路也是很简陋的，只是清理一下路面，这种道路总是坑洼不平的，到了雨季就成了泥塘，根本没法走。

于是，罗马人开始着手修路。他们先是把大石头放在最下面作为地基，把稍小一些的石头铺在大石头上，再在上面铺上大块、平整的石头，一层层地铺好后就形成了平坦的路。他们修建的道路有千万公里长，有很多条这样的长路通向整个帝国的各个区域，人们可以从各个不同的地方，通过这种铺好的道路来到罗马。我们现在还有这样一种说法："条条道路通罗马。"这些道路修得非常坚固，其中许多道路一直保留至今，要知道它们可都是在两千年前修建的啊！

还有两项非常重要的城市设施，也显示出罗马人务实的风格。现在如果你是在城市中生活，想要用干净的水，只要把水龙头打开，就能要多少有多少；而那个时候，城市里的人们喝的水和用的水，通常都得去附近的井里或泉水边打上来再提回家去。虽然罗马人在城市里铺设自

◆ 古罗马的高架引水渠

来水管道，需要水的时候只要拧开水龙头就能有干净的水，但是水源却还是那些泉水和井水，经常会被污染，人们喝了这样的脏水就会生病，甚至会引发可怕的瘟疫。瘟疫是非常严重的传染病，就像前面我给你讲过雅典的那次瘟疫，人们会大批地死去，埋都埋不过来。

罗马人想要干净的水，于是开始寻找一些未被污染的湖泊。通常情况下，那些未被污染的湖泊距离城市很远，所以他们就造了一些大管道把水从各个地方引到城里来。这些大管道不是像现在这样用钢铁或砖陶制成的，而是用石头和混凝土做的，它们被称之为引水渠。如果引水渠要经过河流或者山谷的话，就要架起一座桥来托住它。罗马的许多引水渠一直保存到今天，并且仍然在使用。

然而在解决了水源问题之后，瘟疫还是会经常发生，那是因为那些用过的废水还有别的废物和垃圾没有合理地处理掉，都是直接倒在街道上了事。这样自然使得城市和乡镇都脏乱不堪，非常不卫生。

于是，罗马人又建造了庞大的下水道系统。现在我们知道，把废水直接排放到河里是错误的，因为这样做会污染河流，人们喝下这种被污染的河水就会生病。但是那时候的罗马人只知道不能让废水污染城市的街道，把脏水引到城外、排放到河里或倒在他们认为不会引起危害或疾病的别的地方，却不知道怎样避免废水污染河流。尽管瘟疫依旧会发生，但是频率有所控制。罗马人是欧洲最先大规模建造下水道的民族，给现在每个大城市的水管和下水道布局奠定了基础。

罗马人还做了一件非常重要的事，那就是他们制定了很多非常公正、合理的规则，并且要求每个人都要遵守。关于这些规则，我们今天称之为法律。我们现在的法律有些还是以它们为范本制定的呢！

这其中有一条规则规定，罗马帝国所有的城市和乡镇都要向罗马城进贡或缴税，上贡来的巨额钱财被用来修建城市中美丽的建筑物、供奉神灵的庙宇、统治者金碧辉煌的宫殿、公共浴室和被称为"竞技场"的大型露天场所,以供人们娱乐使用。由此可见,当时的罗马是一座非常富有的城市。

那个竞技场有点像我们的足球场、棒球场或是体育场,不过它可不是踢足球或者打棒球的地方,这里上演的是双轮车比赛,或者是两个男人或人与野兽之间的殊死搏斗,主要表现的是个人技艺。双轮车有两个大轮子,车厢却很小,由两匹或四匹马拉着,驾驶人站在上面。你可能在马戏团看到过这种马车比赛。

◆罗马皇帝苇斯巴芗上台后,将尼禄的大多数奢侈物改造为公共娱乐场所,罗马竞技场由此诞生。这里大约能容纳5万名观众。公元80年角斗场工程竣工之时,举行了为期100天的庆祝典礼。古罗马统治者组织了5000头猛兽与3000名奴隶、战俘、罪犯上场"表演",这种人与兽、人与人的血腥大厮杀居然持续了100天。直到这5000头猛兽和3000条人命自相残杀、同归于尽。有人说,只要你在角斗台随便抓一把泥土,放在手中一捏,就可以看到印在掌上的斑斑血迹。

在所有这些运动里面,罗马人最喜欢的要数角斗士的搏斗。角斗士们通常是一些非常强壮有力的男人,他们大都是罗马人在战争中抓到的俘虏。角斗士们的搏斗极其残酷,他们要费尽心力地去杀死另外一个角斗士或是一只野兽,因为角斗士之间的搏斗都是以其中一方的死亡作为结束,就像约定俗成的一样。角斗士们越是表现出血腥就越能得到观众的欢呼。观众觉得这是最有趣的,像电影这类东西,在他们看来还不如这种搏斗的一半有趣呢。

如果一个角斗士在角斗过程中表现得非常勇敢,在搏斗方面也很优秀、有风度的话,即使他被打败,竞技场的观众也会竖起大拇指来表明希望获胜的角斗士饶过他的性命。所以获胜的角斗士在杀死他击倒的

◆角斗士在竞技场比赛，镶嵌画细部。训练角斗士的方式和现代训练运动员的方式非常相似，他们要进行非常严酷的锻炼并受严格的饮食控制，只能进食高热量的食物。他们要学习使用各种武器，包括匕首、剑、网以及锁链等。失败的角斗士通常被胜者杀死。败者义无反顾地抓住胜者的大腿，而胜者将长剑直接刺入他的喉咙来宣告胜利。这时，全场的观众呼喊沸腾，气氛达到最高潮。据哲学家罗素认为，马可·奥勒留曾经敕令过角斗士必须使用粗钝的剑进行角斗

对手之前，都要等着看观众的要求，如果观众把大拇指朝下指，那就意味着他必须杀死对手才能结束这场搏斗。

　　罗马人生活的城市是这样的美丽、卫生和先进，但整个罗马帝国的财富分配却极度不均匀，大部分的财产都落到了富人手中，他们变得越来越富有，而穷人什么都得不到，随之就会变得越来越穷困。通常罗马人会把他们那些从战场上掳来的俘虏带回罗马，让他们干所有的重活累活，把这些人变成了无偿为他们劳动的奴隶。据说，奴隶们的数目是罗马人的两倍还多，这样的话，几乎每个罗马公民都有两个奴隶为他服务。

　　你还记得西庇阿吗？对，就是那个在布匿战争中打败汉尼拔的年

轻将领。他有个女儿叫科妮莉亚，她生了两个非常优秀的儿子。科妮莉亚自然很为他们感到骄傲。

有一天，一个非常有钱的罗马女人拜访科妮莉亚，并向她显摆她的戒指、项链和另外一些珠宝首饰。她有很多这样的珠宝，所以很得意。

罗马女人炫耀完这些珠宝还没有收敛，说想看看科妮莉亚的宝贝。

科妮莉亚微笑着叫来正在外面玩耍的两个儿子，说"这就是我的宝贝"，并把他们紧紧地揽在怀里。

众所周知，孩子们小时候的确是父母的宝贝，可等他们长大了就不见得还是宝贝了。科妮莉亚的两个宝贝长大后，被人们称作格拉古兄弟。两兄弟迫切想要改变富人过得穷奢极欲而穷人却生活得困苦不堪的社会状况，并认为穷人没有东西吃、没有地方住是非常不公平的。

于是他们为穷人做了很多好事：想办法降低食物的价格，以便让穷人能买得起粮食；想方设法地给穷人弄土地，让他们可以种菜来自给自足。但是富人是不想拿出自己的财产来救济穷人的，更不想跟穷人分享什么东西。因此富人们联合杀死了其中一个兄弟，后来把另一个也杀死了。科妮莉亚的宝贝最后的命运是相当悲惨的。

第三十四章 罗马人中最高贵的一位

我们来猜个谜语吧。

有个人捡到了一枚很古老的硬币，硬币上面的日期是公元前100年。

那是绝对不可能的，你知道为什么吗？看看你能不能猜出来，先不要看后面的答案。

猜到没有？那是因为我们所说的公元1年是以耶稣基督诞生为起点的，后来才把那之前的时间都叫作公元前。而在耶稣基督诞生之前的人是不可能知道耶稣什么时间会出生的，所以也不会在硬币上刻上这样的时间。

在公元前100年的时候，有个小男孩在罗马出生了，他的名字叫尤利乌斯·恺撒。

如果你问他，他是什么时间出生的，他会回答说是在653年。

你想想看这是为什么呢？

因为罗马的纪年是从罗马城建立的那一年，也就是公元前753年开始计算的，他们把那一年叫作第一年。而恺撒是在罗马城建成后第653年出生的，所以说换算成我们的纪年就是公元前100年，明白了吗？

在那个时候，整个地中海地区到处都有海盗横行——这可能是真

◆恺撒（公元前102—公元前44），生于罗马一个贵族家庭。他是一位伟大的演说家、文学家、士兵和政治家，历史上无人能与之媲美。在打败政敌庞培之后，他获得了最高的权力。公元前44年3月15日的一次暗杀却使他的政治生涯大为缩短。有《高卢战记》和《内战》流传下来，这两部作品笔法清晰，堪称历史著作的典范，长期为后人所效仿。图中的恺撒头像，他那又细又长的脖子、尖尖的鼻子和结实的下巴，还有那洞穿人心的眼睛，都能告诉我们为什么他对他所有认识的人有如此大的影响。他是一位不同凡响的人物，一位军事天才，一位具有多方面才能的艺术家

正的海盗。而这个时期罗马成了世界的统治者，所以有很多装载着金银财宝的船只从帝国的各个地区送往罗马城。海盗们就沿着海岸四处航行，暗中埋伏伺机劫获这些船只上的金银财物。

当恺撒长大成人后，他被派去出海剿灭那些海盗，但却被那些海盗掳获了。海盗们把恺撒关了起来，还派人送信到罗马去勒索大笔赎金，否则就不放人。恺撒知道如果钱送不来，自己肯定就会被海盗杀死；他还知道，无论钱送不送来，自己都有可能被杀掉。可是他非但不害怕，反而对那些海盗说，如果他能活着回到罗马，总有一天会率领舰队回来找他们报仇，到时候他会把他们都杀死。不过后来钱送来了，海盗们就把他放走了，他们认为恺撒一定不敢再回来了，他那些话只是吹牛而已；而且海盗们相信，他无论如何也逮不住他们。然而，恺撒这个人说到做到，他真的去找海盗们复仇并且把他们都抓起来关进了监狱。之后，他按照罗马处置盗贼的方法，把他们都钉死在了十字架上。

罗马帝国远方的属国经常起来反抗罗马，他们想摆脱罗马这个异国的统治。要平息这些地方的叛乱，就需要有一个能征善战的大将来统领军队。由于恺撒在与海盗的对战中表现出来的英勇，他被任命为一支

军队的将领,并被派去与两个远方的属国作战,这两个地方是西班牙和西班牙北部一个叫高卢的国家(即现在的法国)。

恺撒征服了这些国家,然后他用拉丁文写下了自己战斗的历史。他为什么用拉丁文呢?因为拉丁文是他的母语。现在这本书被称作《高卢战记》,通常是学习拉丁文的人首先要阅读的入门书籍。

在公元前55年,恺撒乘船横渡到大不列颠岛,征服了那里的大部分地区。之后第二年,也就是公元前54年,他再次率军远征大不列颠。

恺撒征服了罗马帝国西部的大部分地区,还将这些地区管理得井井有条,因此他成了罗马帝国的名人。此外,他还非常受战士们的爱戴。

◆恺撒口述《高卢战记》,帕拉基奥作

在这个时期，罗马还有一位有名的将领叫庞培。在恺撒征服西部帝国的同时，庞培在罗马的东部也率领大军不断向外扩张，他同样是一位优秀的将领，在战争中也是连战连捷。庞培曾经和恺撒是知己之交，但当他看到恺撒征服了那么多土地又那么受战士们拥戴时，他开始嫉妒起恺撒来。你看看有多少战争和争端是因为嫉妒引起的啊！至少你已经听到过两个这样的例子了，这一个和前面说到的罗马对迦太基的嫉妒。

于是，庞培趁着恺撒率军出战在外的时候来到罗马的元老院，说服议员们下达命令，要求恺撒交出兵权，并且回到罗马。

当恺撒接到这个命令的时候，他认真地考虑了一段时间。最后他决定回到罗马，但并不准备交出兵权，相反他决定率军回去夺回罗马，由自己来掌权。

在恺撒自己管理的地区与罗马城之间有一条小河叫卢比孔河，罗马的法律禁止任何将领带兵渡过卢比孔河——这条河是条分界线，罗马人担心如果有将领带兵越过这条界线，就能长驱直入占领罗马并擅自称王。

因为恺撒决定不再服从元老院，他就率兵渡过了卢比孔河，进入了罗马。

现在，人们把那些危险分割开来的界限叫"卢比孔河"，还用"渡过卢比孔河"来形容人采取果决手段、破釜沉舟来面对困难或危险境地的行为。

庞培听说恺撒领兵逼近罗马城后，立刻逃亡希腊，没过几天，恺撒不但成了罗马的领袖，还成了整个意大利的首领。接着，恺撒就去希腊追击庞培，在一场战役中把庞培打得落花流水。

现在，挡路的庞培被赶走了，恺撒就成了罗马帝国的最高统治者。

◆庞培（公元前106—公元前48），古罗马军事统帅，政治家。贵族出身，卓越的军事家，四处征战，少有败绩，曾以亚历山大自比。后与克拉苏和恺撒结为"前三头同盟"，左右罗马政局，公元前53年克拉苏死，同盟趋于解体。公元前50年与元老院联合反对恺撒，支持共和政体，以恺撒违反法律、不服从元老的命令为借口，通过了检举恺撒的法案。前49年1月恺撒进军罗马，他率军退守希腊。翌年被恺撒击败后逃到埃及，为法老近臣诱杀

由于埃及在当时还不属于罗马，恺撒接下来就攻打了埃及并征服了这个国家。当时，埃及的统治者是一位美丽的女王，她的名字叫克娄巴特拉。克娄巴特拉美得倾国倾城，似乎能让每个人都不由自主地对她着迷。克娄巴特拉极力取悦恺撒，令他神魂颠倒，几乎忘记了别的一切。尽管他已经占领了埃及，但他允许克娄巴特拉继续做这里的女王。

就在这时，远在罗马帝国东部的一些人民为了摆脱罗马的统治而组织起来发起战争。恺撒就离开了埃及，迅速地到达叛乱的地方，很快地将他们镇压了，然后把胜利的消息送回了罗马。他讲述这场战斗胜利的语言极为简洁，

◆恺撒时期的金币，上面刻着他的名言："我来，我见，我征服。"

是对战争结果最拉科尼式的形容。整个消息只有三个字——虽然对于信使来说，传递一个三千字的消息和三个字的消息没有区别，但恺撒这个消息就是用来发电报也是最简短的了。他写的是"Veni，vidi，vici"，这三个拉丁文字的意思是"我来，我见，我征服"。

当恺撒返回罗马后，人们想拥立他为国王，至少他们嘴上是这么说的。实际上，恺撒已经不仅仅是国王了，他是整个罗马帝国的首脑。但是他并没有称王，因为自从公元前509年塔克文被逐出国境后，

罗马就再也没有国王了。罗马人曾经对国王又恨又怕，即使取消国王后，他们仍然对这个头衔怀恨在心。

有些人认为恺撒已经手握重权，这是非常可怕的，因为他足以借此称王。因此，他们密谋了一个计策以防止这样的事情发生。这些密谋的人中有一个名叫布鲁图斯，他曾经是恺撒最要好的朋友。

有一天，这些密谋的人埋伏在恺撒去罗马元老院的路上，就像有些孩子放学后藏在角落里等着与他争吵过的同学露面一样。

不知情的恺撒来了，就在他正要走近元老院的时候，这些密谋的人一拥而上把他包围，你一剑我一刀地刺向恺撒。

恺撒大吃一惊，试图保护自己，但他身上只有一支写字用的铁笔。虽然有句名言说"笔杆子比剑更有杀伤力"，但在这样的时刻，笔实在没什么用处。

当恺撒终于看到了布鲁图斯——他最好的朋友——向自己刺来时，他心痛欲裂，放弃了抵抗。然后，他用拉丁语大声呼喊"你，还有你，布鲁图斯"之后倒地身亡。这是公元前44年。

马克·安东尼，恺撒的真朋友，在恺撒的尸体旁边发表了一篇演说。他措辞激烈，周围的人都听得怒火中烧，如果他们能抓住那些谋杀犯，

◆《恺撒遇刺》，菲格尔作

肯定会把这些人撕成碎片的。

莎士比亚写了一部戏剧《尤利乌斯·恺撒》来纪念恺撒大帝，而七月这个月份也是以恺撒的名字命名的。

现在，你猜猜安东尼所说的"罗马人中最高贵的那个人"是谁呢？

"是尤利乌斯·恺撒吗？"

不，你错了。那个刺杀恺撒的好朋友——布鲁图斯才被叫作"罗马人中最高贵的人"。

你想想这是为什么呢？

如果想要知道原因，你就去读莎士比亚的戏剧，在戏剧最后安东尼的演说中寻找答案。

后来，德国的统治者都统称为"恺撒"，这个词在那里就是独裁者或皇帝的意思，而俄国统治者的发音也是源于恺撒的名字，他们简称为"沙"，也就是"沙皇"。

第三十五章
被奉为神灵的皇帝

如果一个人能有一个城市或街道以他的名字命名,那么他就很有名气。

你想不想将来做点了不起的大事,也能有一条小巷以你的名字命名呢?

我们设想一下,假如一年中的某个月份是以你的名字命名的,那么千百万人在接下来的岁月中,就要不断地写下和说出你的名字了!

我要给你讲的这个人,不但有个月份是以他的名字命名的,而且人们还把他奉若神明呢!

恺撒被刺后,三个人统治罗马帝国。其中之一就是恺撒的好朋友安东尼,他曾经在恺撒的尸体旁边发表了著名的演说。另一个人是恺撒的义子,他叫屋大维。第三个人的名字你就不必知道了,因为安东尼和屋大维很快就把他除掉了。很快,他们俩又开始算计起对方的地盘了。

安东尼统治的地盘是罗马帝国的东部,这部分地区的都城是埃及的亚历山大城,所以,安东尼就住到那里去了。

在埃及,安东尼像之前的恺撒一样也爱上了克娄巴特拉,最后他娶了她。

屋大维的领地在帝国的西部，后来他出兵攻打安东尼和克娄巴特拉，最终击败了他们。在被屋大维打败后，安东尼无法承受这样的结果，就自杀了。

那个寡妇克娄巴特拉，对屋大维重施故伎——就像之前迷惑恺撒和安东尼那样，希望他也能迷上自己，用这种方式占得上风。

可惜没用，屋大维和尤利乌斯·恺撒、马克·安东尼可不是一种人。他不但冷血无情，而且现实精明。他没有谈情说爱的心思，不会被女人迷惑，更不会让女人打乱他的计划，他的目标是成为世界上最伟大的统治者！

克娄巴特拉看到自己不能迷住他，又听说自己会被带回罗马，还要像那些在战争中俘获的囚犯一样游街示众，她无法接受这样的耻辱，于是决定无论如何也不让自己被带回罗马。

当时，在埃及有一种叫作"角蝰"的小毒蛇，剧毒无比。她拿了一条毒蛇，然后解开胸前的衣襟让它咬了一下，她就这样死去了。

于是，屋大维成了罗马所有属地的统治者，当他回到罗马城后，人们都高呼他为"皇帝"。接着，他放弃了"屋大维"这个名字，改称自己为"奥古斯都·恺撒"，因为这个名字的拉丁文有"皇帝陛下"的意思，这是在公元前27年。罗马人废除国王是在公元前509年。从这时起，罗马有了皇帝，皇帝的权力可比国王大多了，因为皇帝统治着很多国家，而国王只统治一个国家。

屋大维，这时他的名字已经改成奥古斯都·恺撒了，在成为罗马帝国唯一的领

◆《克娄巴特拉之死》，贾姆佩特里诺作

袖时只有36岁，罗马城是这个庞大帝国的都城，其地位极其重要。

奥古斯都开始着手把罗马城建设成为美丽的城市，他拆毁大量砖砌的古老建筑物而用富丽堂皇的大理石建筑取代。奥古斯都很喜欢夸夸其谈，他得到的罗马是砖城，而留下的罗马却是大理石的城市。

罗马最精美的建筑之一是万神殿，万神殿的意思就是所有神灵的庙宇，不要把这个词和雅典的帕台农神庙相混淆（这两个单词的英文拼写和发音比较近似）。这两个建筑实际上差别很大，帕台农神庙的名字出自于女神雅典娜·帕台农斯的名字，而万神殿是源于两个单词Pan和theon，它们的意思是所有的神灵。

◆奥古斯都大理石雕像

万神殿有个巨大的圆屋顶，是由砖和灰泥砌成的。这个圆屋顶的形状就像一只倒扣着的碗，正中是一个圆形的孔，这个孔叫"眼睛"。这只睁开的"眼睛"是万神殿里唯一的"窗户"，但是透过它，即使是在多云的阴天也能有足够的光线进来，让你可以清楚地看到整个神殿富丽堂皇的内部。

在所有这些辉煌建筑的衬托下，整个城市熠熠生辉，显现出长盛不衰的样子，以至人们把它称作"永恒之城"，现在仍然有人这么叫。

罗马有一块方形的公共场地被称之为广场。这里是个大集市，人们聚到这里来买各种各样的东西，在广场四周有神灵的庙宇、法院和别的一些公共建筑物。罗马法院的外形有点像雅典建造的庙宇，只不过罗

◆万神殿，是哈得良为献给所有神明所建的一座大神殿，也是所有罗马建筑中保存最好、对后世影响最大的一座杰出建筑，被米开朗琪罗称为天才的设计。大圆顶的基座从总高度的一半的地方开始建起。殿顶圆顶形曲线继续向下延伸，形成一个完整的球体与地相接。圆形屋顶上开有直径为9米的天窗，从这里透进来的光线照射到马赛克地板上，营造出一种庄严肃穆的气氛，同时又有计时的实用功能

马法院的圆柱是在建筑里面而不是在外面。

为了庆祝重大的胜利，罗马还竖立了很多凯旋门。当远征的英雄凯旋而归时，他和军队要通过这样的一个拱门来进行庆祝凯旋的游行。

罗马还曾有一个巨大的半圆形露天竞技场，据说这座竞技场比以往任何建筑的容量都要大得多，能容纳20万人——比一些大城市的常住人口还要多。这个竞技场叫马克西穆斯竞技场，后来为了给别的建筑腾地方，被人们拆毁了。

另一个竞技场是罗马斗兽场，它是在奥古斯都死后一段时间才建造的。它能容纳的人数与现在罗马最大的体育馆所能容纳的人数一样多。我之前给你讲过的角斗士之间以及角斗士与野兽之间的格斗，就经常在这里举行。现在这个斗兽场还在呢，只不过已经是残破不堪的废墟了。你可以坐在古罗马皇帝曾经坐过的位置上，看到那些曾经关着野兽的小房子，还有它们被放进竞技场的门，甚至还有一些血迹，据说是被杀死的角斗士和野兽留下的。

奥古斯都在位时曾经涌现出很多著名的作家，因此这个时期被称为奥古斯都时代。最知名的两位拉丁诗人就生活在这个时期，这两个人就是维吉尔和贺拉斯。维吉尔写的《伊尼德》（又称《埃涅阿斯纪》）讲述的是特洛伊人伊尼德（即埃涅阿斯）在特洛伊失败后，到处流亡最终在意大利安顿下来的故事，他就是罗马城的开创者罗慕路斯和

◆被岁月摧残后的罗马斗兽场遗址，画面右边为君士坦丁凯旋门。18世纪意大利画家卡纳莱托作。曾经无比辉煌的竞技场如今却是杂草丛生，正应了马可·奥勒留所言："对所有人们引以为傲的事物的热烈追求，人们竭力追逐的一切是多么无价值啊。而对一个人来说，在提供给他的机会中展示出自己的正直、节制，忠实于神，并且非常朴实地这样做是多么明智！"

◆《埃涅阿斯出逃》，真加作　　　　　　◆维吉尔

雷穆斯的曾曾曾祖父。贺拉斯写了许多被称为颂歌的短篇诗歌，多数都是描述牧羊人和牧羊女的爱情以及田园乡村生活的。人们很喜欢他的诗歌，许多人现在还给他们的儿子取名为贺拉斯。

　　在奥古斯都死后，他被奉为神灵，因为他为罗马做出了巨大的贡献。人们为他建造了庙宇，把他当成神一样供奉，并且以他的名字（Augustus）命名8月（August）这个月份。

第三十六章
"天国、权力、荣耀,全是你的"

奥古斯都·恺撒曾是全世界的主宰。

他得到的罗马是砖城,而留下的罗马是大理石的城市。

有一个月份是以他的名字命名,而且他还被奉为神灵!

像他这样的人,世界上应该没有人能比他更伟大了!但是在奥古斯都生活的同一个时代,有个人比他更加伟大——尽管奥古斯都本人生前根本不知

◆《耶稣诞生》,丁托列托作

道这个人的存在。这个人出生在奥古斯都的罗马帝国东部的一个偏远的小村庄,这个村庄叫伯利恒,而这个人的名字叫耶稣。

在耶稣出生后的很多年,除了他自己的家人和朋友之外,没有人知道和在意他的出生。

耶稣是个犹太人,他的父亲是个木匠。在青少年时期,他在父亲的店里工作,过着非常简单、宁静的生活。直到30多岁后,他才开始传教布道。接着,他开始教给人们我们今天所学到的基督教的一切。

他教导说,世界上只有一个上帝。

他教导人们要互相友爱,要人们爱邻如己。

他教导人们《圣经》中的黄金法则,那就是"你想人家怎样对待你,你也要怎样对待别人"(己所欲,施于人)。

他教导说,在人死后有另一个世界,我们在地球上的短促一生只是在为那个世界作准备,因此,要通过这一世的积德行善,才能"积攒财宝在天堂"。

有些犹太人倾听耶稣的宣讲,并且笃信他所教导的一切。他们认为耶稣会把他们从罗马人的统治中解救出来,他们早已对作威作福的罗马人恨之入骨了。而有些教士则对耶稣的教导心存忌惮,因为有那么多人都听从和信仰他的教导,教士们担心他会取代他们的地位。于是,他们密谋把耶稣置于死地。

但是,在那个时期,如果不经过所属地区的罗马长官同意,这些教士们是不能让耶稣被处死的。这个地区的长官叫彼拉多,教士们就去找彼拉多,告诉他耶稣想

◆山上讲道,詹姆斯·蒂索特作

要称王。而事实上,耶稣经常说他是天国的主宰,而不是尘世间的国王。这些教士们知道彼拉多对耶稣所宣传的宗教完全不关心,在罗马帝国内部有各种各样的宗教信仰——有人信仰虚幻的邪神,有人信仰太阳、月亮以及类似的这些实体。多一个新的宗教信仰对于罗马人来说没什么影响,仅仅因为耶稣向他人传播宗教这个理由不足以处死他。但是教士们明白,如果他们让彼拉多相信耶稣想要称王,那么耶稣就会被钉在十字架上处死。彼拉多对教士们陷害耶稣的话并不完全相信,这对他而言只是小事一桩;但他要把当地管理得井然有序还要借助这些人,所以他尽量让他们满意,答应会

◆《基督在彼拉多面前》,米吟利·蒙卡契作

◆《十字架上的基督,以及两位修女和圣约翰》,布面油画

◆《司提反殉道》，鲁本斯作

如他们所愿处死耶稣。这样，耶稣就成了牺牲品，被判处钉死在十字架上。

耶稣选了12个犹太同伴和他一起传教，这12个人被称为使徒。在耶稣被钉死后，使徒们四处游历向众人传播耶稣的教导。那些信仰并追随耶稣教导的人们称为基督（基督是希腊语，即"弥赛亚"）的门徒或基督徒。使徒是老师，而门徒是学生。

耶稣和基督徒都不得礼拜罗马的皇帝。大多数罗马帝国的人很轻易地信仰一个又一个神灵，而基督徒绝不能这样做。罗马人认为这些基督徒想要开创一个新的世界和帝国，而且是和罗马以及皇帝作对的，所以应该被关进监狱。因此，基督徒都是在秘密的地方聚会，有时甚至在地下，这样他们才不会被抓起来。

这样过了一段时间后，基督徒的领导者们变得大胆了。他们从秘密集会的地方走出来，公开地传教布道。尽管他们知道自己早晚会被关进监狱，还可能会被处死。事实上，他们对耶稣的教导笃信万分，愿意为基督教牺牲自己的生命，就如同耶稣本人为了大众被钉死在十字架上一样。

在耶稣死后最初的一百年里，大量基督徒被以叛徒的罪名处死。

为基督而牺牲的基督徒被称为"殉道者"。第一位殉道者名叫司提反,他在公元33年被众人用石头活活打死。

在帮忙处死司提反的众人中有个人叫扫罗。扫罗是一名罗马公民,与其他罗马人一样,他也为自己的罗马人身份而感到非常自豪。他认为基督徒是国家的敌人,所以想方设法地让基督徒受到惩罚。可是后来不知道为什么,扫罗忽然改变了心意,开始信仰起基督教来,这可是他以前敌人们的宗教信仰。无论扫罗做什么和信仰什么,他都是全心全意的。虽然他从没见过耶稣基督,却成为基督徒的重要成员之一,后来成为一名使徒,人们用他的罗马名字叫他"保罗"。

保罗不遗余力地四处传播这种新宗教,就跟他当初反对它一样热切激烈。后来,他也被判处死刑。不过,保罗是罗马公民,而非罗马

◆《基督讲钥匙交给圣彼得》,壁画,彼得罗·贝鲁吉诺作

◆《圣彼得被钉上十字架》，壁画，米开朗琪罗作，现藏于梵蒂冈圣保罗小教堂

的法官不能处死罗马人，也不能采用在十字架上钉死的处决方式。于是，保罗上诉给罗马皇帝，但是他仍然被关进了罗马的监狱，之后被斩首了。现在他被称为圣保罗。

彼得也是主要使徒之一。耶稣曾对他说："我将给你天国的钥匙。"后来，彼得也被关进监狱，被判决钉死在十字架上。因为耶稣也是被这样钉死的，他觉得和他的主一样死去是一种很大的荣耀，为了表示他对耶稣的尊敬，他要求被钉的时候头朝下。很久以后，罗马在彼得被处死的地方建成了世界上最大的教堂，也就是圣彼得大教堂。

耶稣诞生之前都称为公元前，他诞生之后称为公元。你一定认为他诞生的时间就是0年了。

大约在五百年后，人们才开始以耶稣诞生的时间来纪年。可他们在开始纪年的时候把时间弄错了。后来，人们才发现耶稣实际上生于以公元纪年的4年之前，也就是公元前4年，但是等到发现这个错误的时候已经来不及改正了。

第三十六章 "天国、权力、荣耀，全是你的"

第三十七章
血和雷

我曾经养过一条很大的纽芬兰犬,它是我最好的朋友之一。我不知道是哪个家伙给它起的名字,在我遇到它之前,它就有名字了。但是不管是谁给它起的这个名字,这个人不是对历史很无知,就是个特别不会起名字的人。这条纽芬兰犬叫尼禄,如果狗知道这个名字曾经是什么人叫过的话,一定也会讨厌这个名字的。

通常来说,每个好玩的故事里都有一个坏蛋,这样故事才有趣。罗马的故事里面有很多坏人。他是罗马的皇帝,生活在

◆尼禄(37—68),罗马最神秘的皇帝之一。他早期的统治是很仁慈的,但自公元59年起他突然变得残暴异常。从此,暴君尼禄被永远刻在人类历史的耻辱柱上。各种文献记载,他几乎在所有领域都留下过荒诞、残暴、淫乐的足迹,一份拉丁文的编年史用非常简洁的语言这样总结道:"尼禄继承了王位然后杀掉了他的母亲,强奸了他的妹妹,烧掉了罗马的12个街区,处死了塞涅卡(他的老师、著名哲学家),在拉特兰呕吐出青蛙,把圣彼得钉死在十字架上,砍下了圣保罗的头,统治了罗马13年零7个月,最后被狼吃掉了。"

耶稣诞生后不久的时代，是历史上最残忍、最邪恶的统治者之一。

他杀了自己的母亲，杀了自己的妻子，还杀死了自己的老师。他杀的这位老师名叫塞涅卡，也是一位像苏格拉底一样好的老师。

我们认为就是尼禄将彼得和保罗判处了死刑，因为他们都是在尼禄统治的时期被处死的。尼禄好像看到别人受苦或者被折磨就特别开心，他喜欢看人们被野兽撕成碎片，这让他欢呼雀跃。我见过一些男孩子，他们喜欢朝狗狗扔石头，就是想听它们被吓得汪汪叫，要不然就是折断蝴蝶的翅膀。这些男孩一定有些尼禄心肠，你不觉得吗？

如果有个人是基督徒，那么尼禄就有借口来狠狠地折磨他了。尼禄叫人把一些身上淋满焦油和沥青的基督徒放在宫殿中花园的四周，然后点上火，把他们当火炬一样烧。据说，尼禄曾经在罗马城放火，就只是想看看火烧罗马城的乐子。接着，他坐在一座高塔上，在那里一边看火龙蔓延一边弹琴。这就是谚语所说的"罗马失火，尼禄奏乐"。大火日夜不停地烧了整整一周，毁掉了大半个城市。之后，尼禄把罪责嫁祸给基督徒，说是他们放的火。你做过这种嫁祸于人的事吗？

有些人认为尼禄实际上是个疯子，我们倒希望这件事是真的，因为你很难想象一个正常人会有他那种疯狂的行为。

尼禄为自己建造了巨大的宫殿，里面极尽奢华，装饰了大量黄金和珍珠母。这就是有名的尼禄的"金宫"。在金宫正面的大门位置放了一座巨大的尼禄本人的雕像，这座雕像有15米高，用青铜铸造而

◆《罗马失火》，罗贝尔作

成。金宫和尼禄雕像后来都被毁掉了，在那个遗址上只有几年后建造的一座大斗兽场，它就建在尼禄雕像的那个位置上。

尼禄本人非常自负，他认为自己作诗和唱歌都很好。尽管实际上他这两样都很糟糕，但他却喜欢四处炫耀，也没人敢笑话他。如果有人胆敢取笑他，或是在他作诗和唱歌时笑一笑，他都会立刻把这个人处死。

尼禄的残暴激起了人们的强烈不满，即便连不

◆尼禄的金屋，陈列《奥拉孔》的大厅，油画，Geoiges Chedanne作

是基督徒的罗马人也都对他又怕又恨，军队也起来造反了。在人们还没有下手之前，尼禄事先知道了他们的计划，为了保住自己的尊严，免于受到被自己国民处死的耻辱，他选择了自杀。但是，他却是个懦夫，怎么也没有勇气把剑刺进自己的胸膛。最后，他的奴隶实在等得不耐烦了，就替他把剑一推刺了进去。就这样，罗马人除掉了他们最糟糕的一个统治者。

这就是我要讲的"血和泪"的第一部分，接下来是第二部分：

耶路撒冷的犹太人从来不愿意被罗马统治。和基督徒一样，犹太人不能接受把皇帝当作神那样崇拜。但是，他们一直也不敢有什么反抗的举动。后来在公元70年，他们造反了。他们宣布不再服从罗马的

◆《提图斯攻克耶路撒冷》，普桑作

命令，也不再向罗马的政府进贡。当时的罗马皇帝派他的儿子提图斯率军镇压叛乱，要像惩罚不听话的孩子一样狠狠地教训他们。

罗马大军的实力不是犹太人所能抗衡的，最后犹太人只能涌入他们的耶路撒冷城作最后的抵抗。但是，提图斯彻底地毁掉了这座城市，屠杀了里面的犹太人，据说有一百万犹太人被杀害。然后，提图斯洗劫了所罗门神庙，把里面值钱的装饰全部带回了罗马。在这之后，这座巨大的神庙被夷为平地。

为了庆祝对耶路撒冷作战的胜利，罗马在广场上建起了一道拱门（凯旋门），提图斯和他的军队穿过拱门游行庆祝胜利，在这道凯旋门上刻有浮雕，上面描绘的就是提图斯带着所罗门神庙的战利品离开耶路撒冷时的情景。在这些战利品中，最著名的就是他从神庙内拿走的由黄金制成的七臂大烛台。现在，我们可以看到许多用黄铜制作的七臂烛台的复制品。

耶路撒冷城后来又重建，但是大多数幸存下来的犹太人从此之后就流落到世界各地。当人们离开祖国、散居在外，这种情况就叫作"流散"。

故事的第三部分是"雷"。

在意大利，有座火山叫维苏威火山。你还记得吧？"火山"一词来源于火神伍尔坎的名字，火神就是那个铁匠神。人们想象他的炼炉就在火山的中心，是这个巨大的炼炉产生了火山喷发时的烟尘、火焰和灰烬。这座维苏威火山不时地发出轰鸣，剧烈地震动并喷发出火焰，还不断地飞溅出石头和热气，其中喷溢出的通

◆罗马人从神庙里抢走七臂大烛台

红、融化的石块叫火山岩。这是地球内部热量的爆发。可是，人们仍然在火山附近建造房屋和城镇，甚至就住在火山边上。每隔一段时间，火山就会爆发喷出火焰，毁掉他们的家园，但是喷发过后他们又会回去，仍然在原来的地方盖房子！

在提图斯时代，有个小城镇叫庞贝，就在维苏威火山的山脚下。罗马的富人们夏天习惯到那里避暑。在公元79年的一天，提图斯刚刚成为皇帝不久，维苏威火山忽然爆发了。庞贝城的人们夺路而逃，但是已经来不及了。因为在逃跑前，火山爆发喷出的气体令他们很快窒息了，他们倒地而死，被深埋在滚烫的岩浆下，永远地留在了火山爆发时他们所在的位置。

这些人和他们的房子被埋在火山灰下面将近两千年，在这漫长的岁月中，人们都忘记了世界上还曾有过这样一个地方。人们又回到这里，重新建设家园，忘记了这里曾经是一座城市。后来的一天，一个人在曾经的庞贝城上挖井，他挖到了一只手——不，不是一只真正的手，准确地说应该是一只手骨。他告诉了其他人，他们开始不停地向下挖啊、挖啊，看看还能挖到什么，最后整个庞贝城都被挖了出来。现在，人们可以去参观庞贝的遗址，在那里看到的完全是它在公元79年

◆《庞贝城的末日》，布面油画，卡尔·帕夫洛维奇·布鲁洛夫作，俄罗斯国家博物馆

时还没有被毁掉的样子。

那里有很多去庞贝度假的罗马人所修建的房子，还有很多店铺、神庙、宫殿、公共浴室、剧院、市场和广场。那里的街道都是用火山岩石块铺成的，上面还有由罗马人常用的二轮马车轧过的车轮印。有一些十字路口还放着踏脚石，这样在下大雨的时候，即使路上满是积水，人们也能踩着这些石头穿过街道。这些踏脚石现在仍然保存在原地。家家户户的地板都是用彩色的石块拼起来的，组成了各种各样的图案。这种装饰手法叫马赛克，现在也保留了下来。有一家房子门厅的地板上，用彩色石头拼起来的是一只狗的马赛克图案。这只狗下面还有一句拉丁文"Cavecanem"。你能猜到这是什么意思吗？它的意思是：小心狗啊！

被活埋在火山灰下面的人们的骨头也被发现了，那里还有女人戴的青铜饰物，装饰房间的花瓶，厨房用的罐子、锅和碗盘，还有用来照明的灯具。床和椅子被发现时也和被埋之前是一样。还有更令人叫绝的，桌子上放着蛋糕、一块吃了一半的面包、准备做菜的肉，火上放着水壶，下面是柴火灰，灰中有蚕豆、豌豆和一个没打破的鸡蛋——也许是世界上最古老的鸡蛋了！

第三十八章
好皇帝和他的坏儿子

在邪恶的罗马皇帝尼禄死后一百多年，有个名叫马可·奥勒留的新皇帝登上了皇位。与尼禄的邪恶正相反，他非常善良。很多人都认为他是历史上最高贵、最伟大的人之一。

在这个时候，大多数罗马人对任何宗教都缺乏信仰。他们既不是基督徒，对本国供奉的朱庇特、朱诺以及其他那些神灵也谈不上多么虔诚。罗马人敬奉这些神灵只是因为他们从小就被家里教导要这样做，还有他们认为

◆年轻时的马可·奥勒留雕像。马可身上有一种与生俱来的哲学气质——坚定的理性和深刻的忧郁。据说他很小就有意身着哲学家粗陋的袍子，效仿他们的生活方式。对于哲学，马可有着"始终如一和坚定不移的尊重"。在他看来，"躯体的一切只是逝水东流，一切灵魂只是春梦一场，生命是一场战争，一个过客的旅居，死后的声名也将烟消云散。那么，什么才是人生最终的慰藉？唯有哲学。"

如果不敬奉这些神灵就会倒大霉。所以，他们供着神灵只是为了以防万一，不想冒险而已。

但是，虽然很多罗马人不信奉神灵，他们却很听从某位智者或哲学家的教导，并且尽量遵从他们指定的规则。

大约在公元前300年，一位希腊哲学家芝诺讲授一种称为"斯多葛主义"的哲学。他的思想逐渐流行起来，在100年后传播到了罗马。很多罗马人都喜欢斯多葛主义，因为它教导人们以良好的品行、智慧和承受困苦的力量。尼禄杀死的那个老师塞涅卡就是一名斯多葛主义者，还写下了关于斯多葛主义的著作。

又过了一个世纪，马可·奥勒留皇帝出现了，他也是个斯多葛主义者。事实上他也需要这样，因为他曾经有过一段非常艰苦的生活。他还把自己的思想记录下来，这本著作现在称作《沉思录》。原本他并没有打算把自己的想法出版发行，写下来只是为了提醒自己应该怎样去思考和行动。

下面就是马可·奥勒留所信奉的一些思想：

我必须平静地承受痛苦和伤害。

我必须忍受发生的一切，不管它看起来多么糟糕。所有发生的事情都是上帝安排的，而上帝是善的。因此，所有的一切都是善的。

我必须一贯履行自己的职责。

我不可一味追求享乐。

行为端正是生活中最好的事情。

我必须遵从上帝的法则。

所有人都是我的兄弟姐妹，我对待他们都要像对待自己的兄弟姐妹一样。

马可·奥勒留是个很好的斯多葛主义者，他行事都遵循自己的原则，时刻履行自己应尽的职责。他对待人们很友善，也很照顾穷人，还试图去掉角斗士表演中那些残酷和野蛮的成分。

直到今天，成千上万的人们还在阅读马可·奥勒留的《沉思录》，书中的一些言论听起来就像是出自《圣经》一样。甚至到了今天，人们还把那些承受苦难而毫无怨言的人称作斯多葛主义者。

马可·奥勒留的原则之一是"宽恕你的敌人"。尽管马可·奥勒留不是基督徒，但他的为人处世比后世那些身为基督徒的皇帝要高尚得多。

◆背对读者的马克·奥勒留。画家笔下马可骑在马背上孤寂远去的身影，传神地表现出了这位"哲学王"的气质。不知在当时甚至现在，有多少人能理解这位深刻而博大的帝王

很多人自己能够以身作则，却无法教好自己的儿子，马可·奥勒留也一样，他没能把自己的儿子也培养成一个好人。马可·奥勒留可以说好到了极致，而他的儿子康茂德却是坏到了极致。这个孩子在长大成人可以自己做主后，把履行职责、行为端正和遵从上帝的法则统统抛在了脑后。相反，康茂德的第一个目标就是享乐，而且是最堕落的享乐。他完全忘记了父亲所主张的对他人如同兄弟般友善的教导，只想着让自己舒舒服服地生活。

康茂德是个运动健将，有结实的肌肉和英俊的外表，对此他非常骄傲，还为自己做了一个雕像。这座雕像展示了他发达的肌肉，整个身体犹如大力神赫拉克勒斯一样强壮。康茂德让人们把自己当作神一样供

◆装扮成赫拉克勒斯的马可·奥勒留之子康茂德。将儿子康茂德任命为自己的继任者，是睿智的马可最为失败之举。虽然马可为康茂德的教育颇费苦心，但却没有丝毫成效。与其父完全相反，康茂德对理性或高雅的东西极端厌恶，对治理国家毫无兴趣，但却对马戏、击剑以及捕猎野兽无比喜爱，把自己视为罗马的赫拉克勒斯（古希腊勇士，凭借打败雄狮、猎杀野熊而获得了神的位置）。据统计他一生一共下过736场竞技场。与做皇帝相比，他更喜欢做一名角斗士。后被自己的情人谋杀。他的统治标志着罗马帝国繁荣局面的结束

奉。为了炫耀肌肉的健美和力量，他作为一个皇帝却参加摔跤比赛。如果有人挑他的过错或者批评他，他就会把这个人毒死或者杀死。他过着野性、浪荡的生活，不过最终也罪有应得，虽然很多刺杀他的计划都没能成功，但最后他被一个摔跤手给勒死了。

快乐啊快乐！对于康茂德，快乐就意味着尽情地吃喝玩乐，参加通宵达旦的、放荡的宴会。而那些不同的愉悦——也就是高尚的乐趣，康茂德可是没有一点儿兴趣。

大约在芝诺生活的同一时期，还有一位希腊的智者，也可以说是哲学家，名叫伊壁鸠鲁。他的思想后来也在罗马盛行起来，有千万人都遵从他的理念。伊壁鸠鲁主义者——那些信奉伊壁鸠鲁思想的人，认为最高的善就是快乐，但是这种快乐必须是"正确的"（善的）。

举一些例子，伊壁鸠鲁主义者认为这些快乐是善的：

为人诚实、正直

对待他人公正

与好人交朋友

过简朴的生活

◆伊壁鸠鲁（前341—前270），古希腊哲学家、伊壁鸠鲁学派的创始人。他的学说的主要宗旨就是要达到不受干扰的宁静状态。伊壁鸠鲁生于公元前341年的萨摩斯，但父母亲都是雅典人，他在18岁时搬到雅典，之后曾去过小亚细亚。公元前207年开始在雅典创立一个学派，传说中该学派居于他的住房和庭院内，与外部世界完全隔离，在庭院的入口处有一块告示牌写着："陌生人，你将在此过上舒适的生活。在这里享乐乃是至善之事。"

避免迷信盲从

不要恐惧

安静地学习

保持镇静

伊壁鸠鲁主义者认为，任何导致痛苦的快乐都不算是真正的快乐——应该说根本就不是快乐。想一想，如果康茂德遵循的是伊壁鸠鲁的快乐理念，而不是他自己那种放纵、自私的想法，那么他应该会多么幸福啊！

第三十九章
I_H__S____
V_____

这个故事的题目我要放到最后才说,因为除非你听完这个故事,否则根本不明白题目的意思,所以提前看题目也没什么用。在耶稣被钉死后的很多年中,那些声称信仰基督的人都遭到了残酷的对待——我们称之为"宗教迫害"。就因为是基督徒,他们被鞭打、被石头砸、被铁钩子撕扯,还被用火烤以致活活烧死。然而奇怪的是,尽管基督徒被这样迫害,但基督徒的人数却与日俱增。他们坚定地相信死后的世界,并且认为如果是为了基督而死,那么死后的生活一定会更幸福。因此,他们甚至乐于承受折磨,也坦然面对被杀的命运。最终,还是罗马皇帝下令制止宗教迫害。事情的缘由是这样的:

大约在公元300年,罗马有个皇帝叫君士坦丁,他不是基督徒,他信奉的是古罗马的那些神灵。然而,可能他对这些神也并没有多少信仰。有一次,君士坦丁带兵与敌人作战。有一

◆君士坦丁大帝。中世纪有人认为他的大脑袋是太阳神的象征

天晚上，他做梦看到天空中有一个火焰般的十字架，十字架下方有一行拉丁文字"In hoc signo vinces"，意思是"以此为记，必将得胜"。君士坦丁认为，这就是说如果他带上十字架去参加战斗，他就一定能征服敌人。他心里想，看看基督徒的神是否灵验至少也没什么坏处，值得一试。于是，他让士兵们在盾牌上做个十字标记，然后上阵杀敌，这次他果然打了胜仗。为了庆祝这次胜利，罗马元老院建了座凯旋门叫作君士坦丁凯旋门，这座凯旋门就在罗马的广场上，由三个圆柱组成。在这之后，君士坦丁宣称基督教在罗马帝国合法化。据说，君士坦丁在死前正式受洗成为一名基督徒，自君士坦丁之后，所有的罗马皇帝——只有一个除外——都是基督徒了。

◆君士坦丁大帝的一生。上图为梦见基督，中间为在米兰维亚作战，下图则是即痊典礼。9世纪作品

君士坦丁的母亲叫海伦娜，她也成了一名基督徒，她把毕生精力都奉献给基督教的事业，并在伯利恒和橄榄山建造了许多教堂。据说，她还去了巴勒斯坦，在那里找到了三百年前耶稣受难的那个十字架，将其中一部分带回到罗马。她死后被封为圣徒．现在，人们称她为圣海伦娜。

君士坦丁在圣彼得受难的地方建了一座教堂。许多年后，这座教

◆ 君士坦丁堡略图

堂被拆除，并在原地建了一座更大、更宏伟的教堂来纪念圣彼得。

君士坦丁不是很喜欢罗马城，他更愿意住在罗马帝国东部的另一个城市，这个城市叫拜占庭。所以，他从罗马搬到拜占庭去住，并将那里作为都城。拜占庭又叫新罗马，之后改名为君士坦丁的城。在希腊语中，表示城市的词叫polis（意思是城邦），这个词语经常和地名组合在一起表示某个城市，比如，Annapolis（美国的安纳波利斯）和Indianapolis（美国的印第安那波利斯）。所以，君士坦丁的城也就是Constantinepolis，后来这个词简化为Constantinople，也就是我们现在所说的君士坦丁堡。

在罗马帝国接纳基督教不久，基督徒内部就发生了一场争论，辩论双方各执一词。他们争论的主要焦点在于耶稣基督是否等同于圣父上帝的问题。君士坦丁把两派人马召集到一个叫尼西亚的地方共同解决这一问题，在这里双方展开了激烈地争论。最终会议达成一致，认定在基督教会中都应坚信圣父等同于圣子。然后，他们同意用文字将达成的共识记录下来，它被称作《信经》，也就是信奉的意思。因为这《信经》是在尼西亚制定的，所以也被称为《尼西亚信经》，现在很多基督徒在每个礼拜日还要念诵它呢。

在君士坦丁时代以前，罗马帝国每周都没有假日。星期天和其他日子没什么区别，人们和平时一样该做什么就做什么。君士坦丁认为，基督徒应该每周能有一天来礼拜上帝——这一天是个神圣的日子，用英文表示就是holyday，后来简称为holiday，我们现在叫假日。

所以，他把星期天定为基督教徒的休息日，这一天他们不用工作，专门礼拜上帝，如同星期六是犹太人的圣日、星期五是穆斯林的圣日一样。

君士坦丁是整个罗马帝国的首脑，而另一个人则是世界上所有基督徒的精神领袖。这个人就是罗马主教，拉丁文称之为Papa，这个词在拉丁文里的意思跟英语里的"父亲"一样，用在基督教里面则指教皇（后来演变成pope）。因此，罗马的主教就被称为教皇，而圣彼得被公认为第一任教皇。几千年来，教皇一直是世界各地所有基督徒的精神领袖，无论这些基督徒居住在哪个国家。

现在你能明白这个故事名字的含义了，我就在这把它写下来吧：In Hoc Signo Vinces（以此为记，必将得胜）。

第四十章
野蛮的侵略者

罗马城和罗马帝国的日子终于也走到了尽头,这个帝国的强盛已经达到了巅峰,也该到它走向衰落的时候了。终于轮到罗马被别的国家所征服,可是你绝对猜不到是哪里的人们征服了罗马,并且成了下一个世界霸主。

几千年来,日耳曼部落一直生活在罗马帝国的北部边界。他们时常地穿过边界进入罗马境内,因此,罗马人不得不经常和他们交战,好把这些人赶回到他们自己的领土。尤利乌斯·恺撒曾和他们交战,马克·奥勒留和君士坦丁也是如此。罗马人将这些人称为野蛮人,其实他们把除了罗马人之外的所有人都叫作野蛮人。罗马认为所有的野蛮人都

◆来自北方的侵略者

凶猛、好斗。

多数日耳曼人都是蓝色眼睛、浅色头发，也就是我们所说的金发碧眼。希腊人和罗马人以及其他生活在地中海周围的人都是深色头发、黑色眼睛，我们现在叫他们黑发黑眼。

尽管有些日耳曼人已经迁移到罗马帝国，但他们多数都生活在人烟稀少的地区而非城市。他们住在用木头做的小屋里，有时候这种小屋就是用树枝简单地编起来的——像个大篮子一样。女人们种菜、饲养牛马，男人们打猎、作战和打铁。打铁是非常重要的，因为铁匠可以制作用来作战的剑和长矛，以及各种生产工具。这就是为什么史密斯（铁匠的音译）这个名字在他们中间非常受尊敬的原因。

每当男人们出去作战，他们都戴着自己杀死的兽头，一般是公牛的头角，或是狼、熊和狐狸的头。这样做是为了让他们看上去显得更凶狠，让敌人害怕。

勇敢是男人们最看重的事情，男人可以撒谎、可以偷窃甚至可以杀人，但如果他是个勇敢的战士，就可以说是一个好人。日耳曼部落没有国王，他们的首领通过选举产生。当然，他们总是选择最勇敢、最强壮的人。但是，首领不能让自己的儿子继承他的位置，所以部落的首领更像是总统而不是国王。

这些北方民族信奉的一些神灵与希腊人、罗马人所信奉的神灵完全不是一回事。你也许能猜到，他们的主神是战神沃登。沃登同时也是天神，他就像是希腊两个神灵——天神宙斯

◆日耳曼勇士

和战神阿瑞斯的结合体。据说沃登住在天上一个叫作瓦尔哈拉的美丽宫殿里，有很多童话讲述他的精彩故事和冒险经历。星期三（英文是Wednesday）曾经写作Wodensday，就是以沃登（Woden）的名字命名的。所以这个单词里面有个字母d，虽然并不发d的音。

另一位重要的神灵是托尔，是雷电之神。他随身带着一把铁锤，就用这把铁锤和住在远方寒冷地带的巨人们作战，那里的巨人叫作冰巨人。星期四（英文是Thursday）以前是Thorsday，就是以托尔（英文是Thor）的名字命名的。

还有一位神叫蒂乌（英文是Tiu），人们以他的名字命名了星期二（英文Tuesday）。还有一位神灵叫弗蕾亚，星期五（英文Friday）就源于她的名字（Freya）。因此，我们的一周有四天都是以日耳曼神灵的名字命名的，虽然我们根本不信奉这些神灵。

一周里剩下的那三天，其中星期天（Sunday）和星期一（Monday）是以日（Sun）、月（Moon）而命名的。而星期六（Saturday）是源于一位罗马神灵萨图恩（Saturn）的名字。

大约在公元400年的时候，这些北方的邻居成了最让罗马人头疼的麻烦。他们开始流窜进入罗马的北部地区，就这样过了几年，罗马人再也无法把他们驱逐出去了。这些日耳曼部落中有两支部族住进了不列颠地区，住在那里的罗马人发现大势已去，最明智的做法是自己离开，于是他们回到了罗马，把那块土地和当年的原住民都让给了这些侵略者。

在不列颠安顿下来的两只部落分别是盎格鲁人和撒克逊人，因此这个地方后来被叫作盎格鲁人的土地，简单地讲就是"盎格兰"。盎格兰这个词经过很多年的变音之后，就变成了我们今天所说的英格兰——英国。英格兰人现在的全称仍然是盎格鲁–撒克逊人，而且我们把所有公元400年时在不列颠定居的盎格鲁人和撒克逊人的后代都叫作盎格鲁-撒克逊人。

另一支叫汪达尔的部落进入了高卢地区，高卢就是现在的法国。接着，他们继续南下到了西班牙，在那里烧杀抢掠。后来他们就乘船到达了北非，他们一走到哪里，就在哪里大肆破坏。所以，现在当有人恶意地破坏财物

◆《哥特军队》，博克林作

时，我们就称他为汪达尔人。如果你用刀子乱刻书桌，撕坏课本或者在墙上和围墙上乱写乱画，那你也是个汪达尔人了。

在汪达尔部落之后，有一个叫法兰克的部落过入了高卢。他们后来就在那里定居，并且把那个国家命名为法国。

意大利北部的民族是哥特人，他们有个领袖叫阿拉里克。后来阿拉里克和他领导的哥特人翻山越岭进入了意大利，在那里洗劫并摧毁了所有他们见到的值钱的东西。接着他们侵入了罗马，也在那里大肆抢掠，罗马人却对他们毫无办法。但是这还不是最糟糕的，最糟糕的还在后面呢！

第四十一章 当野蛮人遭遇世界霸主

在遥远的东北部地区有一个部落,罗马人和日耳曼部落的人都觉得那里的人凶猛无比、非常可怕,他们就是匈奴。匈奴人居住在遥远的东部森林地带,那个时候人们还不太了解那里。

尽管日耳曼人本身都是十分勇猛的战士,但他们还是很怕匈奴人。也正是因为他们害怕匈奴人,想离匈奴人越远越好,所以才越过边界侵入罗马帝国。毕竟,和罗马人打仗可比对付匈奴人容易得多了。

有一个叫阿提拉的匈奴首领曾经吹嘘说,凡是他的马蹄踏过的地方都寸草不生。阿提拉和他所率领的匈奴人从遥远的东方不断地向外扩张,几乎就打到了巴黎,他们把一路征服的土地都变成了废墟。最后,罗马和日耳曼人联合起来组成军队来抵抗匈奴人的进攻,他们在距离巴黎不远的一个叫沙隆的地方展开了激烈的战争,这场战争就是历史上非常著名的"沙隆之战"。

日耳曼人拼死一战,他们杀红了眼。这一战尸横遍野、血流成河,匈奴人终于被击败了。幸亏他们被击败了,如果得胜的话,这些疯狂的野蛮人可能会征服全世界呢。所以,公元451年的沙隆战役在历史上十分重要,书上的记录都是特别标注的——451,沙隆之战。

阿提拉和匈奴人在沙隆被击败后，又想去攻打罗马人。于是匈奴大军调转矛头，攻向南边的意大利，一路所向披靡。他们一路烧杀，所经之处甚至都没有人敢去试着抵挡一下。这些人觉得匈奴人都是怪物，在他们面前望风而逃。就这样，匈奴人到了罗马。

这个时期，罗马的教皇叫利奥一世，利奥（Leo）是狮子（Lion）的意思。当然，利奥一世可不像狮子那样勇猛，他本人既不是一名军人也不是战士。但是，他和他的红衣主教团以及其他一些主教却走出罗马，前去会见阿提拉。他们这些人既没有身着盔甲，也没有携带任何作战的武器。他们都身着华丽的长袍和色彩鲜艳的外套，这让人觉得他们去见阿提拉就像是羊入狼群一样等着被杀。

当阿提拉和利奥一世教皇相遇的时候，不可思议的事情发生了，具体情况是怎么样的人们知道得并不是很清楚。可能是阿提拉被这些基督教徒的气势和光芒所震慑了，也可能是他害怕如果杀死这些仿佛是来自天国的圣人们，上天会惩罚他。无论如何，他没有伤害他们，也没有入侵罗马而是打道回府，老老实实、永永远远地回到了意大利。就这样，罗马完好无损地躲过了一劫，而阿提拉和匈奴人则回到了北边那不为人熟知的老家。

既然可怕的阿提拉已经不再挡道，在非洲的汪达尔人就觉得他们进攻罗马的好机会来了。阿提拉前脚刚走，汪达尔人就从非洲渡过台伯河到了罗马。他们不费吹灰之力就攻下了罗马，在这里为所欲为，把罗马洗劫一空。

可怜的古罗马！"永恒之城"终于被打败，而且是彻底被打败了。它曾是称霸多年的世界强国，而如今罗马所有的实力都荡然无存了。这个城市再也无法自保了。罗马最后一位皇帝有个很响亮的名字叫"罗慕路斯·奥古斯都"。

这个名字和罗马的第一任国王相同。罗慕路斯这个名字加上奥古斯都这个姓，合起来的意思是小奥古斯都。但是，尽管这个皇帝的名字很响亮，但他对罗马帝国的败落却无能为力。

罗马城的失陷是在公元476年。从此，以罗马为都城的帝国西部地区四分五裂，分别被日耳曼部落中各个不同的部族统治。就像蛋形人（出自儿歌，其主角是一个蛋状的人）一样，罗马摔了一大跤，王国所有的马匹和人都没办法再把它重新拼凑到一起了。只有以君士坦丁堡为都城的东部地区还继续存在，这部分土地没有被野蛮人征服，保存了将近一千年，直到后来……我们还是等讲到那个时代的时候再提它吧。

人们把公元476年作为古代历史的结束，像这样的日期既准确又方便记忆，人们喜欢确定的时间。但是，古代的历史显然不会是在这一年就突然结束了。这和我们每一年到12月31日就结束，新的一年就此开始是完全不同的。你可以说古代历史早在公元476年之前就开始慢慢衰退，一个全新的时代逐渐在公元476年前后开始崭露头角。当然了，说公元476年主要是因为记起来方便。

这个新时代被称为中世纪或中古时期，它开始于公元476年，结束于1453年。那么在1453年又发生了什么呢？你以后就会知道的。

中世纪的早期，从公元476年到大约公元1000年的时候，日耳曼民族是欧洲人口的主体。他们很快就从被他们征服的罗马人那里学到了很多东西，甚至在征服罗马之前，他们中的大多数人就已经成了基督徒。他们还学习了拉丁文。

统一的罗马帝国不复存在。人们也不再经常旅行或者去远处了。这就意味着像西班牙、意大利和高卢这些不同地区的人们很少有相互交流的机会。许多年以后，他们开始使用不同的表达词语，每个字的发音也变得不同。千百年过去了，老百姓都不再讲陈旧、古典的拉丁文，而是使用新形成的西班牙、意大利和法国自己的语言。这些语言都与拉丁文不同，相互之间也完全不一样。不过因为这些语言都源自拉丁文，所以有很多词汇都非常接近。

在不列颠，盎格鲁-撒克逊人和罗马人没有一点关系，当然不会使用罗马语言，他们一直保留着自己的语言。过了一段时间后，盎格鲁-撒克逊人的语言被称为英语。盎格鲁-撒克逊人还一直保留着自己的宗教传统，直到大约100年后，也就是公元600年左右。

那个时期，有些英国奴隶在罗马的奴隶市场上被售卖。他们都长得非常英俊，相貌堂堂。罗马教皇看到了他们，问他们是哪里人。

"他们是盎格鲁人。"别人回答。

"盎格鲁！"他喊道，"他们这样英俊，应该是'天使'（之所以这样说，一方面是因为盎格鲁和天使的英文单词很接近，盎格鲁为Angle，天使为angel；另一方面天使最初是基督教中的概念，教皇也希望更多的民族信奉基督教）才对。他们真应该成为基督徒啊！"

后来，罗马就派了一些传教士去英格兰向英国人传播基督教，把盎格鲁人变成了"天使"。就这样，英国人最终也成了基督徒。

第四十二章
新的地方和新的英雄

日耳曼的国王们割据了西罗马帝国的土地,但是在君士坦丁堡,仍然是罗马人统治着东罗马帝国,这个罗马人名叫查士丁尼。到那时为止,罗马的人们有一大堆要遵守的法律规则,它们繁多、混杂。经常出现这种情况:这条法律说你可以这样做,而另一条却说你不能这样做。这有点像你的妈妈说你今天晚上可以到9点再休息,而你的爸爸却告诉你必须在8点钟就上床睡觉。因此,人们很难说清什么是能做的,什么是不能做的。

为了解决这种混乱的局面和更好地管理人民,查士丁尼专门制定了一套法规。其中有些法规非常完善、公正,直到现在仍在使用。你要记得查士丁尼这个名字,就是他制定了这套公正的法律。

◆查士丁尼和他的随从。意大利北部拉韦纳的圣维他雷教堂中的马赛克作品

查士丁尼做的另一件事也一直影响至今，那就是他在君士坦丁堡建了一座非常华美的教堂，叫圣索菲亚。尽管现在它已经不再是教堂了，但经过这么悠久的岁月，它仍然屹立在那里，成了一个美丽的名胜古迹。查士丁尼还做了一件你无论如何也猜不到的事情，这件事与战争、法律和建筑都无关。

那个时候，有些旅行者从遥远的东方，也就是今天的中国，带回了关于一种奇妙的毛毛虫的传说，据说

◆《查士丁尼法典》的一页

这种毛毛虫会用一种精美的、细细的、超过1千米长的线把自己缠绕起来。他们还说中国人能把这种长线解开理清，并且用它织成光滑柔软的布料。这种线可能你已经猜到了，就是蚕丝，而这种毛毛虫就是蚕。欧洲人见过这种美丽的真丝布料，但是怎样用蚕丝织成布料对他们来说却是个谜——这是个秘密。他们觉得这种布料实在是精美绝伦，就猜它可能是仙女或者精灵织成的，甚至可能来自于天堂。查士丁尼知道了这些毛毛虫的秘密，他派人把蚕带到了欧洲。这样，他们的国民也能织成真丝布料，也有丝缎带和华美的丝绸衣服了。所以，我们尊称他为欧洲丝绸制造业的创始人。

大约在查士丁尼的同一时代，法国的国王叫克洛维。克洛维是日

◆ 克洛维和士兵受洗礼，主持洗礼的是兰斯主教雷米吉乌斯。克洛维在妻子的影响下改信基督教

◆ 湖中之手高举起亚瑟王之剑

耳曼部落中法兰克族的人，就是进入高卢地区并将其命名为法国的那个分支。和他这个民族的其他人一样，克洛维信奉托尔神和沃登神。克洛维的妻子叫克洛蒂尔德，深受他宠爱。克洛蒂尔德认为，他们的人民似乎都很喜欢战争和其他残酷的行为，这是非常错误的。她听说基督教不提倡冲突和战争，就想要成为一名基督徒。于是，她又想方设法地劝说自己的丈夫克洛维也成为一名基督徒。

这个时候，克洛维正准备打仗呢——这是基督徒最反对的事情。但是为了让妻子高兴，他答应她，如果打赢了这场战争，他就做基督徒。结果他真的打赢了，于是他遵守诺言，接受了洗礼，还让他的士兵们也一起受洗。克洛维把巴黎作为都城，而巴黎现在依然是法国的首都。

也是在这个时期，统治英格兰的国王叫亚瑟。有很多描述亚瑟王事迹的故事和诗歌，其中大部分都是神话或者虚构的。虽然我们知道这些故事都不是历史上的真事，但是它们却很有价值而且非常有趣——就像那些讲述特洛伊战争中的英雄的故事一样。

据说，有一把剑叫艾克斯盖莱勒，又称王者之剑。这把剑紧紧地卡在一块石头里，据说只有英格兰未来的国王才能把它拔出来。所有的贵族都试图拔出这把剑，但他们都失败了。有一天，一个叫亚瑟的年轻男孩轻而易举地拔出了这把剑，于是他就顺理成章地做了英格兰的国王。

亚瑟王选了一些贵族同伴和他一起管理国家，由于他们经常坐在一个圆桌前面共同商讨国事，这些贵族就被称为圆桌骑士。一位著名的英国诗人丁尼生写了一首押韵的长诗来描述亚瑟王和他的圆桌骑士的事迹，这首长诗就是《国王叙事诗》。这首诗你得以后自己去读了，因为我们要接着讲下一个故事了。

第四十三章
什么是善

你觉得什么才是"善"?

日尔曼人觉得勇敢是善。

雅典人认为所有美丽的事物都是善。

斯多葛主义者主张,尽自己的职责并平静地忍受苦难就是善。

伊壁鸠鲁主义者声称,适宜的快乐就是善。

殉道者认为,善就是意味着为耶稣基督而遭受苦难乃至牺牲。

自从殉道风行一时后,一些基督徒想要做出更加突出的善行,于是他们就深入那些荒无人烟的地方,一个人过着离群索居的生活。他们想要远离尘嚣,这样就能将全部精力都用于祈祷和思考神的旨意,他们认为这样做才是善。

这些人当中有个人最奇怪,他叫圣西蒙·斯泰莱特。他想要离开人群,就为自己建了一个15米高的柱子,柱子顶上就是他住的小房间,这里只有坐的地方,根本没办法躺下。他在那个小房间里生活了很多年,度过了白天黑夜、春夏秋冬,无论是骄阳曝晒还是大雨倾盆,他都不曾下来过。他的朋友们只有搭梯子才能见到他,去给他送食物吃。他觉得只有这样高高在上、远离人群,才能过一种最神圣的生活，这就是他对善的观念，但是我们会觉得这样的人是疯了。

但是在这个时期，很多想要过神圣生活的男人和女人已经不像最初那样选择离群居所，他们聚集在一起，建造共同的家园，这些男人叫作修道士，这些女人叫作修女和圣女，他们居住的房子叫作修道院。修道院中的修道士领袖称为修道院院长，他管理其他所有修道士，就像父亲管教他的孩子们一样，给他们制定规范，必要时还要惩罚他们的过错，女修道院院长也是这样管理所有的修女。

◆苦修的圣徒西蒙，他在柱子上生活了36年，不为金银所动

公元500年左右，意大利有个修道士叫本尼迪克特，他极力主张一个人如果想要过神圣的生活，就必须努力工作，工作是神圣生活中非常必要的部分。他还认为修道士不能有自己的钱，因为耶稣曾在圣经里说过"你如果想成为完人，就去变卖你的所有，把所得分给穷人"。本尼迪克特组建了一个修会，并为赞同他的基督教徒制定了三条规则：

1. 必须遵守约定，不能拥有自己的财物。
2. 不得结婚。
3. 服从修道院院长。

这个修会称为本笃修道会。

现在，你可能觉得很难有人会承诺一生履行这三条规则：不能有自己的钱，不管修道院院长要你做什么都必须服从，还不能结婚。但是，在欧洲的每个国家都有很多人成了本笃修道会的成员。

通常修道士和修女都住在像牢房一样简陋的小屋子里，吃饭是在修道会的食堂，他们一起坐在一个桌子旁边，食物也都是粗茶淡饭。他们在日出和日落时要唱赞美诗，除此之外一天还要唱四次——他们甚至还会在半夜醒来唱诗祈祷。唱赞美诗就是他们的主要工作，但这并不是全部。他们还要做各种各样的工作，无论这工作是擦地板还是在花园挖土，他们都做得很开心。这些人不管曾经是贫是富，全都要遵守一样的规定。

有时候，修道院建在一块贫瘠、潮湿的土地上，就因为这样的地方不好，甚至比不好更糟糕，很不卫生，还会有危险，所以才把这样的地方给修道士住。但是，修道士不在意这些，他们立刻去整理这个地方，排干湿地的水，耕种荒芜的土地，让荒地像玫瑰一样绽放出生命的色彩。然后，他们种上自己吃的蔬菜和给马、牛、羊吃的草料，他们的吃喝用度都是靠自己生产和制作的。

不过，修道士和修女做的不仅仅是这些粗活，他们也做一些细致的工作。那个时候活字印刷术还没有发明，欧洲人还不知道印刷术，书籍都是手抄的。那些会读书写字的修道士和修女就做这个工作，他们给人抄写拉丁文和希腊文的古书。有时候，是一个修道士慢慢地读要抄写的书，其他几个修道士按照他朗读的内容一起抄写，这样就可以一次做几份抄本了。

◆ 在羊皮纸上写字的翻译家让·米萧或其助手。法国手抄本

那时候的书也不是纸质

◆ 在做手抄本誊录的修士

的，而是用小牛皮或羊皮做的，叫牛皮纸或羊皮纸。这种纸比真正的纸要结实、耐用得多。

修道士抄写的这些古书叫手稿，也就是"手写本"的意思。其中有一些至今还保存在博物馆和图书馆里。有些手抄稿制作得非常精美，有心形的手绘，首字母和边框也有花朵、藤蔓、小鸟等图案作为点缀；图案色彩非常艳丽，有红色、金色和其他颜色。如果没有这些修道士和修女做这样的抄写工作，那么很多古书可能就会失传，我们今天也就看不到它们了。

修道士还有写日记的习惯，他们日复一日、年复一年地记下发生的重大事件。这些古老的日记，按照通常的说法叫编年纪，告诉了我们那个时代的历史。那时候也没有报纸，如果修道士没有写下这些历代志，我们就没办法知道那时候都发生了什么事情。

那时候的修道士都是受过良好教育的人，他们就把自己所知道的一切都教给别人，不论男女老幼。对于旅行的人来说，修道院还是临时旅馆，如果有人去那里借宿，他们一定会被收留，还

◆《玫瑰传奇》15世纪法国手抄本

能有食物吃、有地方休息，不论他们有没有钱来付账。

修道士和修女还经常接济穷人和任何需要帮助的人。病人也会到修道院寻求医治和照顾，所以有时候修道院又像医院一样。很多得到过帮助和照料的人都会送给修道院贵重的礼物作为报答，所以，虽然修道士和修女连一个自己的汤勺都没有，但修道院却变得非常富有了。

看了上面的故事，你就会知道，修道士和修女不仅仅是神圣的信徒，他们在那个黑暗和危险的时代给人们以希望的光芒。是的，他们是光芒，除他们之外还有别的一些光芒在那个时代生辉，关于这些，你会在这本书的后面读到的。

第四十四章
非洲的基督教王国

在君士坦丁做罗马皇帝的那个时代，基督徒在整个罗马帝国传播开来：像意大利和希腊等欧洲南部的国家，像叙利亚及土耳其等中东国家，像埃及与比利亚等北非的国家。早期基督徒中最重要的一位人物——圣奥古斯丁，他是北非希波城中的主教，是一位非常著名的老师和作家。非洲最早的修道士在埃及，通常住在远离人群的沙漠中。埃及人的亚历山大城，也就是亚历山大大帝很早之前建造的那座城，在基督教世界中变得越来越重要。亚历山大城的主教都是早期教堂中的领袖人物。

传教士在罗马帝国各处游历布道，向北到达欧洲地区，也南下进入非洲。一些传教士经由埃及的南部到达努比亚和阿克苏姆。努比亚正位于埃及南部，现在这个地区叫苏丹。阿克苏姆在东南方，是今天埃塞俄比亚的一部分。在前面的故事中，你已经知道努比亚的历史跟埃及的一样悠久。阿克苏姆也同样有一段悠久的历史，我现在就讲给你听。

阿克苏姆位于红海沿岸，和对岸的阿拉伯距离很近。在公元前1000年前，一些来自阿拉伯北部沙巴地区的人们迁移到了阿克苏姆并

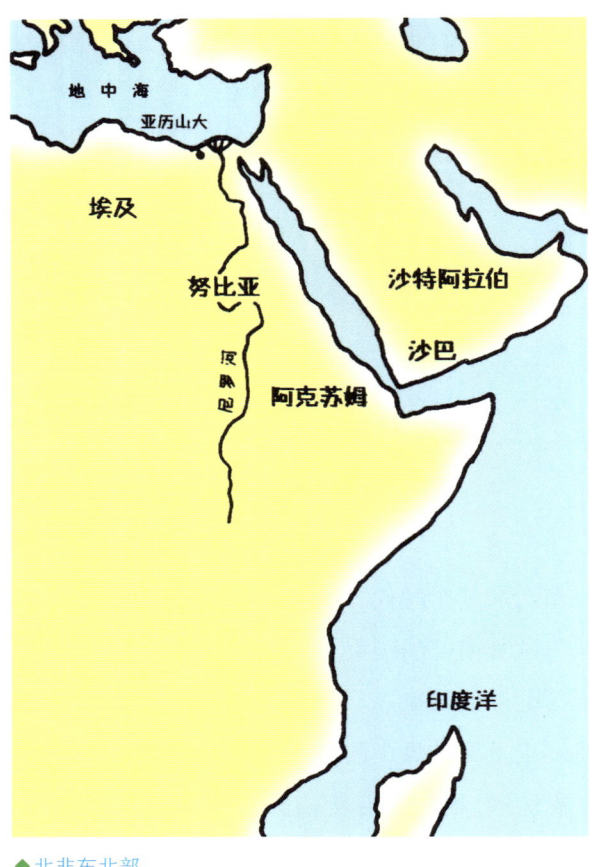

◆ 北非东北部

在这里安顿下来，与当地人混居在一起。后来，阿克苏姆的国王征服并统治了沙巴。你能想到吧，在这些年中，阿克苏姆和沙巴的人们之间肯定有不少故事发生。据说，示巴（沙巴的另一种说法）的一位女王曾受到犹太国王所罗门的邀请去了耶路撒冷，她可能是所罗门的妻子之一。无论实际情况如何，在埃塞俄比亚有一个流传已久的传说，即当地的国王都是所罗门王和示巴女王的后代。就连在1974年才结束其统治的埃塞俄比亚最后一任国王海尔·塞拉西，也声称所罗门这位《圣经》中著名的国王和示巴女王是他的曾曾曾曾……祖父母。

阿克苏姆周围有很长的海岸线，因此成了贸易中心。阿克苏姆的船向北可以沿红海到达埃及，向南则能够进入印度洋，沿着非洲的东海岸，穿过大洋一路到达印度。这些船满载着贵重的物品，比如黄金、象牙和香料等。同时，阿克苏姆还用大篷车穿过沙漠，和那些不能通过水路到达的地区进行贸易往来。阿克苏姆的商人们去和罗马帝国做买卖，而来自罗马和希腊的商人也来到阿克苏姆居住，并在这里经商。这样，阿克苏姆就成了一个非常富有的王国。国王们都身穿奢华的长袍，乘坐由大象拉的马车。其中有个国王非常有名，他就是埃扎那，在大约公元330年登基，差不多与罗马皇帝君士坦丁属于同一个时代。

与大多数古代的统治者一样，埃扎那也是一位军事领袖，他不断地征服周边国家，扩大自己的疆界。然而，他最为知名的是皈依基督教。他之所以皈依基督教，是因为受到了两个来自叙利亚的年轻基督教徒的影响。传说中，这两个年轻人是因为遭遇了海难才来到这里，也有传言说他们是被红海的海盗俘获并卖到这里的。因为他们识字，所以被送到王宫做了记录员。其中的一个年轻人特别用心，他想尽办法来转变埃扎那王的信仰，最后他终于成功了。埃扎那王还把基督教定为国家的官方宗教。阿克苏姆的基督徒和埃及亚历山大城的基督徒之间来往密切。最初，埃及和阿克苏姆的基督徒都以希腊语举行宗教仪式。后来，他们开始用自己的语言来礼拜上帝，埃及人用的是科普特语，而阿克苏姆人则用自己的吉兹语。阿克苏姆的国王还让人把《圣经》翻译成吉兹语。

几百年过去了，阿克苏姆一直是信仰基督教的王国。在中世纪时期，欧洲的基督教国家都建造了许多宏伟的大教堂，这些情况你会在后面的章节中看到。阿克苏姆的国王们也开始建造大教堂，他们建造的教堂有一些和你所见过的教堂完全不一样，这其中以拉利贝拉岩石教堂最为著名。

在12世纪时，阿克苏姆的国王是拉利贝拉，他派了许多石匠去埃塞俄比亚北部的高原，在那里建造了11座岩石教堂，这些教堂都坐落在巨大的深坑中。为了建造这样的岩石教堂，石匠们要先把地下巨大的石块分割成若干部分。然后，工人们再用这些分割下来的坚硬石块雕刻出真实的教堂形状。其中一个教堂被做成了十字架的形状，而最大的一个教堂超过30米高。在教堂的内部，工匠们用鲜艳的颜色勾画出美丽的图画，还用金叶子来点缀墙壁和祭坛。如果你到埃塞俄比亚旅行，还能看到这些教堂呢！

　　在埃扎那统治时期的几百年后，阿克苏姆从基督教世界中割裂开来。这是什么原因呢？在下一章中你就会知道，是因为阿拉伯征服了整个北非，并且在这里创立了新的宗教，叫作伊斯兰教。一些埃及人仍然坚定地信仰基督教，但大多数埃及人和许多努比亚人都转变为信奉伊斯兰教的回教徒（即穆斯林）。而这个时候，阿克苏姆也中断了它过去的贸易线路，这样它就逐渐从繁荣走向衰落。北非这些国家曾试图保持自己的独立和自己的宗教，但是由于它们都太远了，欧洲人最终失去了与埃塞俄比亚基督徒的联系。但是他们那里仍然有一些基督徒，现在我们重新发现了他们的历史。

第四十五章
穆罕默德和早期伊斯兰教

我们已经知道，有两大宗教产生于我们现在称之为中东的地区，这两大宗教就是犹太教和基督教。在这个故事中，我会给你讲讲在这个地区产生的第三种宗教，这种宗教叫作伊斯兰教。

每100年称为一个世纪，你可能会觉得有点奇怪——从500年到600年这100年叫6世纪，而不是5世纪；从600年到700年这100年叫7世纪，而不是6世纪；等等。所有的时间都是这样计算的。那好，我们现在讲到了7世纪，也就是公元600多年的时候。我们要知道，在这个时期出现了一个改变了全世界的人。

在阿拉伯，有位叫穆罕默德的人，他出生在一个贫困的家庭。因为父母在他很小的时候就双双去世了，所以他被叔叔抚养长大。他的叔叔经营着一个骆驼商队——它就和现在的火车或卡车一样，可以运送旅客和货物。穆罕默德住在阿拉伯的麦加城，那里是商队贸易的中心。这些骆驼商队穿过阿拉伯沙漠到达北非和地中海沿岸东端的陆地。尽管默罕默德没有受过多少正规的教育，但他跟随商队游历过很多有名的地方，见识了形形色色的人。他在为叔叔工作的时候遇到了一个富有的阿拉伯女人，名叫哈蒂嘉。很快他们就结婚了，幸福地生活在一起,还共同生养了4个女儿。

大约在穆罕默德40岁的时候,他遇到了一件非同寻常的事情。据穆斯林的传说,穆罕默德经常去沙漠里的一座山中学习和思考。有一天,天使加百利在他面前显灵,并带来了上帝的旨意。穆罕默德聆听了上帝的旨意,然后开始把旨意传达给其他人。在阿拉伯,既有信奉上帝的犹太人和基督徒,又有信仰其他众多神灵的人。这些人经常因为宗教信仰的不同而发生冲突和战斗,穆罕默德希望他的教导可以使这些人更加理解对方。

穆罕默德看到身边有许多不公平和罪恶的事情发生,他就教导众人要转变自私自利的生活方式,更要关心那些不幸的人们。显然,不可能让每个人都愿意做出改变,但是,在信奉穆罕默德教诲的众人中诞生了一个新的宗教。他的信徒们被称为穆斯林,而他们的宗教被称为伊斯兰教。伊斯兰的意思是"顺从上帝"。

哈蒂嘉是第一个听从她丈夫传教的人,很快,麦加城里的人们也都开始成为穆罕默德的信徒,不过也有些人想要阻止他布道。在公元622年,穆罕默德和他的信徒们从麦加城迁移到麦地那城。这第一次迁移被称为"希吉来"(这个词的本意是逃亡)。许多年后,他们又回到

◆伊斯兰世界

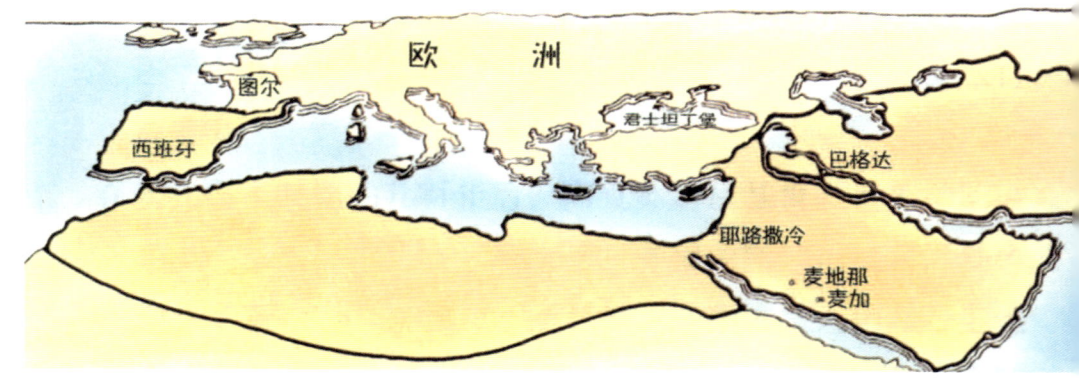

了麦加城。今天的穆斯林仍然经常讲述加百利在穆罕默德前显圣和希吉来的故事。

穆斯林是从希吉来那一年开始纪年，所以他们把公元622年作为他们的第一年，就像是基督徒以耶稣诞生的那一年、罗马人以建立罗马城那一年开始纪元一样。你注意到了吧？基督徒、罗马人和穆斯林的第一年是不同的。

◆《古兰经》的一页插图，阿拉伯文手抄本

穆罕默德在希吉来之后只活了10年，也就是在公元632年，他就去世了。新继任的穆斯林领袖被称为"哈里发"，也就是伊斯兰领袖的意思。哈里发继续传播穆罕默德的教义。第一任哈里发是阿布·贝克尔，第二任哈里发叫奥马尔。后来，穆斯林所信奉的这些来自上帝的教义被记录下来，成为《古兰经》（也称作《可兰经》）。《古兰经》是穆斯林的圣书，而"古兰"来自于"诵读"一词，因为穆斯林在幼年时期就学习诵读《古兰经》了。

"阿拉"是阿拉伯语对上帝的称呼。当穆斯林向阿拉祈祷时，实际上他们和基督徒、犹太教徒礼拜的是同一个上帝。穆斯林认为，穆罕默德是最后一位上帝的先知，而亚伯拉罕、摩西和耶稣也都是上帝派来的先知。

基督徒在教堂里礼拜上帝，犹太教徒在犹太教会堂或寺庙中做礼拜，而穆斯林则是在清真寺里面做礼拜。穆斯林一天要祈祷五次，只要没什么特殊情况，他们无论在什么地方都要坚持祈祷。穆斯林祈祷有一个宣礼人，就是召唤大家一起来祷告的人，音译为穆安津。到了祷告的时间，穆安津就会走到尖塔、高楼或清真寺的阳台上大声高喊："来祷告吧，来祷告吧，只有一个真主，他就是阿拉。"

每当祷告的时候，穆斯林都面朝麦加城的方向，因为他们认为穆斯林的圣地克尔白就坐落在那里。在有生之年，穆斯林至少要去圣地麦加朝圣一次。

伊斯兰教早期非常辉煌，在一任任哈里发的领导下，穆斯林建立了一个大帝国，这个帝国的大部分土地都是原来罗马帝国的领土。穆斯林的军队沿着地中海周围行进，穿过中东，一路凯歌地到达了君士坦丁堡。

◆宣礼人站在尖塔（宣礼塔）的阳台上召唤人们前去祷告

但是在君士坦丁堡这个亚洲通往欧洲的大门前，穆斯林却吃了败仗，城里的基督徒从城墙上泼下滚烫的焦油，阻挡了他们的脚步，就这样，穆斯林被基督徒赶了回来。之后，穆斯林曾经多次去攻打君士坦丁堡，但是全都失败了。除此之外，穆斯林的军队也向西穿过北非，穿过直布罗陀海峡进入西班牙，还穿过比利牛斯山脉进入了法国南部。公元732年，也就是穆罕默德去世后的100年，他们在法国靠近图尔城的地方遇到了强劲的对手。

法国的国王有个得力的助手叫查理，绰号"铁锤查理"，因为他与敌人作起战来就像铁锤那样有力。查理担任着宫相的职务，只有国王的亲信才能担任这个职位。铁锤查理和他的法国战友们打败了穆斯林，阻止了他们进一步向欧洲扩张。

仅仅过了一个世纪，伊斯兰教就广泛地传播开来。地中海沿岸各国，从君士坦丁堡一路到北非南边，向北经过西班牙到法国，都在穆斯林的统治之下，许多老百姓都成了穆斯林。直到今天，伊斯兰教仍然是中东和北非地区的主要宗教。

希利尔讲
世界史

II

[美]希利尔/著
刘永安/译 漫唐堂/编

北方联合出版传媒(集团)股份有限公司
万卷出版公司

目 录

第一章　阿拉伯人的天下　……………………… 001

第二章　两个帝国和两个皇帝　………………… 006

第三章　英国人的启蒙时代　…………………… 012

第四章　世界的末日和尽头　…………………… 016

第五章　真正的城堡　…………………………… 019

第六章　骑士和骑士时代　……………………… 025

第七章　海盗的孙子了不起　…………………… 029

第八章　一次伟大的历险　……………………… 034

第九章　三个国王成一行　……………………… 039

第十章　西非的三个王国　……………………… 045

第十一章　石头和玻璃做的《圣经》　………… 049

第十二章　没人喜欢的约翰　…………………… 055

第十三章　很会讲故事的人　…………………… 058

第十四章　魔针和魔法药粉——指南针和火药　…… 062

第十五章	历史上最长的战争	065
第十六章	印刷术和火药——新旧世界的交替	069
第十七章	一个发现"新"大陆的水手	072
第十八章	寻宝的人	079
第十九章	迷人的土地：寻金和探险	086
第二十章	东非的海岸线	091
第二十一章	文艺复兴时代	096
第二十二章	基督教内部之争	101
第二十三章	伊丽莎白女王	107
第二十四章	伊丽莎白时代	112
第二十五章	姓名的含义	116
第二十六章	丢了脑袋的国王	120
第二十七章	红帽子和红高跟鞋	124
第二十八章	一个自力更生的人	129
第二十九章	逃跑的王子	133
第三十章	美国摆脱了英王	138
第三十一章	天翻地覆	144
第三十二章	小巨人拿破仑	151
第三十三章	拉丁美洲的独立战争	159
第三十四章	从山林之神的牧笛到留声机	165

第三十五章	1854年—1865年的旧报纸	171
第三十六章	三个国家和三张邮票	176
第三十七章	屡现奇迹的时代	181
第三十八章	不一样的革命——工业革命	186
第三十九章	世界大战	191
第四十章	短暂的二十年	195
第四十一章	现代的"野蛮人"	201
第四十二章	向独裁者开战	208
第四十三章	世界上掀起了新风潮	214
第四十四章	一个新的世界"大国"	218
第四十五章	昨天、今天和明天	221

第一章
阿拉伯人的天下

你读过童话故事《一千零一夜》吧？这本故事书的原名其实是《阿拉伯之夜》，而我们这个故事要讲的就是阿拉伯的天下。

在穆罕默德死后100年间，穆斯林征服了中东和北非地区。没过多久，他们又征服了波斯和东边更远的地方。不久之后，他们的帝国就比以前的罗马帝国更加庞大了。对于中东和北非的人们而言，这以后的几百年显然都是阿拉伯的天下了。尽管穆斯林没有征服欧洲的大部分地区，可是许多年之后，欧洲的人们也从穆斯林那里学到了很多东西。

腓尼基人发明了我们使用的字母表，而阿拉伯人则发明了现在数学上使用的数字。1，2，3，4，等等，就是阿拉伯数字。可是，罗马人使用的却是字母而不是数字：比如他们用字母V代表5，X代表10，C代表100，M代表1000，等等。你想想，一个罗马孩子要把这些字母加起来算该有多麻烦啊！

看看这个算式：

IV

XII

+MC

XCII

VII

―――

他们不能像我们一样把数字排成一列相加,因为字母和数字不同。你要想用罗马数字来做乘法或除法,那就更不可能了,比如这个数字运算:

MCVII

×XIX

―――――

罗马数字很麻烦吧?和这种字母数字相比,我们阿拉伯数字是多么方便啊!

你偶尔可能会看到有些地方还在用罗马数字,比如在表盘上,但是现在数学运算中使用的全部都是阿拉伯数字了。

阿拉伯人的贡献不仅仅是发明了数字这一件,还有一件事呢。

阿拉伯人建造了很多美丽的建筑,这些建筑看起来和希腊人、罗马人以及基督徒的建筑物有很大区别。这些建筑的门窗既不是方的也不是圆的,通常都是马蹄形的。在清真寺的顶端,他们喜欢把圆屋顶做成洋葱一样的形状,把屋顶的角做成尖顶或者尖塔,穆安津就是在那里召唤教徒做礼拜的。他们把建筑的墙壁都装饰上漂亮的马赛克和华美的图案。不过,穆斯林很谨慎,不会仿照任何自然物来做这些图案。因为他们的《古兰经》上有一条戒律,类似于基督教的"十戒":"无论是天上、地下还是水里有的东西,你都绝不能仿制。"因为这条戒律,大多数穆斯林人从

◆阿拉伯数字演变

来不画任何有生命的东西，既不画植物，也不画动物。如果画了，那他们就是违反了戒律。因此他们用几何线条来设计图案，避免仿制任何自然物。这些图案被称作"阿拉伯式花纹"，虽然它们不像任何自然物，却一般都很漂亮。

◆岩石圆顶寺内部

还有一件事：

阿拉伯生长着一种小灌木，这种灌木上结着小小的浆果，浆果里面有种子。绵羊似乎很喜欢吃这种浆果，它们吃过浆果后就会变得活蹦乱跳。后来，阿拉伯人自己也试着吃这种浆果的种子，结果也像羊儿们一样变得有活力了。于是，他们就烘焙这些种子，再把它们碾碎，放到水里煮开，做成一种饮品。这就是咖啡——它是阿拉伯人发明的，现在已经成为全世界人都喝的饮料了。

另一种饮品也是用浆果，通常是用葡萄做的，那就是酒。但是人们喝了酒之后，往往会变个样子，表现得异常兴奋甚至疯狂，而穆斯林不喜欢这样的行为，所以他们禁止所有的穆斯林喝含有酒精成分的饮料，比如葡萄酒、啤酒或威士忌，这些都不能喝。

还有一件事：

人们用来做衣服的羊毛衣料，是用绵羊或山羊的毛制成的。由于要用大量的羊毛才能做成一小块布料，所以毛料非常贵。阿拉伯人发现，用一种植物——也就是棉花——来做布料的方法，这样做成的布料当然就便宜多了。然后，为了装饰布料，让它看上去更漂亮、更讨人喜欢，阿拉伯人又用木块在素布上印上各种色彩鲜艳的花纹。阿拉伯人发明的这种印染布料叫印花布。

还有一件事：

阿拉伯人用一种非常好的钢来做刀、剑，这种钢即使被弯得对折也不会断。据说，他们制作的刀刃非常锋利，连漂在水中的头发都能砍断，这只有最锋利的剃刀才能做到。同时，这种刀刃又非常结实，轻轻松松就能砍断铁棒。真是吹毛断发、削铁如泥啊！制作这种刀剑的地方在东边的大马士革（现在属于叙利亚）的西边的托莱多（现在属于西班牙），现在没有人知道阿拉伯人制作这种宝刀的秘诀了，这就是人们常说的技艺失传。

在从前的巴比伦城遗址附近，阿拉伯人建造了一座城叫巴格达。如果你读过《一千零一夜》，那么你一定听说过它，因为这些故事大都说到过巴格达。巴格达是穆斯林的东部都城，阿拉伯人在巴格达建了一所很大的学校，这所学校的名气经久不衰。西班牙的科尔多瓦是穆斯林的西部都城，他们在那里也建了一所非常大的学校。后来当伊斯兰教从撒哈拉沙漠南部传播到非洲西部之后，穆斯林在那里的廷巴克图城又建造了另一所很好的学校。

我再告诉你一些关于阿拉

◆站在一道撒拉逊风格拱门前的蒙着纱巾的穆斯林女人

伯人的事情。他们用钟摆做成了时钟来计时，要知道在这之前人们没有真正的钟表，他们还建立了漂亮的图书馆，等等。类似这样的事情还有很多很多，但是我说的这些已经足够让你了解阿拉伯人是多么智慧、灵巧了。

和腓尼基人、犹太人一样，阿拉伯人也属于闪米特族。阿拉伯人既和同族的腓尼基人一样聪明——你记得吧，前面说过，腓尼基人是很聪明的——又像犹太人那样有虔诚的信仰。

穆斯林对于女人的看法与我们不同。多数穆斯林认为女人让男人们看到自己的脸是不端庄的行为，所以每个女人出门去有男人的地方，都得戴上厚厚的面纱来遮住自己的面孔——只有眼睛是露在外面的。有了这个面纱，她们能看清别人但不会被男人看到自己的样子。穆斯林相信女人们戴上面纱就可以保护自己。他们所受的教育还说，一个男人可以娶四个妻子，只要他能把她们全部都保护好，并且一视同仁地关心她们就行。

穆斯林做的另一件事就是抄写和收藏像亚里士多德这样的希腊诗人和哲学家的作品。在罗马城陷落后，这些作品有很多在西欧已经失传了。你在后面的章节中会读到，几百年之后，穆斯林的学者们珍藏了这些作品，并把它们带给欧洲人去学习和研究。

第二章
两个帝国和两个皇帝

欧洲曾在黑暗之中过了300年,你明白我说的"黑暗"的意思吧?

那个阶段的人们都很无知,所以是黑暗的,只有知识才能带给人们光明,可是那个时期没有什么智者能给欧洲带来光明。

阿拉伯人是智慧的,可以带来光明,但是他们不在欧洲。

公元800年时出现了一个人——准确地说是一个国王,他凭借自己的能力和权势将四分五裂的欧洲重新统一起来,成了一个新的罗马帝国。然而,这个人不是罗马人,而是法国人。你记得吗?法国人也叫法兰克人,是日耳曼部落的一个分支,就是日耳曼人在罗马帝国终结之后统治了欧洲。这位法兰克国王的名字叫查理,他是铁锤查理的孙子,我们在上册最后一章中讲到过铁锤查理,他曾带领法国军队在图尔抵挡住了穆斯林的进攻。查理的法语名字叫查理曼,也就是"查理大帝"的意思。

查理曼最初只是法国的国王,但他并

◆铸有查理大帝头像的金币

不满足于此。很快，他就征服了周边一些国家和地区，其中包括西班牙和德国的一些地方。他在德国一个叫亚琛的地方建立了自己的都城。亚琛有很多温泉可以舒服地泡澡，查理曼很喜欢泡热水澡，而且他游泳的水平也相当不错呢！那时候，意大利的大部分地区都是由教皇管理的，但是教皇和意大利北部的一些部落之间摩擦不断，这些部落总是寻衅滋事，教皇不堪其扰。于是他就派人找到查理曼，问他愿不愿意南下去征服这些部落。这对查理曼而言可是正中下怀啊，他很乐意帮这个忙，所以他立即出发去意大利，轻而易举地解决了这些惹事的部落。教皇为此很感激，想要回报他的援助。

这个时期，世界各地的基督教徒为了能够在圣彼得大教堂祈祷，经常到罗马去。你还记得吧？圣彼得大教堂就建在圣彼得受难的地方。公元800年时，查理曼也为此到了罗马。在圣诞节那天，他去了圣彼得大教堂，正当他在祭坛前祈祷的时候，教皇出现了，并且给他戴上一顶王冠。接着，教皇高呼他为"皇帝"——那时候，教皇是可以任命国王和皇帝的。就这样，查理曼成了意大利和他统治的其他所有国家的皇帝。查理曼的帝国就像一个全新的、小一号的罗马帝国，不过它和罗马帝国有很大的区别，那就是它是由法国人统治的，而不是罗马人。

在那个时代，受过教育的人很少，几乎没有人会读书写字。查理曼自己

◆查理大帝的军团

也是个文盲，但是他非常渴望接受良好的教育，想了解一些未知的东西。他希望能够学到别人会的任何事情，但在他自己的国家中没有这样博学的人可以教他。不过在英格兰，有个名叫阿尔昆的教士才智出众，他的学识比任何一个北欧人都要渊博。于是查理曼邀请他从英格兰来到自己的国家，教导他和他的人民。阿尔昆既教授基督文学，又教给人们在欧洲连年征战中幸存下来的拉丁语和希腊语作品。

查理曼学起这些知识来非常容易，但是学到写字的时候却遇到了很大的困难。他学会了阅读，但好像怎么也学不会写字。据说，他睡觉的时候都会把写字本放在枕头下面，一睡醒就开始练习。可是，到最后他还是只会写自己的名字。查理曼是在成年后才开始学习知识的，但他

◆《教皇为查理曼大帝加冕》

◆ 马车上的查理曼大帝和士兵，13世纪作品

此后从未间断过学习，直到生命的尽头。为了让别人不要像自己一样错过早年学习的机会，查理曼下令要他王国里的每一个修道院都开办一所学校，而他自己在宫殿里建造了一所学校。你想想看，他为什么要这样做呢？

虽然查理曼的女儿们都是尊贵的公主，但他还是要她们学习织布、缝纫、做衣服和煮饭这些生活技能，就好像她们得靠干活来养活自己一样。查理曼自己也是如此，虽然他执掌大权、是拥有全天下的君主，可以得到自己想要的一切，但他却特别节俭。他吃的是粗茶淡饭，穿的衣服也是非常朴素。他身边的王公贵族酷爱绫罗绸缎，而他丝毫不感兴趣。有一次，为了让那些大臣们知道天天穿着绫罗丝绸是一件多么幼稚可笑的事情，查理曼故意选在暴风雨来临前带这些贵族去森林里打猎，这样他就有理由笑话他们了。当那些贵族的丝绸长袍被雨水打湿、再沾上泥土，同时又被荆棘划破时，那个样子该是多么狼狈啊！

不要以为查理曼穿着朴素，就一切从简。在居住环境上，他可是要求极其高。他为自己建造了富丽堂皇的宫殿，他的桌椅用的可不是一般的木头，都是用金银做的，别的家具也都非常华丽。在宫殿里，他还建造了专门的游泳池、很大的图书馆，甚至还有一个剧院，宫殿外则被美丽的花园环绕。

在这个时期以及整个"黑暗时代"，人们用一种奇怪的方式来断定一个人是否偷窃、杀人或者犯了别的罪行。嫌疑犯并非要被带上法庭，经过法官和陪审团审讯后判断是否说了真话和是否真的犯了罪。那是怎么判断的呢？当时的方法是，嫌疑犯得扛着一块烧红的铁块走十步，或是把胳膊放进滚烫的水里，又或者是光着脚从灼热的煤炭上走过去。当时的说法是，只要他没有犯罪，这样做就根本不会伤到他；就算不小心被烧伤了，也会马上痊愈。这种判定是否有罪的方法就叫作"神断法"。这个你也许没听过，它来自《圣经》中沙得拉、米煞和亚伯尼歌的故事，这些人你还不知道吧。《圣经》里记载，在尼布甲尼撒时代，没有过错的人从炽热的熔炉里面走过去就会毫发无伤。尽管查理曼是个明君，但他一直都对神断法坚信不疑。今天，断定一个人是否有罪，我们不会再用这样残酷、不公平的手段了，但当某个人遭受各种身体和心灵的磨难时，我们会说："他在经历神断法。"

在查理曼在世时，遥远的巴格达有个哈里发叫哈伦。哈伦这个词的意思是"受神启示的人"。你要是读过《阿拉伯之夜》的话，相信你一定对哈伦不陌生。《阿拉伯之夜》的故事都是在这个时期写成的，里面很多故事都讲到了哈伦。哈伦是一个穆斯林而非基督徒，他是伟大的帝国领袖，曾经带领穆斯林与基督徒对抗。他非常仰慕查理曼，为此他给查理曼送去了很多珍贵的礼物，钟表就是其中之一，你没有忘记吧，它是阿拉伯人的伟大发明。当时整个欧洲都没有钟表，这对意大利人来说绝对是个稀罕物件。当时人们只能依靠太阳投射在日晷上的影子，或是通过计算水或沙子从一个罐子滴到另一个罐子里面的数量来判断时间。大象也是哈伦送给查理曼的礼物，当法兰克王国的宫廷里第一次出现大象时，人们都惊讶地张大了嘴巴！对于这样的庞然大物，从来就没有人见过！

哈伦是一个伟大的帝国领袖，也是一位非常智慧、优秀的穆斯林统帅，因此人们称他为"指引正道者"。这个称呼的意思就是"公正的人"。你还记得那个被称为"公正的阿里斯蒂德斯"的希腊人吗？他能得到这个称号都是因为公正公平地处理事情。

为了了解普通老百姓的心声，哈伦经常乔装戍普通的工人，走到老百姓中间去。在大街上、市场上，他尽可能多地跟人们聊天，来了解大家对他的管理或是别的事情有没有什么意见。他发现当他衣衫褴褛的时候，人们就可以对他畅所欲言，那时候他的身份就不会被识别，在人们眼中，哈伦不过是个小老百姓。通过这种方式，哈伦了解到了人们的心声，看到了人们生活上不如意的地方，回宫之后，他便将政令做出相应调整。

在查理曼去世之后，这个新的罗马帝国再一次四分五裂，没有人能将它统一起来。所有国王的马匹和人民重新拼凑在一起的景象恐怕是很难再见到了。

第三章
英国人的启蒙时代

英格兰只是一个小岛。

在公元900年的时候,它只是个微不足道的小岛。很久以后,英格兰变得富有、强大起来。又过了一段时间之后,它成了一个势力遍布整个世界的帝国。

英格兰仍然只是一个小岛而已。

但是,现在它已经成为世界上一个非常重要的岛国了!

大约在查理曼大帝之后的100年——也就是公元900年时,英格兰由一位名叫阿尔弗雷德的国王统治。当阿尔弗雷德还是个小孩子的时候,他学习起来很费劲,因为他根本不喜欢读书。在前面的故事里讲过,在那个时代,许多手抄书都是修道士抄写的,上面都是用鲜艳的颜色,有时甚至用金色描绘出漂亮的图画和字母。有一天,阿尔弗雷德的母亲拿了这样一本书给她的孩子们看,还许诺说哪个孩子能先读懂它,就把这本书送给谁。这就相当于孩子们之间的一场比赛。阿尔弗雷德想要赢得这本书,所以他生平第一次真正刻苦地学习起来。他非常努力,在很短的时间内就先学会了阅读,于是,他赢得了这本书。

当阿尔弗雷德长大之后,英格兰经常被海盗侵扰。这些海盗其实也是英格兰人的同族——一个叫丹麦的日耳曼部落。英国人在很久以前就成了基督徒,做了文明人,但是丹麦人仍然是些野蛮、粗鲁的人。他们从自己的国家渡海过来,在英格兰海岸登陆,抢劫城镇和村庄,然后带着他们能够带走的所有值钱的东西又渡海回去——就像坏孩子偷了苹果之后,还对着追过来的农夫吐舌头、扔石头一样。英格兰的军队出兵去对付这些海盗,结果非但

◆手抄本中的一幅字母装饰画

没能教训海盗,反而被海盗打败了。这种情形看起来就好像丹麦人能够为所欲为,只要他们高兴,就还能征服英格兰、统治英国人呢!

有一次,英格兰和丹麦对战的结果又是惨败,阿尔弗雷德带的兵几乎全军覆没,只有他逃了出来。他一个人衣衫褴褛、筋疲力尽、饥渴交加,来到一个牧羊人的小屋前,向主人讨点吃的。牧羊人的妻子正在火边烤蛋糕,她对阿尔弗雷德说,如果他能在她去挤奶的时候替她看火,等蛋糕烤好了就可以给他一个吃。于是,阿尔弗雷德就在火边坐了下来。但是,他一直想着怎样才能击败丹麦人,结果完全把蛋糕的事情忘记了。等到牧羊人的妻子回来后,蛋糕全都烤糊了。她为此非常恼火,大骂了他一顿,把他轰走了。因为阿尔弗雷德没有告诉她自己是谁,所以牧羊人的妻子也不知道自己赶走的是国王。

后来,阿尔弗雷德在深思熟虑后认为,击败丹麦人最好的办法不

是陆战而是水战。于是，他开始着手建造比丹麦人更大、更好的船。过了一段时间后，他有了一支舰队，这些船只的确都比丹麦人的船要大得多。但是因为船太大了，所以一到浅水中就会搁浅。而丹麦人的船因为个头小，却能够安全地靠岸航行；不过一旦进入深水区，阿尔弗雷德的舰队就显示出它的优势来，变得异常强大。这是英格兰历史上第一支海军，在相当长的一段时间内，英格兰海军的规模都是世界上最大的，而正是阿尔弗雷德大帝在一千多年前创立了英国海军。

在与丹麦人对战多年之后，阿尔弗雷德认为最好的办法是与他们达成协议，英格兰给他们拨出一块土地居住，只要他们答应不再抢劫，老老实实地生活。丹麦人接受了这个协议，他们在阿尔弗雷德给他们的土地上平静地生活下来——后来也成了基督徒。多年之后，丹麦人和英国人之间互相通婚，共同组建家庭。最终他们成了一个民族，再也没有人知道哪些人的祖先是丹麦人，哪些人是英国人的后代。

阿尔弗雷德制定了严格的法律，犯法的人会受到非常严厉的惩罚。因此，据说在阿尔弗雷德统治期间，英格兰人民都恪守法律，就算是有人在路边丢了金子，也没有人敢捡走。

阿尔弗雷德不仅组建了海军且纪律严明，他还像查理曼大帝一样在宫廷内建立了一所学校。这所学校的学生既有孩子又有成年人，因为有很多成年人像孩子一样无知，需要受到教育。此外，他还做了很多有益于人民的好事。

比如，他发明了一种用燃烧的蜡烛来计时的办法。在前面的故事里提到过，早在100年前，哈伦送给查理曼大帝的钟表对人们而言是多么的喜欢。尽管现在来看，时钟是再普通不过的东西了。同样的，阿尔弗雷德发明的这个办法在当时也非比寻常，因为那时的英格兰根本没有钟表。阿尔弗雷德观察蜡烛燃烧的速度，还在不同的高度上刻下记号——就刻在它们每燃烧一小时后的位置上，这就叫"蜡烛钟"。

蜡烛也能用来照明，但是倘若被带出门外的话，就很容易被风吹灭了。所以，阿尔弗雷德把蜡烛放在一个小盒子里，而为了让光能从盒子里透出来，盒子都是用很薄的牛角片做的，那时候玻璃是非常稀有的东西，所以只能用牛角片来代替了。

阿尔弗雷德的这些发明似乎显得微不足道，如果和现在各种伟大的发明和精密的机器来比，它们看起来只是一些家常的小妙招罢了。但是，我告诉你这些是为了让你知道，那时候，英国人和欧洲其他日耳曼部落是多么无知，而阿拉伯的思想家和他们的时钟是多么领先和进步！与他们相比，英国人才刚刚启蒙呢。

第四章
世界的末日和尽头

如果让你知道这个世界在下周或者明年就要走到尽头,你会怎么做呢?

生活在10世纪的人们认为,根据《圣经》的启示,世界会在公元1000年的时候终结——拉丁文称为"千禧年"。

有些人对世界即将结束感到开心,因为他们在现实生活中穷困潦倒、命运悲惨,毫无幸福和快乐可言,所以急着去天堂——他们相信只要自己这一生没有做过坏事,在天堂就一定可以过上真正美好、幸福的生活。所以,为了能在这个旧世界结束以后,在天堂为自己赢得一席之地,他们特别注意自己的言行,尽一切可能做好事。

而另一些人并不急于让这个世界结束。但是,他们觉得如果这个世界真的很快就结束的话,最好抓紧时间及时行乐,在离开人世前让自己最后潇洒一把。

后来,公元1000年到了,但是什么都没有发生,世界末日没有降临。最初,人们以为一定是时间计算

◆ 留着八字胡须的维京人头盔形护身符

◆维京人所使用的海船，发现于挪威的一处墓地。优雅高耸的线条、厚厚的龙骨和坚固的船板，显示出他们造船技艺达到了极其完美的境界。这种船十分坚固但重量却很轻，吃水很浅，这使得它既能够在变化莫测的公海上航行，又能逆流而上深入欧洲腹地

错了——还没有真的到耶稣诞生后的第一千年。一年年过去了，人们还在等待世界末日的到来。他们又重读了《圣经》，觉得书里面说的时间可能是耶稣"死"后的第一千年，而不是他的诞辰日。时间流逝，等到耶稣死后的一千年到来时，世界还是没有任何变化，人们开始猜测世界灭亡的时间一定是因为某种不可知的原因而被推迟了。在千禧年过去了许多年后，最终大多数人才意识到，世界末日不会来了。

每隔一段时间，就有些自作聪明的人跳出来说，距离世界末日那天不远了，但是，可以肯定的是，世界在我们长大成人直至死后，到我们的孩子成年和死后都会始终存在的。

这时的基督徒都在琢磨世界末日真正的时间。而此时在北欧却生活着这样一群人，大约到公元1000年时，他们还没有成为基督徒，所以对《圣经》中关于世界末日的说法也毫不关心。他们被称作是北欧人或维京人，与阿尔弗雷德时代迁移到英格兰的丹麦人属于同一个种族。他们是大胆的航海家，正如古代的腓尼基水手一样坚强、无畏；他们的船都漆成黑色，船头刻着海怪和龙的图案。他们在北部海域航

◆一艘维京人海船上的镀金风向标，图中一头神秘的野兽正在偷袭一只更小的动物，一头狮子则站在风向标的顶端注视着海面

行，还向西朝着远处日落的方向行进，他们去的地方比任何水手去过的地方都要远；他们还发现了冰岛和格陵兰岛。最后，他们在首领雷夫·埃里克森的率领下到达了美洲的海岸。所以，在欧洲的基督徒期待世界末日的同一年——也就是公元1000年，维京人到达了有些人认为是世界尽头的地方。

维京人把这个地方叫作文兰（Vineland或Wineland，意思是葡萄酒产地），因为他们发现在那里生长着可以酿酒的葡萄。他们讲述了到达文兰的旅程中发生的故事，这些故事叫"萨迦"，我们现在还能够读到这些故事呢！在萨迦中，文兰被描述为一个美丽的国家，那里遍地都是翠绿的青草、茂密的树丛和野小麦，还有很多飞禽走兽和鱼类，到了冬天气候温暖如春。维京人还遇到了生活在那里的当地人，也就是我们所说的美洲印第安人。

我们无法清楚地知道这些爱冒险的人都去了哪些地方，我们只知道他们到了纽芬兰岛、加拿大，他们可能还到达了南边的马萨诸塞州的科德角。尽管维京人还继续在大西洋北部航行，但他们在美洲并没待多久。我们只是好奇哥伦布是否知道维京人的文兰萨迦和他们穿越欧洲西部大西洋的故事，他的旅行冒险是否受到了维京人的影响呢？

第五章
真正的城堡

你是不是觉得城堡只是在童话里才有呢?你认为只有故事里的王子和公主才会住在城堡这样的地方吧?

但是在大约公元1000年时,欧洲各地几乎到处是城堡,这些城堡可不是童话中的那种,而是真的有人住在里面的城堡呢。

在公元476年罗马城沦陷之后,罗马帝国变得就像剪碎的藏宝图一样四分五裂,后来人们就在四分五裂的土地上修建城堡,一直到14世纪。这是为什么呢?下面我们就来讲讲,他们为什么要建城堡、怎样建城堡以及后来为什么停止修建了。

在古代,每当一个头目,无论是国王还是亲王,在打败了另一个头目后都要

◆城堡、吊桥、护城河和骑士

◆城堡图，采自威廉·勒韦为路易·波旁公爵采集的《纹章图案集》，15世纪，法国国家图书馆馆藏手稿

对那些跟他一同作战、帮助他获胜的将军论功行赏。但是，他不是给他们奖金，而是分给他们一些征服来的土地，这些将军还会把自己一部分土地分给有功的属下。这些受封土地的人称为领主或贵族，每个贵族又都是分给他土地那个人的封臣。每个封臣都必须承诺随时随地跟随他的领主作战，不过他不能以一种随意的方式轻飘飘地做出承诺，而必须以一种隆重的方式，这样做出的承诺就会更有约束力。封臣必须跪在他的领主面前庄重宣誓，随时效命于领主。这就叫作"宣誓效忠"。在这以后，至少每年一次，他必须再做一次同样的承诺。这种分封土地的方式叫作封建制度。

　　每一个领主或者贵族都在自己分到的土地上建起了城堡，带着自己众多手下生活在里面，而他就像那里的小皇帝一样。城堡不仅是他的家，还是防范别的贵族进犯的堡垒。那个时候，贵族们经常为了抢夺对方的土地而打仗，所以他们要时刻保持警惕。为了安全起见，城堡通常都是建在山顶上或悬崖上，这样敌人即便能打过来也会相当费劲。城堡的墙是用石头砌成的，一般都有3米多厚。城墙周围常常有一条深沟，沟里面填满了水，这是为了让敌人更难进入城堡，这种沟一般叫作壕沟或者护城河。

在不打仗的太平日子里，男人们就在城堡外耕种土地，而到了贵族们打仗的时候，人们就会带着自己的粮食、牲畜以及全部家当躲到城堡里去，这样在打仗时住在城堡里一年半载都没问题。所以，城堡就得建得非常大，这样才能长期容纳这么多人和家畜。实际上，城堡就像一个有围墙的城镇一样。

在中世纪，城堡内的诸多事物是由女人们来管理的，像做饭、纺线、织布、监督仆人、照看牲畜这些事情都是她们负责。有时候男人们长年累月在外面打仗，女人们还得自己耕种粮食养家糊口，算计开支过日子。因为那个时候总是在打仗，所以很多女人都成了寡妇。这种情况下，她们就得把家里的担子完全挑起来。

在城堡里面有很多小屋子，这些屋子里有的住人，有的用来养牲口，还有的用来当作厨房和储存粮食。有的城堡里面还有个教堂或者

◆城堡图，采自威廉·勒韦为路易·波旁公爵采集的《纹章图案集》，15世纪，法国国家图书馆馆藏手稿

小礼拜堂呢！而城堡里面最大、最好的房子当然是贵族领主自己的住处了，他住的房子叫"要塞"，意思是城堡中最坚固的部分。

要塞里最主要的房间是大厅，这个大厅非常大，而它的功能就像是咱们现在的客厅和餐厅的结合。他们的饭桌其实就是这些又长又宽的大木板，吃饭时在木板下面用东西垫起来，然后把木板搭在上面；吃完饭后，就把木板取下收起来。他们吃饭不用筷子、勺子、盘子、碟子这些东西，也没有擦嘴的餐巾纸。大家都是用手抓饭吃，吃完饭还舔舔手指，再把手指在衣服上蹭一蹭，就算干净了。他们这时候可真是一点都不讲究餐桌礼仪，随手就把骨头和油渣扔到地上，要不就是扔给狗吃，他们的狗是可以进餐厅的。真是一片狼藉、乱七八糟！在饭后，仆人会送来毛巾和水给那些想洗手的人用。你猜猜会有人清洗地板吗？

晚饭后，一家人都聚在一起，听吟游诗人唱歌、讲故事来打发时间。在中世纪，有很多这样的吟游诗人，他们到处流浪，靠弹琴唱歌给人取乐来养活自己。住在这样的城堡里，贵族和他的属民们好像是很安全，不用怕敌人的进攻了，因为任何敌人想要进来都要先穿过城堡外的护城河。穿过护城河后，有一座吊桥通往城堡的入口或大门处，而城堡入口本身是一个铁闸门，这道闸门平时都是像窗户一样开着让人进出。等到打仗的时候，吊桥一般就收起来了。不过有时候敌人来得突然，已经接近城堡而来不及收起吊桥，这时候就得立刻放下铁闸门。如果吊桥收起来了，那么除了穿过护城河之外就再没办法

◆城堡保卫战，教科书插图

进入城堡了。如果敌人想要过护城河，城堡里的人就会用石头砸、用烧化的沥青泼他们。城堡的墙上也没有窗户，只有一些又细又长的缝，战士们可以从缝里向敌人射箭。而敌人们想要把箭射进这样的细缝里却是太难了。

尽管打城堡这样难，可当时的人们还是乐此不疲呢！有时候，敌人会建造一座高高的木塔架，下面装着轮子。这样，他们就能把它移动到靠近城堡的地方，站在塔顶上直接向城堡里射箭。

有时候，敌人在城堡外面修地道，一直挖到护城河下面，再挖到城墙下面，从这里就可以直接进入城堡了。

有时候，他们制造一种被称为破城槌的大机器，用它来捣毁城墙。

有时候，他们使用巨大的投石器，把石头往墙内扔；当然，他们也只能扔石头，那时候还没有大炮、炮弹、枪支和火药呢！

贵族和他的家人都是有钱的上等人，而那些手下人的生活则不比奴隶好多少。在太平时期，大多数平民都生活在城堡外的土地上，这片土地叫庄园。贵族对平民很吝啬，尽可能地少给他们土地和别的一些东

◆《围攻"坚固城堡"》，克里斯蒂安·布鲁坦作

西，却要从他们那里拿到最多的回报。他养活和照看这些平民，只是因为这些人能替他打仗、给他干活，就和他养马是为了打仗用，养牛是为了喝奶、吃肉一样没什么分别，但是他对这些人还不如对自己养的家畜好呢。平民们没日没夜地操劳，最后还要把庄稼的大部分收成献给贵族领主，而他们自己就住在像牛棚一样破烂的小木屋里，这种木屋就一个房间，地上还脏兮兮的。木屋顶上一般是个阁楼，可以踩梯子上去，人们一般都睡在阁楼上。他们的床就只是一堆稻草而已，也没有被子盖，人们都穿着白天干活时穿的衣服睡觉。

这些干活的平民叫作农奴。有时候，农奴实在忍受不了这样的生活，就从领主的庄园逃跑。如果这个逃跑的农奴能在一年零一天内不被抓到，那他就是自由人了；如果他在一年零一天内被抓住了，那么贵族领主对他的惩罚是很残酷的，有可能鞭打他、用烙铁烫他，甚至砍断他的双手。事实上，一个贵族领主可以对自己的农奴为所欲为——除了杀死或卖掉他们。

你怎么看待这种封建制度呢？

第六章
骑士和骑士时代

我刚给你讲述的这段时期在历史上被称之为"骑士时代",也就是淑女与绅士的时代。贵族领主和他的家人都称为绅士和淑女,而剩下的绝大多数人都只是平民而已。

平民是没有书读的,他们的权利特别少,除了整天干活之外,他们什么也别想做。相比之下,城堡领主的儿子们都要接受非常严格的教育,不过他们要学习的也就只有两件事情而已:怎样做一个绅士和怎样打仗。他们觉得读书、写字这些事情都是无关紧要的。实际上,那个时候人们通常都认为学这些东西简直是浪费时间。

作为贵族领主的儿子,他的成长过程一般是这样的:通常他由母亲带大到7岁,当他长到7岁时就成为贵族的侍童或者叫跟班,从7岁一直到14岁的这7年时间里他都是侍童。在做侍童期间,他的主要任务就是服侍城堡里的女士们。他得为她们跑腿,给她们送信,伺候她们用餐,等等。在这段时期,他还要学习骑马,学着做一个勇敢、礼貌的人。

当他长到14岁的时候,就是一名侍从了。侍从也要做7年,一直到他21岁的时候。做侍从期间,他的工作是服侍男人们,就像做跟班的时候服侍女士们一样。他要照料绅士们的马匹,和这些成年男人一起去战场,只不过他的主要任务不是作战,而是带着一匹备用的马和一些枪、矛以备不时之需。

到了21岁,如果他是一个称职的侍从,又学会了要学的东西,他就能成为一名骑士了。成为一名骑士要举行一个非常正式的仪式,这个仪式很重要,就像是毕业典礼一样。因为对一个成年男孩而言,这就意味着他要开始承担成人的责任了。

在举行仪式之前,他要先洗个澡。你可能觉得洗澡有什么可说的,但是那个时代和我们现在不一样,当时人们很少洗澡,有时候几年都不洗一次呢!沐浴更衣后,他要在教堂里面祷告整整一夜。等到天亮以后,他再来到众人面前,庄严地宣誓永远遵守以下几件事:

要勇敢、善良,

要为基督教而战,

要保护弱小,

要尊重女性。

这些就是他的誓约。宣完誓,领主就给他系上一根白色的皮带,

◆ 骑士受封仪式

并让人把金色的马刺系在他的靴子上。等穿戴好之后，他跪下来，贵族领主用剑背拍打他肩膀，边拍边打说："我现在册封你为骑士。"

骑士上战场的时候都要全副武装，头戴钢盔、身着盔甲，这身盔甲是由铁环和钢板制成的，形状像鱼鳞一样。穿上这套盔甲就可以挡住敌人的箭和矛了。当然，如果要对付炮弹或者子弹的话，这身盔甲可就没什么用了，不过当时还没有那些东西呢！

骑士们都被严严实实地裹在盔甲里面，这样当两队人马混战起来时，他们都很难知道盔甲里面的人是谁，也就弄不清楚哪个是敌人、哪个是自己人了。

所以，骑士们一般会在盔甲的战袍上做一个标记，比如狮子、玫瑰、十字架的图案或某种装饰物的样子，这种标记叫作盾形纹章。

我和你说过，一个骑士首先要学习成为一名绅士。所以我们看到某人举止得体，特别是对女士彬彬有礼时，就说他像骑士一样或者说他有骑士风度。当骑士走到一名女士面前时，他都会脱下他的头盔，这就是在表明"你是我的朋友，我相信你，所以不需要用头盔保护自己"。现在的绅士们见到女士时脱帽示意也是这个意思。

不过，骑士们要学习的最重要的事情是作战，就连他们的游戏也是玩打仗。

每个国家、每个时代都有自己特有的比赛或运动，能够让人们乐在其中。例如，希腊人有奥林匹克运动会，罗马人有战车和角斗士比赛，我们现在有足球、篮球比赛，等等。骑士们最主要的运动就是一种战斗演习，他们叫作马上比武大会。

马上比武大会在比武场上举行，每到这个时候，就有大批观众挥舞着旗子、吹着喇叭围在比武场上观看比武，就像现在人们成群结队地去看比赛时摇着小旗子、吹着哨子一样热闹。骑士们骑在马上，在比武场的两端各就各位。他们都手持长矛，只是长矛的尖儿都用东西包

◆骑士比武

好了,以防止骑士们受伤。比武开始的信号一发,骑士们就向比武场的中心冲去,用长矛攻向对手,试图把对方从马上挑下来。把其他对手都挑下马的获胜者将得到某位女士做的一根缎带或一个纪念品,骑士很看重这个奖品,就如同我们现在网球锦标赛的队员看中获胜的奖杯一样。

骑士们都非常喜欢带着狗去打猎,也经常带着训练过的猎鹰去打猎,无论是贵族们还是女士们都很喜欢这种运动呢!猎鹰被训练得像猎犬一样,它能捕捉别的鸟类,比如野鸭和鸽子,也能捉到一些小动物。猎鹰被带出去打猎的时候都要用链子拴在骑士或女士的手腕上,头上还罩着一块布。当人们发现鸟的时候,就把猎鹰的头罩取下来,它会非常敏捷地冲向猎物并捉住它。然后,猎人们赶上去,取下捉到的猎物,再把头罩给猎鹰罩上。不过,一般男人们都更喜欢猎野猪,因为野猪的牙很尖利,也更加危险,这样打猎才更像是男人的运动。

第七章
海盗的孙子了不起

当阿尔弗雷德当国王的时候，丹麦人经常侵犯英国。

差不多在同一时期，他们的同族维京人也在法国海岸大肆劫掠。

后来，阿尔弗雷德国王只得把英国海岸的一部分土地给了丹麦人，于是他们在那里安顿下来，成了基督徒。

同样，法国国王也用了这个办法。为了让维京人别再来骚扰，他把法国海岸的一部分土地给了他们。而维京人也像丹麦人

◆诺曼底人高高地抬起了国王的脚

一样，老老实实地安顿下来成了基督徒。

这些在法国横行的维京人由一位非常勇敢的海盗率领，他的名字叫罗洛。按照惯例作为得到土地的答谢，罗洛得去亲吻法国国王的脚来表示敬意。但是，罗洛觉得向国王下跪还要亲他的脚实在是太没面子了，就让一个手下去替他行礼。这个手下也很不情愿，但他只能奉命行事，所以在亲国王的脚时，他把它抬得太高了，害得国王连人带椅子向后摔了过去。

法国分给维京人的那块土地就是诺曼底，到今天它仍然叫这个名字，而住在那里的人也就被称为诺曼底人。1066年，一个很有权力的公爵统治了诺曼底，他叫威廉，是海盗罗洛的孙子。

威廉这个人不但体格强壮、意志坚定，而且管理起人民来也十分强硬。他在射箭方面非常厉害，射得既远又准，而且杀伤力极强，超过其他所有骑士。别的不说，就说他所用的弓都没人能拉得开。

威廉和他的人民都成了基督徒，但是对他们来说，基督教的上帝更像是他们自己以前的神沃登取了个新名字。威廉信奉"强权即是公理"，因为他是海盗的后代，所以行为举止还是像个海盗一样。他想要什么，就会去把它夺过来，尽管他是个基督徒，可没有一点基督徒的样子。

当时，威廉只是一个公爵，还不是国王。他想做国王，而且他想做英格兰的国王。而此时，英国和他的公爵领地之间就隔了一条海峡，此外英国国王爱德华还是威廉的表兄弟，所以，他觉得有这层关系在，他就有理由去争夺王位。

恰巧，一位年轻的英国王子哈罗德在诺曼底海岸遭遇海难，被人搭救了，带到威廉那里。从当时英国的情况来看，哈罗德就是英国未来的国王，威廉觉得，这可是把英国弄到手的好机会。于是，在放哈罗德离开之前，他让这个年轻人保证等轮到他做国王时把英国送给自己，就好像那个国家是匹马或者一副盔甲，是可以赠送出去一样。为了让这个保证更加神圣而有约束力，威廉让哈罗德把手放在祭坛上发誓，就像现在西方人把手放在《圣经》上发誓一样。当哈罗德在祭坛上发誓之后，威廉把祭坛顶板一揭，让哈罗德看到下面是一些基督徒圣徒的骨骸。对着圣徒的骨骸发誓可以说是最为神圣的誓言了，无论谁都不敢打破这样的誓言，因为担心这样会惹怒上帝。

然后，哈罗德回到了英国。但是，到他即将成为国王的时候，人民当然不会同意他把英国送给威廉。此外，哈罗德已说他发的这个誓言是违背自己意愿的，那就是一个骗局，而且他是被迫的，所以根本就不具备效力。就这样，哈罗德当上了国王。威廉听说哈罗德当上了国王后怒不可遏。他叫嚣着说自己被骗了，哈罗德违背了自己的誓言。于是，他立即召集了一支军队，渡过海峡，誓要把英国从哈罗德手里抢过来。

当下船时，威廉被绊了一跤，头朝下栽在了岸边。所有战士都惊呆了，他们非常担心，认为这是个非常糟糕的信号——用希腊人的话来说，这是个凶兆。但是，威廉的反应非常灵敏，他在摔倒的一瞬间用双手各抓了一把泥土。站起来之后，他假装自己是故意栽倒的，并在空中举起双手，声称他抓起的泥土是个吉兆，这表明他将拥有英国的全部土地。这样，他就把一个凶兆变成了吉兆。

战争开始了，英国人为了保卫家园和敌人展开了激烈的搏斗，他们不愿意让这些外国人夺走自己的国家。原本，他们几乎已经打赢了这场战争，这时候，威廉下令让他的军队佯装战败逃跑。

英国的军队紧跟着追了上来，他们被胜利的喜悦冲昏了头脑，队形散乱地追赶着诺曼底人。趁着英国军队四散开来、杂乱无章的这一瞬间，威廉又发出了一个信号，他的战士们迅速调转头来杀向对手。英国人大吃一惊，他们还没来得及重新调整队形就被击败了，国

◆《征服者威廉》，油画

王哈罗德被箭射穿眼睛而死。这就是黑斯廷斯战役，英国历史上最著名的战役之一。

哈罗德发起了一场英勇的战斗，可是他运气不好。就在这场战争爆发的几天前，他刚刚跟自己的兄弟打了一仗，因为这个兄弟起来造反，还集合了一支军队来对付他。我们对哈罗德感到惋惜，不过也许事态最后的发展反而有利于英格兰——这种事谁又能说得清呢？

威廉继续向伦敦进军，并在1066年的圣诞节自己加冕为国王。从那以后，他就被称为"征服者威廉"，也叫"威廉一世"，而这次事件就叫作"诺曼征服"。此后，英国有了新的国王谱系——一个出身海盗的诺曼底家族。

威廉把英国当成馅饼一样，分成若干份给他手下的贵族们，他同样遵从的是封建制度分封土地的办法。而这些贵族们也要向他俯首称臣，宣誓永远效忠于他，随时准备为他而战。贵族们都在分得的土地上建造了城堡，威廉自己也在伦敦的泰晤士河旁边建造了一座城堡。在威廉建城堡的所在地，从前尤利乌斯·恺撒也曾经建过一座城堡，但是已经被毁掉了；阿尔弗雷德大帝也曾在那里建过一座城堡，不过后来那座城堡同样也消失了踪影。只有威廉建造的城堡至今依然屹立在那里，它就是有名的"伦敦塔"。

威廉是一位显赫的领袖，同时也非常精明。他派人去调查并获得了很多资料和数据，其中包括英国所有的土地记录，还有所有的人口和财产记录。这份记录被称为《英国土地志》，这就跟一般国家每十年进行一次的"人口普查"差不多。这份记录中记载着当时住在英国所有人的姓名和他们所拥有的全部财产,甚至具体到每个人养了多少头牛和猪。即使到今天,英国人还可以通过这本书查到他们祖先的姓名,知道他们有过多少田地、牛和猪。

为了防止有人在夜里为非作歹,威廉创立了"宵禁"制度。所谓的宵禁,就是说每天晚上到了固定的某个时间就会有钟声响起,钟声过后,所有人都要熄灯,回到家里休息。

不过,威廉做了一件让英国人非常愤怒的事情。他酷爱打猎,但是在伦敦附近没有打猎的好地方。为了能有个地方打猎,他毁掉了大面积的村庄、房屋和农田,把它变成了森林。这个地方就是"新森林",虽然它到现在已经有九百多年的历史,很"古老"了,但人们还是叫它"新"森林(即以前的英国皇室狩猎场,今天的英国国家公园)。

总之,威廉虽然是海盗的后代,但他把英国治理得非常好,让生活在这里的人们可以高枕无忧。而且从此之后,再也没有别的国家征服过英国。所以,1066年对英国人而言也就像是他们的第一年一样重要呢。

第八章 一次伟大的历险

你玩过"去耶路撒冷"的游戏吗？在这个游戏里，只要音乐一停，大家就要给自己抢个座位。

在中世纪，即在古代和现代之间的那段时间，"到耶路撒冷去"是欧洲各地基督徒的梦想。他们想亲自去看看耶稣受难的地点，在耶稣的墓前祷告，并带回一片棕榈叶作为此行的纪念品。回到家后，他们就会拿这片叶子向朋友们炫耀，或是把它挂在墙上，在以后的日子里都可以骄傲地和人说起自己去过耶路撒冷的事情。

总有些善良的基督徒要去耶路撒冷，当然有些不怎么样的基督徒也想去那里。他们有时候是独自前往，不过更多的时候是结伴一起去。那个时代可没有现在这么多的交通工具，不管穷人们是从法国、英国、西班牙还是德国出发，他们都只能步行走完全程，所以要到达耶路撒冷经常要花上几个月，有时甚至几年的时间。这些去耶路撒冷的人统称为"朝圣者"，而他们的旅途叫作"朝圣之旅"。

那时候，耶路撒冷在土耳其人手里，而土耳其人是穆斯林（还记得吗？穆斯林信仰的是伊斯兰教）。土耳其人不喜欢这些来瞻仰耶稣的基督徒朝圣者，因此经常虐待他们。于是，有些朝圣者回去后逢人就讲土耳其人对待他们是如何的凶残，耶路撒冷的那些圣地被这帮土耳其人糟蹋得多么不成样子。

在公元1100年之前，罗马一位名叫乌尔班的教皇听到了这些朝圣者讲的故事，他大为震惊。他认为，无论如何，都绝不能容忍耶路撒冷这座圣城还有它所在的圣地是被穆斯林而不是基督徒来统治。因此，乌尔班发表了一篇演说，劝说各地所有虔诚的基督教徒集合到一

◆乌尔班二世主持克莱蒙会议，号召基督徒团结起来去解放圣地，细密画

起去朝圣，而此行的主要目的是要打败土耳其人，并从他们手中夺回耶路撒冷。但是，耶路撒冷不仅是基督教徒的圣地，也同样是穆斯林和犹太教徒的圣城，这就不奇怪为了争夺这座城市要频繁地发生战争了。

就在同一时期，有个修道士被人们称为"隐修士彼得"。隐修士是指那些远离人群、独自生活的人，他们经常都是在山洞或小木屋里生活，在那里没有人能够找到他们或去看他们，因此他们可以终日祈祷。隐修士彼得认为这样的生活对他的灵魂有益，饥寒交迫等困苦能帮助他不断完善自己。

隐修士彼得曾经去过耶路撒冷朝圣，在那里所见的一切把他气得

要死。于是，他回来后逢人便说，任由耶稣墓在穆斯林手中是多么耻辱，他号召所有人和他一起踏上朝圣之旅去解救耶路撒冷。他在教堂里一见人就要说起这个，在路口、在市场、在路边，只要看到哪里有人，就和人家说个没完。他可真是个优秀的演说家，听到他叙述这一情况的人都痛哭流涕，请求跟随他一起去耶路撒冷。

很快，成千上万的老百姓，无论男女老少，连小孩子都来了。他们发誓加入朝圣的队伍，要从穆斯林手中夺回耶路撒冷这座圣城。因为耶稣是死在十字架上的，所以他们把红布做成十字的形状，缝在外衣上作为标志，说明他们是为十字架而战，历史上称这些朝圣者为"十字军战士"。这些人都知道这一去就要过很久才能回来，也许永远也回不来了。所以有些人在离家之前变卖了自己的全部家当，也有些男人让妻子留下来照顾家。十字军里可不只是穷人，还有些贵族领主甚至王子、亲王呢。所以，这一路除了步行的大部队，还有大批人是骑马的。

他们原计划是在1096年的夏天出发，也就是1100年的前四年。但是有很多人太心急了，他们等不到约定的时间，就推举隐修士彼得和另一个绰号叫"穷光蛋沃尔特"的虔诚基督教徒为领袖，跟随他们一起提前出发了。

这些人根本不知道耶路撒冷有多远，他们没学过地理，也没有地图。他们也没有想过这一路要走多久，路上要怎么找吃的，晚上要睡在哪里。他们只是单纯地信赖隐修士彼得，相信主会为他们提供一切，为他们指明方向。

◆朝圣者跟随彼得前往圣地，细密画

他们向前行进,路上还高呼"前进,基督教的战士们"。成千上万的人们就这样朝着东方遥远的耶路撒冷前进,他们中千千万万的人死于疾病和饥饿。每到一个城市,他们都会问:"这里是耶路撒冷吗?"他们压根不知道,在他们和耶路撒冷之间还隔着很长的距离。当耶路撒冷的穆斯林军队得知十字军要来的消息后,他们决心保护圣城不被这些欧洲人夺走,于是他们出发去对付这些基督徒。这一战非常惨烈,穆斯林几乎杀死了所有跟随隐修士彼得出发的先头部队。而这时,按照原定时间出发的十字军战士还在路上呢。

将近四年后,当初声势浩大的十字军在到达耶路撒冷城外时已经只剩下一小队人马。等到终于看见耶路撒冷在自己面前时,他们简直

◆《绕行耶路撒冷》,油画,维科多·史纳斯作

欣喜若狂，立刻跪倒在地、泣不成声。他们不断地祈祷、唱圣歌，感谢上帝把他们带到了旅程的终点。然后，十字军战士们对这座城展开了激烈的进攻。他们浴血奋战，最终攻下了耶路撒冷。这些基督徒涌进城门后大肆杀戮，据说当时这座圣城立刻血流成河。对耶稣的追随者而言，这是多么不可思议的行为啊，他们不是一向宣扬要反对战争和霸权的吗？这个时候，他们全都忘记了《圣经》里面的教诲："收起刀来吧！凡动刀的，必死于刀下。"

◆《十字军返乡》，Karl Friedrich Lessing作

后来，十字军战士推举出一位名叫戈弗雷的领袖来管理耶路撒冷。剩下多数的战士都回家去了，不过也有些人留了下来，因为他们发现留在这里比在欧洲的家乡能拥有更多的土地，能生活得更加富有。

第九章

三个国王成一行

这里有三个国王：

英国的理查德，法国的菲利普，德国的腓特烈·巴巴罗萨。

你在心里把他们的名字多念几遍，那么这三个名字就会在你的大脑中萦绕不去，你想停下来都难。

上个故事里讲到耶路撒冷被基督徒夺回来了，但好景不长，穆斯林发起进攻，又把它夺了回去。

基督徒又发起了第二次十字军东征。从那以后，历史上百年一遇的事情发生了，在接下来的二百年内，他们发起了一次又一次的十字军东征，前后共有八九次。有时候，这些后来的十字军会把耶路撒冷夺过来，但都好景不长；有时候，他们则完全失败了。

第三次十字军东征发生在第一次东征后的一百年左右，也就是将近公元1200年的时候。这三位国王——英国的理查德、

◆英国的理查德国王、法国的菲利普国王和德国的腓特烈·巴巴罗萨国王

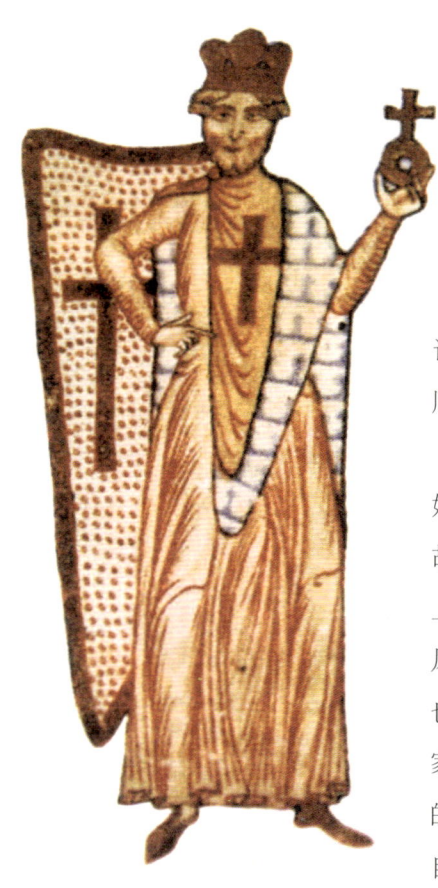

◆ 身穿十字军服装的红胡子皇帝腓特烈二世，载于RobertdeReino著《耶路撒冷史》，12世纪

法国的菲利普和德国的腓特烈·巴巴罗萨联合起来发动了第三次十字军东征。但是，他们中有的并没完成这次行动。下面就说说他们三个的具体情况，我按照从后往前的顺序讲起。

先说德国的腓特烈·巴巴罗萨，腓特烈是姓，巴巴罗萨是名字。巴巴罗萨这个词是"红胡子"的意思，是不是很有趣？这个名字实际上是个绰号，给国王起个生动的绰号是当时的风俗。腓特烈国王的都城在亚琛，查理曼大帝也曾定都于此，不过查理曼大帝是包括很多国家在内的庞大帝国的皇帝，而腓特烈只是德国的国王。当腓特烈年轻力壮的时候，他也想使自己的国家像查理曼大帝的新罗马帝国那样庞大、富强，可是他没有查理曼大帝那样英明神武，所以成就不了那样的丰功伟业。他与另外两个国王一起发动了第三次十字军东征的时候年纪已经很大了，他最后没能到达耶路撒冷，因为他在半路上过河的时候掉进河里淹死了。这就是第三个国王腓特烈的情况。

第二个国王是法国的菲利普，他非常妒忌第一个国王，也就是英国的理查德，因为理查德非常受十字军战士的拥戴。结果，菲利普中途放弃了东征，回到法国去了。

这样，十字军队伍里就只剩下英国的理查德一个国王了。如果当时他也回到自己的国家，而不是继续带着十字军前进就好了。但是，他觉得这样的十字军东征比待在自己的国家处理棘手的政务要好得多。

理查德为人温和仁慈又坚强勇敢,人们都叫他"狮心王理查德"。他对犯错的人的惩罚非常严厉,但却能做到公正无私。人们都很爱戴他,同时也对他充满敬畏,因为他疾恶如仇,对坏人毫不留情。

即便连理查德的敌人也都很仰慕他。在第三次十字军东征时,耶路撒冷的穆斯林国王名叫萨拉丁。虽然理查德是来攻打他的敌人,但萨拉丁仍然很钦佩他,甚至和他成了朋友。因此,萨拉丁没有与理查德交战,还和他达成了友好约定,答应以后不再对耶稣墓和来朝圣的信徒不敬。既然大家都对这样的安排感到满意,理查德也就放心地把耶路撒冷交给了萨拉丁,踏上了回家的旅途。

在回家的路上,理查德被腓特烈·巴巴罗萨的儿子抓了起来并关进监狱,他以理查德为人质向英国索要一大笔赎金。理查德的朋友很焦急,但不知道他被关在哪里,也不知道怎么才能找到他。

幸亏理查德有一位宠爱的乐师,他的名字叫布龙德尔。布龙德尔曾经写了一首歌,理查德非常喜欢。在理查德被关起来的时候,布龙德尔到处游荡,每到一个地方就在那里唱这首歌,他走遍了大街小巷,希望理查德能听到这首歌,然后给出暗号,让自己知道他被关在哪里。有一天,他恰好来到了理查德被关押的那座塔楼下面,他又唱起了这首歌,理查德听到了歌声,就接下去把这首歌唱完了。于是,理查德

◆哈廷战役后,萨拉丁与"狮心王理查德"谈判和平协定,法兰克士兵放下武器,油画,SaedTahsine作

◆十字军到达君士坦丁堡，细密画，载于《征服君士坦丁堡》

的朋友们就知道了他被关押的地方，交了赎金，终于把理查德解救了出来。

最后，理查德终于回到了英国，回来后他还有很多历险故事呢！那时候，英国有一个大盗名叫罗宾汉，他经常抢劫路上的旅客。理查德想了这样一个办法，他自己乔装扮作旅客的模样，然后假装被罗宾汉关起来，再趁机抓住罗宾汉，让他得到应有的惩罚。这个计谋成功了。理查德伪装成修道士的样子，像计划好的那样被罗宾汉抓住了。本来他可以按原计划逮捕罗宾汉并且惩罚他，但是他后来发现罗宾汉实际上是个好汉，他最终宽恕了罗宾汉和他的手下。

理查德的盾形徽章的图案是三只从上到下排列的狮子，现在英国军队的盾牌上面还有部分图案与这个图案一模一样呢！

在理查德的十字军东征后，又有了第四次十字军东征。在这第四次东征之后，在公元1212年又组织过一次十字军。1212这个数字很好记吧，你可以记住它是数字12的重复，也可以记成1、2、1、2。与以往不同，这次的十字军战士都是些小孩子，所以又叫儿童十字军或者童子军。这支童子军是由一个12岁的法国男孩率领的,他的名字叫司提反,与第一位基督教的殉难者同名。

法国各地的孩子们就这样离开了他们的家和爸爸妈妈——这件事我们怎么也不明白,他们的爸爸妈妈怎么会同意呢?童子军一路向南部的地中海行进,他们以为到了这里后,海水会自动向两边分开,然后中间会出现一条大路直通耶路撒冷,就像他们在《圣经》中读过的一样,说以色列人离开埃及的时候,红海的水自动分开给他们让出路来。但是现实中的海水并没有给孩子们让路。

这时候,他们遇到了一些水手,这些水手主动提出要用船把童子军送到耶路撒冷去。他们还说自己不求任何回报,这样做完全是出于对上帝的爱。孩子们上了船后才发现这些水手实际上都是海盗,他们直接把船开到了十字军的敌人——穆斯林的地盘。海盗们到了那里以后,就把这些孩子都卖给穆斯林做奴隶了。如果这是在《格林童话》中,也许孩子们能设圈套把海盗们抓起来,然而现实是很残酷的,所以我也没法让这个故事有个美满的结局,因为事实原本就是这样。

最后一次,也就是第八次十字军东征是由法国国王路易率领的。路易是个非常虔诚的基督徒,他把自己的全部都奉献给了基督教事业,因此他死后被追认为圣徒,人们都称他为"圣路易"。但是,这次

◆路易九世在圣地,细密画,13世纪

十字军东征还是失败了。从此以后，耶路撒冷一直由穆斯林统治，直到1918年英国才把它夺了回来。从1918年到1948年以色列建国之前，耶路撒冷一直是在英国手里。而此后至今，以色列犹太人和巴勒斯坦人——穆斯林和基督徒都想控制这座圣城，他们为此开始了长年的争战。令人感到遗憾的是，这座对犹太人、基督徒和穆斯林来说都是非常神圣的城市，却始终处于战争的中心。

那些东征的十字军并不全都是善良的基督徒，正如现在一样，有很多人只不过名义上是基督徒而已。说来也奇怪，实际上有很多十字军战士都是些无赖，他们参加十字军就是为了冒险、找乐子，说穿了就是扛着十字军东征的名号来烧杀抢掠罢了。

最终，十字军东征并没有实现让耶路撒冷回归到基督教世界中来的既定目标。尽管如此，十字军东征也有很多益处。当十字军东征第一次出发的时候，这些人的文明程度还远不如他们要去征服的人们。但是，有时候旅行能比书本让人们学到更多，多年的长途跋涉让十字军增长了许多知识。在这个过程中，他们知道了一路上各地的风俗习惯，学会了语言和文学，也学到了历史和艺术。

那时候还没有公立学校，受过教育的人少得可怜。这些归来的十字军战士起到了学校的作用，他们把所学到的一切教给当地的欧洲人，给他们带来了文化和知识，让他们了解到一个全新的世界。

第十章 西非的三个王国

在中世纪，在英国、法国成为欧洲重要国家的同一时期，西非的三个国家也变得富强起来。它们都位于撒哈拉沙漠的南部、尼日尔河沿岸，分别是加纳、马里和桑海。在你的地图上，每个王国都用不同的线条标注出来了。

非洲的这个区域之所以特别富有，是因为这里有金矿的缘故。千百年来，西非的人们把他们的金子卖给周边国家，也卖给撒哈拉沙漠北边的柏柏尔人，有些金子还被卖到了罗马帝国呢！

在掘金的矿工和买金子的商人之间有很多有趣的故事，每当矿工

◆ 中世纪时非洲西部的王国

们有金子要卖，他们就会带着金块到离金矿很远的地方去，以防这些陌生人发现金子到底是从哪里挖出来的。他们通常会在事先约定好的某个地方等着，商人会到这里来，放下他们用来交易的物品。当商人走出视线之后，矿工们会留下一些金子，然后他们就找个地方藏起来，因为他们不想与这些商人见面，担心自己会被迫说出金矿的位置。接着，商人回到原地看看矿工们留下了多少金子。如果他们认为交易很公平，就直接带着金子回家了。如果他们觉得给的金子少，就会再次离开，等那些躲在一旁的矿工们再拿出一些金子。到交易双方都满意后，他们才会回家。这有点像交换棒球卡，交易要成功，就必须双方都满意。

有个物品是西非人必须与别人交易的，那就是盐。你能猜到这是为什么吗？因为西非这个地方天气特别热，那时候又没有冰箱，要想保存食物就只能用盐。你吃过牛肉干吧？牛肉干就是先把牛肉晒干后再用盐保存起来的。如果是现在，你能想到很多其他方法来防止食物变质，但是在那个时代就只能用盐，所以盐是很稀罕、值钱的东西。直到今天，我们还在用盐当作食物防腐剂呢，如果有人工作做得好，我们会说他是worth his salt（称职的）。

碰巧的是，撒哈拉沙漠的北部就有大量的盐。所以，尼日尔河沿岸的居民就和北非的柏柏尔人做买卖——用金子换盐。因为盐的价值高，所以西非人和北非的柏柏尔人是以等量的金子换等量的盐——一斤金子换一斤盐。看看！盐就是这么值钱。你想想现在还能做这样的交易吗？

由于金矿的原因，西非的很多国家都非常富有。一开始，加纳王国通过征服周边一些国家变成了大国。之所以能够如此，就是因为加纳有训练有素的陆军、作战娴熟的骑兵和大量的金子作为支撑。每当加纳国王出席公众场合时，周围的一切都显示出他拥有至高无上的权力和巨大的财富：那些高举盾牌的随从、长剑上亮闪闪的黄金剑柄、用金子做的马匹装备，而国王本人的马就拴在27公斤多重的大金块上！尽管曾经这样富有，加纳最终还是衰落了下去，这对于所有的帝国来说都是迟早的事情。

接下来，西非最富有的强国就是马里。马里的国王松迪亚塔征服了撒哈拉一带所有重要的商业城市，还占领了富产黄金的地域。他这个国王不但富有，而且非常聪明。每次他的军队占领了新的土地后，他就留下一些战士在那些土地上耕种，让那里成为农田，直到下一次战争爆发。这样下来，马里很快就成了西非农业最发达的地区，所以这个国家既盛产黄金又有充足的粮食储备，还有强大的军队作为保障。

马里最著名的国王是曼沙·穆萨，他的统治时期是在14世纪。他使自己的帝国向西延伸到大西洋，帝国内有将近800万人口。穆斯林商人，包括阿拉伯人和北非人，都来到马里做生意。后来，曼沙·穆萨成了信仰伊斯兰教的穆斯林。像其他虔诚的穆斯林一样，曼沙·穆萨也去麦加朝圣，而这次朝圣之旅使他出了大名。他走的路线经过埃及的开罗，随行带着500名奴隶，每个奴隶带着一个5斤多重的黄金权杖，此外还有100只大象，每只大象的背上都有45公斤多重的黄金。还有几百只骆驼驮着食物、武器和别的一些朝圣者需要的东西。在埃及和阿拉伯，曼沙·穆萨送出了一些黄金。穆斯林被认为是很慷慨的，曼沙·穆萨的确如此。他还用金子买了一些礼物送给一路上遇到的人们。在旅途中，有人问到他的王国有多大，他回答道："一年。"你知道这句话是什么意思吗？试着猜猜看？他是说从他的王国的一头走到另一头要花上一年的时间呢。

曼沙·穆萨返回家乡时，还带回了一些艺术家和建筑师，让他们在廷巴克图和马里的其他一些城市建造清真寺。他还带回了一些学者和很多书籍，为建造图书馆做准备。大多数书籍都是用阿拉伯语写的，穆斯林多半都是用阿拉伯语。廷巴克图成了学术中心，这里还开了一个大型的图书市场。天文学家、数学家、哲学家和诗人都云集到这个有大型图书馆和许多清真寺的城市,医生和律师也在这里工作和教学。国王对他们可以说是大力支持。大批外国游客前来廷巴克图参观,一些游客还写下了他们的旅行见闻,我们现在还能读到这些游记。一个来自北非的穆斯林游客发现了这样一件令人震惊的事情:这里允许女人接受教育,而且她们和男人一样受人尊敬!

在曼沙·穆萨死后,马里帝国开始分裂。不久,第三个重要的帝国——桑海在尼日尔河流域兴盛起来。在桑海,国王的财富也是在金矿的基础上建立起来,他同样也掌握着强大的军队。桑海的国王索尼·阿里·贝尔不断扩充桑海的疆土,直到他的帝国比马里曾经的版图还要大。贝尔国王死于1492年,也就是哥伦布向美洲航行的那一年。在这之后,桑海屡次遭到外来入侵者的攻击,国势逐渐衰落下去。这些入侵者起初是北非的摩洛哥人,后来,一直沿着非洲海岸航行经商的葡萄牙人也加入进来。桑海国王再也没有一统江山的权力和财富了。在这些帝国一千多年的风光之后,尼日尔河流域的土地被分裂成很多小国。

第十一章
石头和玻璃做的《圣经》

在中世纪的欧洲，人们几乎每天都去教堂，不是只在有礼拜等仪式的时候才去。这是因为，到教堂可以祷告，可以和神父倾诉自己的苦恼并寻求他的建议，可以在圣母玛利亚像前点燃蜡烛许愿或者只是去那里和朋友聊聊天。

在十字军东征期间以及刚刚结束的时候，许多人想到的最重要的事情就是他们的教堂。

差不多所有欧洲人都是基督徒，不过，在许多城镇中也有些犹太居民。你可能还记得在公元70年时罗马人攻占了耶路撒冷，因此犹太人不得不离开了他们的圣地四处流亡，其中有些人就到了欧洲。

对于基督徒而言，附近只有一座教堂，每个人都去这同一所教堂做礼拜，那时候还没有浸信会教徒、圣公会教徒、卫理公会派教徒，所有人都只是基督徒而已。

既然教堂是属于大家的会堂，人们自然都愿意付出钱财、时间和精力，尽可能地把教堂建得最好。因此，那时候在法国和欧洲的其他地区建了很多世界上最豪华的教堂和大教堂。这些教堂和大教堂至今仍然矗立在那里，因为它们都是异常壮美，所以人们常常不远万里前去参观。

你知道什么是大教堂吗？大教堂不仅面积特别大，更主要的是，它是主教的教堂。在大教堂的圣坛上有一个专为主教而设的特殊座椅，所以大教堂也叫作主教座堂。

这些教堂、大教堂和古希腊、古罗马的神庙完全不一样，实际上，它们和以前的任何建筑都不同。

如果你用积木搭过房子，你可能会这样做：先立着摆两块积木，然后把另一块积木横着搭在这两块积木上面当作屋顶。古希腊和古罗马的房子就是这样建造的。

但是在中世纪，欧洲的基督徒们却不是这样建造房子的。

用积木盖房子的时候，你可能想过把两块积木靠在一起形成屋顶，就像字母A的两个长边一样。如果你试过的话，就知道是什么结果了：两块斜靠在一起的积木倒在了一边，房子"垮塌"了，所有的积木都倒下了！可是，欧洲的这些教堂几乎就是用这种方式建造的，人们把石头做的尖形拱顶盖在直立着的石柱上方。不过，为了防止石拱把直立的石柱碰倒，盖房子的人又搭了很多支架和支柱。这些支架和支柱也是用石头做的，这些石头做成的支撑叫作"飞扶壁"。

◆巴黎圣母院后殿的飞扶壁

意大利人认为用这种办法盖房子简直是疯了。他们觉得这样的建筑肯定不稳固，很容易倒塌——就像纸牌搭的房子一样。公元476年时，哥特人曾征服了意大利，当地人觉得他们又野蛮又无知，所以后来人们就把那些粗野、愚昧的事物都叫作"哥特式的"。我刚刚说到的这类建筑

◆建造大教堂的工地,表现了哥特式建筑施工时的情形,菲利普·非克斯作

也被称为"哥特式的",尽管哥特人和这种建筑没有丝毫关系。

　　的确,通过我的描述,你可能会断定这种用飞扶壁做支撑的建筑一定会摇摇欲坠、丑陋不堪吧?但实际上并非如此。它们不会东倒西歪,虽然偶尔也有一两个建筑会因为盖得不仔细而倒塌,可是那些最大、最好的建筑至今仍然完好无损。尽管还有些守旧的人坚持,只要不是古希腊、古罗马风格的建筑就不好看,我们大多数人却开始惊叹这些哥特式建筑的美丽、壮观。

　　哥特式教堂还有些地方与希腊和罗马的神庙不同。在建造哥特式教堂之前,先要在地上画一个巨大的十字架,十字架的头要朝着东方,因为东方是耶路撒冷的方向。教堂就是按照这种十字形的设计来建造的,这样在建成后你从教堂高处俯瞰,它的形状就像是一个祭坛总是朝向东方的十字架。

哥特式教堂有美丽的尖顶或"箭头",这些尖顶的寓意为指向天空的手指。顶上的门和窗户既不是方的也不是圆的,而是尖的,就像人们祷告时并拢合十的手。

哥特式教堂几乎每一面都有大块的玻璃。可是,这些大窗户并不是普通的白玻璃,而是用彩色的玻璃做成的美丽图画。不同颜色的小块玻璃拼接在一起,看上去像是一幅幅精美的油画。这些图案可比普通的油画漂亮多了,当阳光照到彩色玻璃上面时,它们鲜艳的颜色就像宝石那样耀眼夺目——蓝色好像晴空,黄色如同阳光,红色犹如红宝石。这些玻璃上的图案讲述了《圣经》中的故事,它们就像是书里的彩色插图一样——那些不识字的或是识字不多的人,一看到这些美丽的插图就知道《圣经》故事了。

◆教堂窗户彩绘玻璃

教堂上的石壁上还雕刻着圣徒、天使和《圣经》中人物的肖像。这些石像与美丽的玻璃插图相呼应,使得整个教堂看起来就像是用石头和玻璃做成的《圣经》。

除了这些神圣的事物,还有些用石头做成的奇异的野兽塑像,这些野兽都是自然界中不存在的怪物。他们通常被摆放在屋檐的外面或者角落里,有时还被用作排水口,也就是"滴水嘴"。据说,它们可以把恶魔从这神圣的地方吓跑。

没有人知道这些哥特式的教堂的建筑师和建造者是谁,也没有人知道那几个制作石像和玻璃插图的雕刻家和艺术家是谁。差不多每个人都为教堂出了力。人们不是捐钱,而是直接付出了时间和劳动。

男人们雕刻石头或制作彩色玻璃，女人们则负责法衣和祭坛布的缝制和刺绣。

有些哥特式教堂花了几百年的时间才建成，所以那些一开始建造教堂的工人们没等到教堂完成就死了。其中最著名的大教堂有英国的坎特伯雷大教堂、巴黎圣母院大教堂、德国的科隆大教堂和法国的沙特尔大教堂。

◆ 巴黎圣母院的怪兽状滴水嘴

这其中科隆大教堂用时最久，从它开始动工，一直过了将近七百年还没有彻底完成！

自中世纪开始战乱频繁，有些大教堂就毁于战火之中。

哥特式教堂是用石头和珠宝般的玻璃精心建造而成，工艺极其细致，力臻完美。今天很多教堂同样采用了尖塔、尖门和一些彩色玻璃窗等哥特式元素，通

◆ 法国沙特尔大教堂

◆法国巴黎圣母院

常祭坛的方向也朝东。尽管它们在这些方面都模仿了哥特式风格，但却很少见哥特式教堂的石制天花板、飞扶壁和彩色的玻璃墙。真正的哥特式建筑耗资巨大，建造起来也十分困难，现在的人们没有那么多时间、金钱和兴趣来修建这样的建筑了。

这就是哥特式教堂的故事。记住，它和哥特人一点儿关系都没有哦。

第十二章 没人喜欢的约翰

众人爱戴的"狮心王理查德"有一个兄弟叫约翰,和理查德正好相反,没有人喜欢约翰。

这个约翰后来当上了国王,结果他成了一个非常邪恶的国王。

他是历史上又一个讨人厌的恶棍,我们都不喜欢他,但愿意听人讲他的故事,当听到他得到应有的下场时,会高兴地鼓掌欢呼。

约翰担心他年轻的侄子亚瑟会取代他成为国王,于是他就杀害了亚瑟。有人说他是雇人杀的,也有人说是他亲手杀死亚瑟的。用这样邪恶的手段获得政权已经是个很差劲的开始,可随着时间的流逝,事情变得越来越糟了。

后来,约翰与罗马教皇发生了一场争执。当时,教皇是全世界基督教徒的领袖,各地的教堂都要听从他的指挥,由他来规定应该做什么和不应该做什么。教皇让约翰任命某个人做英国的主教,而约翰的回答是不行,因为他想让他的一个朋友来做主教。于是,教皇说如果约翰不按照自己说的办,那么他就会关闭英国所有的教堂。约翰说他不在乎,如果教皇愿意,那么所有的教堂都任由他去关。因此,教皇命令关闭英国所有的教堂,直到约翰做出让步为止。这件事如果换到现在可能没有多大影响，但是我和你说过的，在当时，教堂是每个人生活中的头等大事，事实上，再没有什么比教堂更重要的了。教堂被关闭，就意味着没有任何地方可以举行宗教仪式，也就是说，孩子们不能受洗——人们认为如果孩子们不能受洗，就意味着他们死后不能上天堂，情侣们也不能结婚，死者不能举行基督徒的葬礼。

英国人受到了震骇，如同受到了上天的诅咒一样，他们担心会有灾难降临。毫无疑问，所有人都责怪约翰，因为他是导致教堂被关闭的罪魁祸首。人们对约翰的所作所为极其愤怒、怨声载道，这让他很害怕——他担心人们会联合起来对付他。后来，教皇威胁说要任命另一个人来代替约翰做英国国王——是的，教皇确实有这么大的权力。这下约翰吓坏了，战战兢兢地认了错，接受教皇的一切命令和安排。按理说，这件事应该让他吸取教训了，但是约翰是个猪脑袋，他总是做这样的错事，还一错再错。

约翰总觉得地球是围着国王转的，其他人来到世界上只是为了让国王有佣人使唤、为国王赚钱、听国王的吩咐做事而已。在过去，很多国王都是这样想的，只是他们做得不像约翰那么过分罢了。约翰总从富人那里要钱，要多少就得给多少。如果人家不同意给他那么多，他就把他们关进监狱，让人对他们用刑，直到皮开肉绽、骨裂血流，甚至还会把他们处死。

约翰的恶行不断变本加厉，最后贵族们再也不能忍受他的行为了。于是，他们把约翰关了起来，并把他挟持到泰晤士河畔一个叫伦尼米德的小岛上。在这里，他们迫使约翰同意签订他们用拉丁语写成的一些文件。这是在1215年。1215年对约翰来说是个倒大霉的日子，而对英国人民来说却是黄道吉日。贵族们逼迫约翰同意签订的那份协议被称作《大宪章》。

不过，约翰签订《大宪章》并非心甘情愿。他大发雷霆，就像一个被宠坏的孩子被强迫做不愿做的事情而发疯般地乱踢乱叫一样。但是，他还是不得不签了字。

可是，约翰连自己的名字都不会写，所以他不能像现在的人那样签字。不过，他戴着一个印章戒指，这种戒指就是给那些不会签名的人用的。要签名的时候，只要把一些烧化的蜡油滴到协议上需要签名的位置，然后把印章往蜡油上一按就行了。

在《大宪章》里，约翰同意赋予贵族们一些权利，而我们现在来看，这些权利是每个人都应该无条件拥有的。比如，人们当然有权保管自己的财物，也有权让这些财产不被他人非法夺走；除非人们确实做了错事并受到了公平的审讯，否则不应被关进监狱，也不应被国王或者任何人处罚。这就是《大宪章》里规定的两项权利，此外还有很多类似的条约。

但是，约翰并没有遵守《大宪章》，良机一旦出现，他就破坏了协议，就像那些被迫答应违背自己意愿之事的人们经常做的那样。不过约翰很快就死掉了，所以《大宪章》对他而言影响很小。可是，在他之后继任的英国国王都要遵守这个章程。因此在1215年后，英国的国王应该说是成了人民的公仆，不像在过去，人民都是国王的仆人。

第十三章 很会讲故事的人

在距离英国很远的地方，
在遥远的太阳升起的地方，
经过意大利、耶路撒冷，穿过底格里斯河与幼发拉底河，越过波斯，在那片遥远的土地上，有一个国家叫作"中国"。

如果地球像玻璃一样透明，那么你向脚下看，就可以看到中国在地球的另一边。

自古以来，中国就有人居住了。但是经过了千百年，欧洲人对于这片土地和这里的居民仍然所知寥寥。

大约在13世纪，也就是公元1200多年的时候，来自北方的蒙古人统治了中国。很快，他们就有征服地球上所有国家的势头。蒙古族的领袖是一位非常勇猛的战士——成吉思汗。成吉思汗有一支鞑靼人

◆战斗中的蒙古军队

◆蒙古帝国的创建者——成吉思汗

的骑兵部队,这些人都是精锐绝伦的勇士。

成吉思汗总是找一些借口与别的国家开战,如果找不到好的理由,他就制造一个由头,因为他一心要建立一个历史上最庞大的帝国。

成吉思汗和他的骑兵们席卷了从中国到欧洲的土地,他们烧毁了成千上万的村镇和城市以及沿途的一切。没有人能够阻止他们。

成吉思汗征服了从太平洋到欧洲东部的全部土地,最后他停了下来。对于这个大帝国,他似乎已经满足了。他也应该感到满意了,因为这个大帝国已经比罗马帝国和亚力山大帝国要大得多了。

直到成吉思汗死后,事情也没有好转的迹象,因为他的儿子也是和成吉思汗一样勇猛的勇士,他继续攻占了更多的领土。

但是成吉思汗的孙子远没有他的祖父那么好战,他叫忽必烈,他和他的父亲以及祖父有很大不同。忽必烈把都城建在中国一个叫北平的城市(也就是现在的北京),从他父亲手中接管了这个庞大的帝国。忽必烈建造了金碧辉煌的宫殿,周围都是美丽的园林;他为自己建造的这座都城是如此的华美壮观,即使智慧的所罗门王也没有住过像忽必烈的国都这样金碧辉煌的地方。

◆ 马可·波罗

而在远离北京和忽必烈宫殿的意大利北部，有一座完全建造在水上的城市。那里的街道都是水，人们出行的工具都是船而不是马车。这座城市叫威尼斯。大约在1260年，威尼斯城里住着一对兄弟，他们分别是尼古拉·波罗和玛菲奥·波罗。波罗兄弟俩有个想法，想去见识一下世界各地的事物。于是，这两个威尼斯商人就像故事书里出去寻找宝藏的男孩们一样，朝着太阳升起的地方开始了他们的历险之旅。经过了几年一直向东的旅行，他们终于见到了皇家园林和忽必烈巍峨壮观的宫殿。

当忽必烈听到有两个从不知名的国家远道而来的、怪里怪气的白种人就在自己的宫殿外时，他很想见见他们。于是波罗兄弟就被带到了他面前。他们给忽必烈讲了自己的祖国，这两个人都很会讲故事，他们的描述非常生动、有趣。他们还给忽必烈讲了基督教和其他一些他从未听说过的事情。几年后，波罗兄弟回到了家乡威尼斯。

忽必烈对波罗兄弟二人和他们所讲的那些故事十分感兴趣，很想再见到他们，听他们多讲些故事。1271年，波罗兄弟带着哥哥尼古拉10岁的儿子马可又来到了中国。这次忽必烈劝他们留下来陪他，多给他讲一些故事听；作为回报，他赏赐给他们很多珍贵的礼物，而且还请他们俩担任顾问和助手，帮助自己治理国家。波罗兄弟在这里待了一年又一年，学会了当地的语言，在中国成了举足轻重的大人物。

后来在中国待了大约20年后，波罗兄弟觉得该回到家乡去看看自己的亲人了。于是，他们请辞回国。忽必烈不想让他们走，但最终还是同意了。就这样，他们踏上了返乡的路。

等到他们终于到达威尼斯的时候,他们已经离家太久,又经过了漫长的旅途,已经没有人认识他们。他们几乎忘记了自己的母语,说起话来就像外国人一样。他们的衣衫由于长途跋涉而变得破烂不堪,看起来就像是流浪汉,连他们的老朋友都认不出他们了。没有人相信这两个衣衫褴褛、脏兮兮的陌生人就是20年前失踪的那两位风度翩翩的威尼斯绅士。

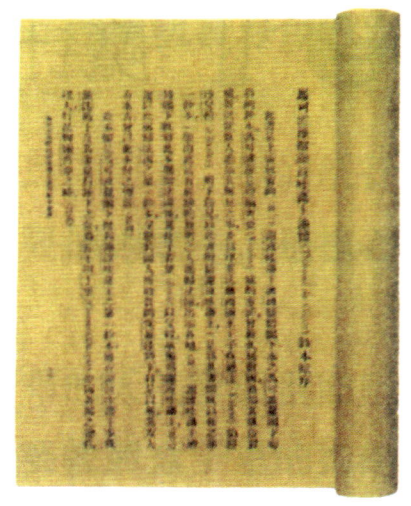

◆《马可·波罗游记》汉译本书影

波罗兄弟给镇上的人们讲了他们的万险经历,以及他们到过的那些无比富饶的土地和繁华的城市。大家听了只是觉得好笑,认为他们只是在编故事罢了。

波罗兄弟扯开他们的破外套,从里面掉出一堆华美、珍贵的钻石、红宝石、蓝宝石和珍珠来,这些珠宝足够买下一个王国了。人们都惊讶得目瞪口呆,这才开始相信他们说的都是真事。

马可·波罗把他的故事讲给了一个人听,这个人把这些事情记录了下来,写成一本书,叫《马可·波罗游记》。这本书非常有趣,即便是今天你也会喜欢读的,不过我们不能把书中的故事全都当真。我们知道很多事情都被他夸大了,因为这样才能吸引读者,让他们惊叹不已。

马可·波罗描述了忽必烈的宫殿是多么的金碧辉煌,他提到里面有个极大的餐厅,能同时容纳几千人在桌前用餐;他还说有一只特别大的鸟,它能带着一头大象飞上天空;他告诉人们诺亚方舟仍然在亚拉腊山上,只是山高崖陡、终年积雪,因此没人能登上去看个究竟。

第十四章 魔针和魔法药粉——指南针和火药

在马可·波罗回到祖国意大利的同一时期，欧洲人开始听说和谈论起一种魔针和魔法药粉，这两件东西能做一些不可思议的事情。有些人说是马可·波罗把这些东西从中国带回来的，但是现在我们知道，是阿拉伯水手把很多令人惊奇的东西从中国带到了地中海，才使得欧洲人知道了它们。

这其中一件奇妙的玩意儿就是小魔针。这种小魔针一旦放到一根稻草上或托住它的中间部分，无论怎样用力拽，它都会永远指向北方，这样的针装在一个盒子里就叫作"指南针"（也称为罗盘）。

你可能想不到这样一个小东西会有多么大的魔力，但是不管你信不信，这个小东西真的使发现新世界成为可能。

可能你玩过这样的游戏，蒙住一个小朋友的眼睛，让他在屋子中央转几圈，然后要他朝着门、窗或者房间的某个方向走。你知道让一个人转几圈后，再分辨方向是不可能的，当一个人以为自己是直接走向目标时，其实却是朝着完全相反的方向走去，那时的他显得多么滑稽啊！

其实水手在海上就有点像被蒙住眼睛的孩子一样。当然天气好的时候，它能通过太阳和星星的方位来判断出自己要行进的方向。但是当天空中乌云密布，看不到太阳和星星的时候，他就不知道该朝哪个方向走了。这时候他就像是被蒙住了双眼的孩子，很容易迷路，经常朝着与目的地相反的方向航行，却不知道自己已经犯了错误。

大多数水手在使用指南针之前，都不会去离岸边太远的地方。他们航行的区域总是在视线能看到岸边的范围内，这样做的主要原因之一就是担心自己可能会找不到回去的路。

但是有了指南针，水手即使在雷雨交加、乌云密布的天气里也能坚持航行，而且始终保持是朝着目的地的方向。他们只要按照盒子里的指南针所指示的方向走就行了，无论船怎么打转、怎么七扭八歪，盒里的小针总是指向北方。当然水手们并不总是要去北方，但是如果知道了哪个方向是北方，他们就很容易辨别出其他方向：南方就是完全相反的方向，东方就是右手方，而西方就是左手方，他们所要做的就是掌好舵，让船沿着目的地的方向航行。

不过在指南针出现后的很长一段时间里，水手们都不用它，因为他们认为小针是被施了某种魔法，担心用这种魔针会带来什么后果。水手们一般都很迷信，他们担心如果带着指南针上船，指南针可能会使他们的船惹上魔咒，给他们带来厄运。

另一个所谓的魔法药粉其实就是火药。

1300年之前，欧洲一直没有机枪、大炮和手枪这类东西。战争中使用的都是弓箭刀剑、长矛和其他类似的武器。用剑最多只能在大约一米的范围内伤人，但是使用枪炮，在千里之外就能杀死敌人、击毁城墙。在火药发明之后，古代骑士们穿着的盔甲显然就毫无用处了，因为这些盔甲根本就挡不住炮弹和子弹，火药彻底改变了战争，使战争变得更加可怕、残酷。

虽然马可·波罗应该讲述过他在东方见过的火药和大炮，但是大多数人认为，是阿拉伯人把这种知识传到欧洲的。无论火药的传播者究竟是谁，我们都可以确定，是亚洲人最早发现了怎样把某些成分放在一起导致爆炸。

不过，在火药被发明后很久，它才被制作成强大的武器。这些威力十足的武器能造成巨大的毁灭，事实上在欧洲过了一百多年，枪炮才彻底代替弓箭成为作战的武器。

第十五章 历史上最长的战争

在1338年，英国的国王是爱德华三世，他还拥有法国的一部分土地，法国国王很想把这些土地从他手中夺过来，而爱德华三世却想把整个法国据为己有。他声称自己是法国前国王的亲戚，比现任国王更有资格领导这个国家。于是他对法国发动了战争，这场战争持续了一百多年，史称"百年战争"，它是——

历史上时间最长的战争！

英国军队乘船从英国出发，在法国登陆。第一次大战役在1346年打响，战场在一个叫作克雷西的小地方。英国军队都是步兵，主要由普通老百姓组成，而法国军队多数是身着铠甲、骑着骏马的骑士。

马背上的法国骑士认为这些普通的英国步兵根本无法与自己相比，他们既不是正规军队，也没有像样的装备。不过英国士兵使用了一种叫长弓的武器，这种长弓射出的箭很有力量，在这次作战过程中发挥了巨大作用。因此，他们彻底击败了法国的骑兵，尽管这些骑兵都是贵族，又受过正规的训练，还骑着高头大马，而且被盔甲保护得严严实实。

英国人在这次战争中首次使用了大炮，不过，这些大炮没有起到多大的作用，杀伤力也一般；这些大炮的冲力很小，只能把炮弹像扔了个篮球或足球过去一样扔到敌人那边去，炮弹让法军的马匹很害怕，但爆炸后的威力却并不大。然而这仅仅是个序幕，它宣告了不久以后骑士、盔甲和封建制度的结束。

在克雷西战役之后，欧洲暴发了一场可怕的传染病，这个传染病的学名叫作"淋巴结鼠疫"，人们通常称它为"黑死病"。这个传染病就像伯利克里时代雅典的瘟疫一样，是个可怕的灾难。所不同的是，这场瘟疫不仅发生在一个城市或一个国家。据说，它是从中国开始，然后向西一路蔓延到了欧洲，所经之处无一幸免。随着黑死病的广泛传播，死于这场传染病的人数比以往在任何战争中死去的人都多。淋巴结鼠疫之所有叫黑死病，是因为感染了这种疾病的人全身都会出现许多黑色的小点，人一旦出现黑点就会在几小时或一两天内死去，任何药都没有效果，所以一旦染病就没有生还的希望了。很多人一发现自己染病就立刻自杀了。有些人甚至因为受不了这种惊吓而死去，这是真真正正地"被吓死了"。

◆14世纪瘟疫入侵欧洲时的恐怖情形，细密画

黑死病持续了两年，千百万的人感染了这种病，有三分之一的欧洲人因此而死去。经常是整个城镇的人都感染了病，很多地方连埋死尸的地方都没有剩下，大街上、门口旁、市场里到处都是倒下的死尸。

因为没人收割，田地里的庄稼就自己腐烂了。马匹和牛群在村庄里到处乱跑，也没有人照看了。就连海上的水手也感染了黑死病，经常有船只在海上随处漂来漂去，而船上已经没有一个活人，当然也就没有人来驾驶船了。

假如全世界的男人、女人和孩子都死于这场瘟疫，那该是怎样的景象啊！那样的话，之后世界的历史又会如何呢？

此时，英法百年战争仍然在一年接一年地打，好像觉得因黑死病死去的人还不够多似的。曾参加过克雷西战役的士兵们已经死去多年了，他们的孩子长大成人后又开始作战，然后死去；他们的孙子长大了，继续打仗，然后再死去；他们的曾孙还是在重复这样的情况。英国军队一直不停歇地在和法国打仗，那时候，法国王子非常年轻，但也很懦弱，法国人几乎彻底绝望了，因为没有强悍的领袖能领导人民作战，来驱逐这些常年侵犯他们的英国人。

这时，在法国的一个小村庄里生活着一个穷苦的农家女孩，她是一个牧羊女，名叫让娜·达克（圣女贞德的原名）。她在照看羊群的时候做了一个神奇的梦，在梦里她听见有个声音召唤她，还说只有她才能率领法国军队作战，把法国从英国的手中解救出来，于是她就去找王子身边的贵族，把这个梦告诉了他们，但是他们根本不相信她和她的梦，也不认为她有这样的本事可以拯救法国。

不过，他们对这个女孩儿的话也有点半信半疑。为了试验一下，他们把另一个人伪装成王子的样子，让他坐在王位上，而真正的王子和贵族们一起站在一边，然后他们才叫贞德进屋。当贞德进入皇家大厅后，她只看了王位上王子打扮的那个人一眼；接着，她就毫不迟疑地从

◆《查尔斯七世加冕礼上的圣女贞德》，布面油画，让-奥古斯特-多米尼克·安格尔（Jean-Auguste-Dominique ingres）作

他身边走过，径直走到真正的王子面前。她向王子下跪对王子说"我是来带领您的军队走向胜利的"，王子立刻把自己的令旗和一副铠甲给了她，她就骑马冲到军队的前头，并使王子顺利加冕为国王。

法国士兵们重新振作起来，认为这是上帝派了一位天使来领导他们。因此他们浴血奋战、英勇万分，接连打了很多次胜仗。

可是对于英国士兵来说，贞德这个对头不像是上帝而像是恶魔派来的，所以她不是天使，而是女巫。他们都很害怕她，后来英国人俘虏了她。贞德虽然帮助过法国国王，还为他立下了汗马功劳，可他根本就没有打算去救她。现在形势已经好转了，他可不想让一个女人跑前跑后地管这些事情，士兵们也不想被一个女人指挥得团团转，他们都很高兴能够摆脱她。

英国人指控她是女巫，并以此宣判了她的罪行，然后把她活活烧死在火刑柱上。

贞德虽然死了，但她似乎给法国人带来了好运，让他们的士兵获得了新生。从那时起，法国军队力量大增，在经过了一百多年的斗争后，终于把英国人从自己的国土上赶走了。在这场斗争中，有成千上万的人受了伤、断胳膊断腿、成了瞎子甚至死亡，而英国打了这么多年也没有捞到什么好处，跟战争开始之前一样，所有的战争都是白忙了一场。

第十六章
印刷术和火药——新旧世界的交替

直到这个时候，欧洲各地还没有一本印刷的书，没有一份报纸，也没有一本杂志，所有的书都是手写的，手抄书自然特别慢，价格也很昂贵，因此就连这些手写的书也非常少，只有国王和少数富人才有那么几本。比如像《圣经》这样的书，它的价格和一栋房子的价格差不多，所以穷人是买不起的；假如教堂有一本《圣经》，那可是很珍贵的，必须用链子把它锁起来，以防被人偷走。想想看，还有人去偷一本《圣经》！

你还记得吧，我前面讲过，中国人发明了印刷术。后来，人们都开始用这种新的办法印刷书本。印刷的过程是这样的：首先印刷工人根据书的内容，把所需的活字模按顺序摆放好，这些字模是用

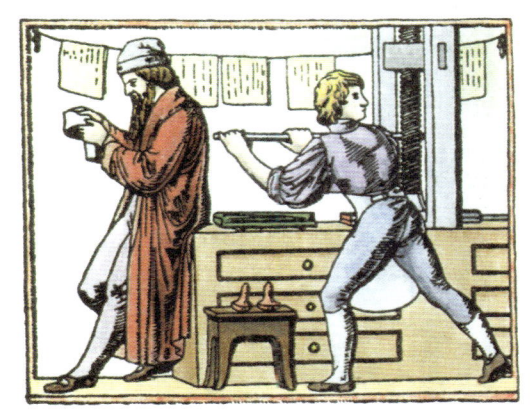
◆古腾堡正在排印，将打印稿和手写稿作比较

木头做的；然后，他们给这些活字模刷上墨汁；接着，他们把纸压在蘸好墨汁的字模上，这就制成了一页副本。只要字模设置好，哪怕印个几千份也是又快又轻松。之后，工人又可以把这些排列好的字拆开，用它们重新组合做下一页，这就是印刷，而这种印刷方式就是活字印刷。这一切看上去非常简单，可怪就怪在，几千年前的人们却怎么也想不到这种活字印刷的办法。

一般认为是德国人古腾堡制成了欧洲第一本印刷书。你猜他印的是什么书呢？当然是欧洲人认为世界上最重要的一本书——《圣经》。做这本厚厚的《圣经》花了古腾堡五年的时间，到1456年才终于完成。

英国第一本印有出版日期的书，是一个名叫卡克斯顿的英国人印刷的。这本书的名字是《哲学家的名言录》，印于1477年。

在此之前，很少有人知道如何阅读，甚至连国王和王子都不会。没有书可以教他们如何阅读，即使他们懂得阅读，也几乎没有可供阅读的书，那么会读书又有什么作用呢？

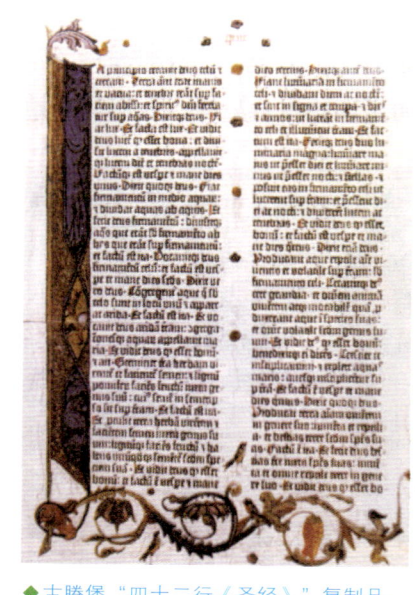
◆古腾堡"四十二行《圣经》"复制品

你可以想象在没有书、报纸和任何印刷品的情况下，整个中世纪的人想要了解世界上发生的事情或者学习他们想要了解的知识该有多么困难。

印刷术被发明后，所有的一切都改变了。故事书、教科书和别的一些书可以大规模地生产，而且更加便宜。以前的人们一本书也没有，现在都能买得起书了。人们现在还能读到世界上所有著名的故事，可以学习地理、历史和任何想要了解的知识。活字印刷的发明很快就改变了一切。

在印刷术发明后不久，英法百年战争也终

于结束了。

同一时间,有千年历史的其他一些事物也寿终正寝了。

我给你讲过,在7世纪时,穆斯林想要攻占君士坦丁堡,但是基督徒从城堡上往下泼沥青和焦油挡住了他们的进攻。

1453年,穆斯林又一次进攻君士坦丁堡,

◆围困君士坦丁堡

不过这一次的穆斯林是土耳其人,他们不想用弓箭摧毁城堡,而是使用了火枪和大炮。君士坦丁堡的城墙挡不住这新发明的火药,最终沦陷了。君士坦丁堡落到土耳其人手里,1000年前由东罗马皇帝修建的、宏伟的圣索菲亚大教堂变成了一座穆斯林朝拜的清真寺。这就是东罗马帝国的终结——而西罗马帝国早在公元476年就灭亡了。

自从君士坦丁堡陷落之后,之后的战争都开始使用火药,城堡也就再没什么用处了;身着盔甲的骑士也没什么用处了,弓箭也退出了历史舞台——那些武器和装备都无法抵挡这种新型的作战方式。世界响起了新的声音,那就是炮弹爆炸的声音——轰隆!轰隆!轰隆!在这之前,战争不是非常喧闹的,除了胜利者的欢呼声和垂死之人的呻吟声外没有什么乱七八糟的声音。因为这种新型的战争改变了世界的面貌,所以有些人以1453年作为中世纪的结束、现代历史的开端。

火药使中世纪走到了尽头,而印刷术和指南针的发明则极大地推动了现代历史的产生和发展。

第十七章
一个发现"新"大陆的水手

你最喜欢哪本书呢?

是《爱丽丝梦游仙境》?

还是《格里佛游记》?

在印刷书刚开始的时候,孩子们最喜欢的一本书是《马可·波罗游记》。

在意大利有个小男孩,他特别喜欢读《马可·波罗游记》中那些遥远亚洲国家的故事,因为故事里提到的地方有无数的金子和珠宝,这真令人向往!这个男孩名叫克里斯托弗·哥伦布。哥伦布出生在热那亚城,它在意大利的北部,也就是"靴子"的顶上。和多数海港城市的男孩子一样,他常听到码头上的水手们讲他们旅行中的奇谈,所以他一生最大的志向就是出海去到所有读到和听到过的、奇妙的地方去看一看。终于机会来了,在14岁的时候,他开始了人生中第一次航行。在这之后,哥伦布又经历了很多次航行,也渐渐成长为一个中年人,但他从没去过《马可·波罗游记》中讲述的那些国家。

那时候很多船长都想找到去印度最近的路线,以前马可·波罗走的那条路太长、太烦人,他们确定走海路会更近一些,既然有了指南针的帮助，他们也敢于驶向远方，去寻找这样一条水路。

那个时代已经印出了很多书，那些关于航行的书有些是古希腊和古罗马人写的，有些是阿拉伯人写的。尽管一些没受过教育的中世纪民众仍坚信地球是平的，可航海家们都知道地球是圆的。哥伦布读过这些书，他告诉自己，如果地球真是圆的，那么一直向西航行就可

◆ 哥伦布像

以到达印度，与乘船到达地中海尽头，然后再走马可·波罗走过的上千公里陆路相比，这条路会更容易，也更加短。

哥伦布越想越认定这个办法可行，也就更急切地想弄条船来检验这个想法。可是他只是个穷水手，既没有钱买，又没有钱雇一艘船来做这个实验，他也找不到人帮忙。

为了实现自己的梦想，哥伦布先去了一个叫葡萄牙的小国。因为葡萄牙就在大洋边上，那么葡萄牙的人民应该是不错的水手，他们也的确如此——和古代的腓尼基人一样有名。哥伦布认为他们可能会对自己的想法感兴趣，会帮助他来完成这件事。此外，葡萄牙国王也确实对发现新的土地很感兴趣。

但是，与其他人一样，葡萄牙国王也觉得哥伦布是个傻瓜，不愿意搭理他。不过这位国王想要证明哥伦布的想法确实没有价值，而且如果真有新大陆的话，他也希望自己是第一个发现它的人。于是，他秘密地派出一些自己国家的船长去探险了。过了一段时间后，他们陆续全

◆斐迪南与伊莎贝拉

都回来了,并说他们去了安全范围内最远的地方,西边什么也没有,除了水,还是水、水、水。

在葡萄牙碰壁的哥伦布又去了一个国家——西班牙。当时西班牙由国王斐迪南和王后伊莎贝拉统治。此时,斐迪南国王和伊莎贝拉王后忙得根本没有时间听哥伦布的想法,他们正在和穆斯林交战。你还记得吧,穆斯林自从公元732年就在西班牙,他们最北曾到达了法国。最后,斐迪南和伊莎贝拉取得了胜利,把穆斯林赶出了西班牙。之后,伊莎贝拉王后开始对哥伦布的想法和计划产生了极大兴趣,最终她答应帮助他。她甚至说,如果有必要,她会卖掉自己的珠宝,凑钱给哥伦布买船。于是,哥伦布在她的帮助下买了三条小船,分别是妮娜号、平塔号和圣玛丽亚号。这三条船实在是太小了,换作今天我们都不敢乘它们出海。

最后,一切准备就绪,哥伦布从西班牙的帕洛斯海港出发,有100名水手一路随行。朝着西方广阔无边的大西洋,哥伦布起航了。这次航行经过了加那利群岛,然后继续不分昼夜地前行,总是朝着同一个方向。

看看你曾经是否有过这个想法——当时几乎所有人都有这样的想法,那就是全世界不过是我们目前所知道的那些。试着想象甲板上的哥伦布,白天他放眼望去是茫茫的海浪,晚上他注视着黑暗的夜空,他希望早晚会看到——不,不是你认为的新大陆,他的目的不是找到新大陆——中国或是印度。

在哥伦布出发一个月后,他的水手们开始着急了。这辽阔的海域漫无边际,前方、后面和四周,无论哪一个方向都只有海,似乎不大可能有陆地存在。他们开始想回去了,担心如果继续航行下去,自己就再也回不了家。他们请求哥伦布回去,还说再往远处走就是疯了,前面除了海水之外什么都没有,即使这样一直没完没了地走下去,结果仍然会是一无所见。

哥伦布与他们争论,但是没有用。最后他答应如果再过几天,还看不到什么地方就回去。然而几天过去了,一切还是照旧。水手们实在坚持不下去了,他们密谋除掉哥伦布,打算在夜里把哥伦布扔到海里去,然后就返程回家,再告诉西班牙人,哥伦布因为意外失足落海了。

最后,当除了哥伦布之外的所有人都已经放弃希望的时候,一个水手看见水上漂浮着一段树枝,树枝上还长着浆果。它是哪里来的呢?接着,他们又看到了空中飞翔的鸟——鸟从来不会飞离岸边太远。然后,在一个黑暗的夜晚,在航行了两个多月后,他们看到了前方很远处闪烁着微弱的光。可能世界上再也没有小小的光亮曾带来这么大的喜悦了。有火光就意味着——有人,有人就有——土地,土地——这才是他们的目的啊!在1492年10月12日的早上,三条小船靠岸了。哥伦布一下子从船上跳了下来,跪在地上,感谢上帝。然后,他升起了西班牙国旗,以西班

◆ 哥伦布在和他的船员争吵

◆ 哥伦布和土著人初次相遇时的情景，荷兰画家西奥鑫·德布赖作

牙的名义占领了这块土地，称它为"圣萨尔瓦多"，在西班牙语中的意思就是神圣的救世主。

当时哥伦布认为这块土地就是印度或者是附近的印度群岛。当然，我们现在都知道并非如此，他要到达印度，中间还隔着北美洲和南美洲两个大陆呢！事实上，他只是踏上了美洲海岸巴哈马群岛中的一个小海岛而已。

很快，哥伦布和他的水手们看到了岛上的居民。哥伦布声称这片土地是西班牙的，你可能会奇怪他怎么可能这样做，这片土地显然已经属于居住在那里的人们啊。他这样做的一个主要原因是，那个时代的欧洲人认为，不是基督徒的人是没有任何权利的。而且，哥伦布相信他能轻易地接管这个国家，让它归自己所有。除此之外，他希望有一天，这片新的土地能给他带来财富。

既然哥伦布认为他已经到达了印度，他就把这个岛上的居民称为印度人。当然，我们都知道他们实际上并不是印度人，而是美洲印第安人。而且我们还知道，这些美洲印第安人在哥伦布想到深入大西洋航行之前就已经在那里生活了几百年了。

哥伦布又到了附近的另一个岛上，但是他没有发现多少期待中的金子和珍贵的石头，也没有遇到马可·波罗描述过的传奇。再说自己也出来很久了，于是就准备按原路线返回西班牙。他还带了几个美洲的印第安人一起上路，带了当地人吸的烟草，这种东西欧洲人别说见，连听都没听说过呢。

当哥伦布终于又安全回到家乡后,人们见他回来,又听说他的发现后都欢呼起来。每个人都像兴奋得发了狂一样——不过这股兴奋劲儿也就是一阵儿。很快,人们就开始议论说哥伦布只不过是一直向西航行,然后发现了陆地而已,他做到的别人一样也能行,没什么大不了的。

有一天,哥伦布和国王的贵族们一起吃晚饭。这些人又开始贬低他发现新大陆的航行。哥伦布就在桌上拿了一只煮熟的鸡蛋,让在座的人看看谁能把鸡蛋立在桌上,鸡蛋从这个人传给那个人,可是谁也没能把它立起来。最后,鸡蛋又回到哥伦布手里,只见他把鸡蛋的一头轻轻地敲了敲,让蛋壳破了一点儿,这样它的下面就平了,鸡蛋当然就立起来了。然后哥伦布说:"你们看,如果知道该怎样做自然会很简单。航海也是这样,我先做过一次,告诉了你们是怎么做的,你们当然会觉得发现陆地也是非常容易做的事。"

之后,哥伦布又三次航行到达美洲,算上第一次,一共四次。但是他始终不知道他到达的地方是美洲。有一次,他到达了南美洲,但是他从未到过北美洲的大陆。

由于哥伦布没有带回西班牙人期待的珠宝或者是什么神奇的东西,人们开始对他的航行渐渐失去了兴趣。

◆西班牙君主授予哥伦布的纹章,上部的宫殿与狮子分别是卡斯蒂利亚和莱昂王室的标记,右下方的船锚代表海军元帅头衔,左下方图案则是哥伦发现的新世界

有些心术不正的人嫉妒他的成就，甚至指控他做错了事，斐迪南国王让另一个人替代了他的位置。哥伦布被镣铐锁着，用船运回了家乡。尽管很快得到了释放，但他还是保留着镣铐，并要求死后把它葬在身边，让它来提醒自己，那些西班牙人是多么的忘恩负义。在这之后，哥伦布又做过一次航行，但当他最后死在西班牙的时候仍是孤身一人，甚至连朋友们都把他遗忘了。曾经的航海英雄竟然落到这样的下场！

　　在我们讲过的所有人中，无论是国王还是王后、王子还是皇帝，都没有人能和哥伦布相比。诸如亚历山大大帝、尤利西斯·恺撒、查理曼大帝，这些人全都杀人无数，但他们只是一味地夺取，而哥伦布却是在"给予"。他给我们带来了一个新大陆。他没有钱、没有朋友也没有好运气，还经受了常年的挫折和打击，却仍然坚持自己的理想。尽管被人取笑，被看成是疯子，甚至被当作罪犯一样对待，可是他从未放弃，也没有气馁，或是屈服！

第十八章
寻宝的人

新大陆没有名字，只是因为它是新发现的陆地，所以人们就"新大陆""新大陆"地这样叫了，这和人们把刚出生的孩子叫作"新生儿"是一样的。

但是它总要有个名字啊，那该叫什么名字呢？当然，如果让我们来取名，我们就会以哥伦布的名字把它命名为"哥伦比亚"了。但是它却被取了另一个名字，事情的经过是这样的：

在哥伦布之后，有一个名叫亚美利哥·韦斯普奇的意大利人乘船航行到了新大陆的南部，他还写了一本游记，记录了自己航行的经历。人们读到了他的书，说到亚美利哥描述的新大陆时，就把它叫作亚美利哥的国家。这样，新大陆就以亚美利哥的名字命名为亚美利加洲（也就是现在

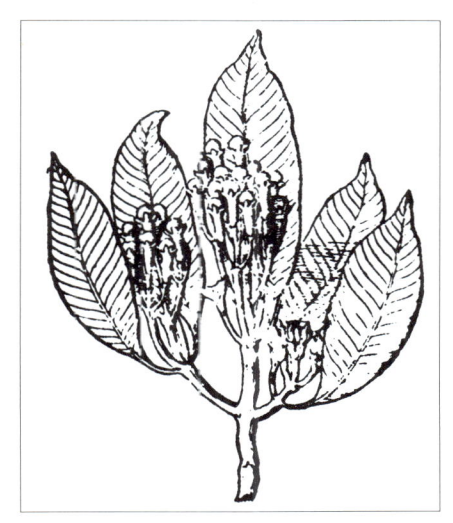

◆丁香花蕾，16世纪版画

◆ 达·伽马像

的美洲）。其实如果公平地讲，新大陆应该以哥伦布的名字命名才对，你说是不是？

但没办法，事实已经这样了。有时候，孩子们在长大以后也总想换个名字，可那已经太晚了，不能再更改。不过，现在很多美洲人在说到自己的国家时都说是哥伦比亚，他们在歌颂自己的祖国时唱的也是哥伦比亚，尽管他们的祖国在地图上并不叫这个名字。为了纪念克里斯托弗·哥伦布，他们把很多城市、小镇、地区和街道都叫作哥伦布或哥伦比亚。

哥伦布的航行让大家知道，即使向远方一直行进也不存在掉出地球的危险，而且在遥远的西方确实有陆地。在这之后，几乎每个曾去寻找印度的人都涌向了哥伦布航行的方向。"一群乱跟风的人！"总是一个天才在开创，然后千万人跟着走——模仿。每个船长现在都急着跑向西边去寻找新的国家，因此在这个时期有很多新的发现，所以历史上把这个时期叫作"发现时代"，也叫"大航海时代"。这些人多数都想去印度，他们是奔着黄金、宝石和香料去的，以为这些宝藏在印度随处可见，他们想要多少就能拿到多少。

我们能明白为什么这些人要不辞辛苦地去寻找金子和宝石，但是他们还想要香料（调味料）——比如丁香和胡椒之类。你可能会奇怪，为什么他们那么想得到香料呢？你自己可能不太喜欢胡椒，也不喜欢丁香的味道。但是在那个时代，他们没有冰箱，肉和别的一些食物很容易腐烂变质。我们觉得变质的食物就不能吃了，但是他们在里面加点香料，把馊味去除后照样吃，不然那些变质的食物就难以下咽。欧洲本身不产香料——它只在气候温暖的国家才有，所以香料卖得很贵，人们要花大笔钱来买这种东西。因此，有人远渡重洋去找香料也就不足为奇了。

一个名叫瓦斯科·达·伽马的葡萄牙水手也是去寻宝的人之一，他也想全程走水路去印度。但是他没有像哥伦布那样向西航行，而是南下绕过非洲。以前也有些人想向南绕过非洲去印度，但都是中途而返。这些半路回来的人讲了很多吓人的故事，这些故事和水手辛巴达的传说（辛巴达是传说中的正义海盗和航海家，有很多关于他的历险故事，但多半都是神话虚构的）一样可怕。他们说有的时候，那里的海面会变得像开水一样滚烫；他们还说有一座磁铁山，会吸住船上的铁栓，把船一下子拉过去，船就会被撞得四分五裂；他们还提到了一个旋涡，船到了那里就会被拖下去——一直沉、一直沉，沉到海底；他们还说有巨大的海蛇和海怪，一口就能把船吞进肚子。这些故事显然都是假的，但是海上航行确实经常遇到危险，在非洲的南端有一个叫作风暴角的地方，可能就是因为经常有大风暴而得名。不过这个名字听起来怎

◆ 这张地图显示出当时的欧洲人对这片大陆有限的理解

◆ 美洲大陆，摘自1570年的一张地图

么也不像是好兆头，所以后来就被改成好望角了。

瓦斯科·达·伽马并没有被这些恐怖的故事吓住，他一路向南航行，最终在经历了无数的艰难困苦和惊险奇遇之后，他绕过了好望角。他继续前行到达了印度，在那里得到了贵重的香料，然后安全返回家乡。这是在1497年，也就是在哥伦布第一次航行的五年后。瓦斯科·达·伽马是第一个走水路到达印度的现代欧洲人。关于这些"发现"，你必须永远牢记一点，那就是——有很多人始终不知道这些地方！美洲印第安人只知道自己生活的美洲，北欧人和维京人也是这样，而印度人同样也只知道印度。所以，你看，确实有很多地方的人都是如此。

看着其他国家的寻宝活动如火如荼，英国也不想在这场漂洋过海的寻宝比赛中落后。在瓦斯科·达·伽马到达印度的同一年，一个名叫约翰·卡伯特的人从英国起航，踏上了探险之旅。第一次航行失败了，但是他没有放弃，又开始了第二次探险，最终到达了加拿大，还沿着海岸一路航行到了现在的美国。他宣称自己所到的这些国家都为英国所有，但在他回去之后，英国对这些土地并没有什么动作，在经过了一百年之后才真正对这些土地有所行动。

还有一个名叫巴尔沃亚的西班牙人，他一直在美洲中部地区探险。后来他来到了连接中美洲和南美洲的一小块陆地上，这块土地我们现在称之为巴拿马地峡。在这里，他意外地发现了另一个大洋。他把这个陌生的新大洋称作"南洋"，因为由于巴拿马地峡偏向的原因，人在看到大海时总是面朝南方。

接下来的这个航行是所有航线中最长的。葡萄牙人麦哲伦想找到一条"穿过"新大陆到印度去的路线。他认为一定有某个入口能让他穿过这个挡路的新大陆到对面去。他想从自己的国家那里寻求帮助，葡萄牙人再一次犯了在哥伦布身上犯过的错误，没有理睬麦哲伦的请求，于是麦哲伦去了西班牙，西班牙给了他五条船。

有了这五条船，麦哲伦开始起航穿越海洋。当他到达南美洲后，他沿着海岸继续向南航行，想要在陆地间寻找一条通道。一个接一个的地方似乎都可能是他寻

◆麦哲伦肖像。有人这样评价他："他的优点在于，面对险恶的环境仍能坚定不移。高超的航海技术和博学多闻无人能比。在他以前没有人作环球航行，没有人像他那样大胆无畏，又具有远见卓识。"

◆《飞鱼》，德·布里作。在航海日志上船员们写道："我们还看见了飞鱼，一大群飞鱼像小鸟一样浮在海面上。"

◆1575年泰韦所作的《通用宇宙志》中描绘的麦哲伦卷入了当地统治者的冲突

找的通道,但是事实证明每一个都只是入海口而已。这时,有一条船失事了,五条船只剩下了四条。

带着剩下的四条船,他继续向南沿着海岸航行,到达了现在叫作合恩角的地方,经过这里危险的海峡入口(这个海峡此后以他的名字命名为"麦哲伦海峡"),他继续航行。在这里,其中一条船中途放弃,从原路回到西班牙去了。这样,就只剩下三条船了。

剩下的三条船坚持前进并到达了大洋的另一端,这个大洋就是巴尔沃亚所说的南洋。而麦哲伦则称它为"太平洋",取"平静"的意思,因为在他们经历了那么多天暴风雨之后,它看上去非常平和、宁静。可是,食物和水越来越匮乏,最后全都用完了。麦哲伦这些人忍饥挨饿、苦不堪言,甚至连船上的老鼠都吃光了。很多水手生病死去。但是,他仍然坚持航行,尽管一起出发时的人已经死去了大半。最后,他到达了现在的菲律宾群岛。在这里他们与当地人打了一仗,麦哲伦被杀死了。结果,剩下的人数不够驾驶这三条船了,于是他们烧掉了一条船,只剩下两条。

这剩下的两条船仍然向前走啊、走啊。后来,又有一条船迷路了,它就这样失踪了,再也没有任何消息。于是只剩下了一条船,仅存的"维多利亚"(原意是胜利女神)号。而照这样的情形下去,似乎一条船、一个人也剩不下了,那也就没人能讲述他们一路上的历险故事了。

"维多利亚"号绕着非洲奋力挣扎，麦哲伦的同伴们因为饥寒交迫和各种艰难困苦已经被折磨得筋疲力尽，而他们还要应付海上的飓风和暴风雨。最终，一条破破烂烂、四处漏水的船和十八个人驶进了他们三年多前出发的港口。"维多利亚"号——这条已经没有麦哲伦的船只，成为第一艘环球航行一周的船。这次航海永久地平息了持续多年的争论，那就是地球究竟是圆的还是平的，因为有一艘船真的环绕地球走了一圈！尽管有了这个证明，但此后的很多年，还是有人不相信地球是圆的。

第十九章
迷人的土地：寻金和探险

关于新大陆的富有和神奇，有着各种各样的、不可思议的传说。

据说在新大陆的某个地方，有一处"不老泉"，如果你在里面洗个澡或者喝上两口泉水，你就能返老还童。

还有人说，在新大陆有一个叫作黄金国的城市，整个城市都是用结实的黄金建造的。

所以，每个喜爱历险的人，只要能筹到足够的钱，都会出发去新大陆寻找那些神奇事物。这些人个个都认为如果能找到宝藏和神奇的事物就能让自己出名，使自己变得富有和智慧，也可能因此而永葆青春。

这其中有个西班牙人叫庞塞·德·莱昂，他要去寻找不老泉。在寻找的过程中，他发现了佛罗里达州。可是他非但没有找到不老泉，反而和当地的原住民发生了冲突，在交战的时候丢掉了性命。

还有个叫荷南多·狄·索多的人，他踏上了寻找黄金国的征途。在旅途中，他发现了新大陆最长的河流——密西西比河。可是狄·索多没有找到黄金国，却得了病，发起了高烧，最后客死他乡，而他的同伴们为了让美洲印第安人害怕他们，就说狄·索多是神，神是不会死的。为了掩盖狄·索多已经死掉的事实,他们趁着晚上天黑,偷偷把他葬在了由他发现的密西西比河里。然后,他们撒谎说他去天堂旅行了,很快就会回来的。

与美国南部接壤的国家现在叫作墨西哥,当时墨西哥的原住民叫作阿兹特克人,是印第安人的一个分支。阿兹特克人的文明程度远比其他印第安人要高得多,他们住的是房子而不是帐篷,建造了精美的庙宇和宫殿,还修了与罗马人类似的道路和地下水道,也有丰富的金银等矿产资源。但是,阿兹特克人的信仰还处在偶像崇拜的水平,而且用活人祭祀,在这方面他们还是非常落后的。他们的国王是个有名的首领,名字叫蒙特祖玛。

西班牙人科尔特斯被国王派去征服这些阿兹特克人。他在墨西哥的海岸登陆,并把船只都烧掉,这样就给水手和战士们断了后路,他们只能拼死一战。穿越大洋的时候,西班牙人还随船带了一些马匹。阿兹特克人从来没

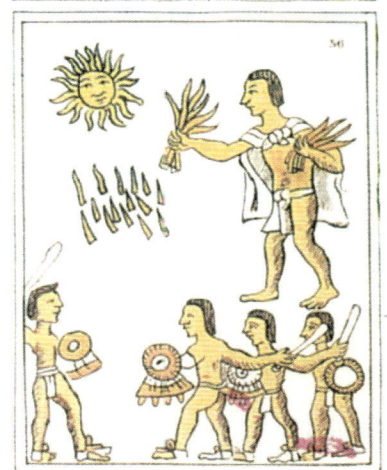
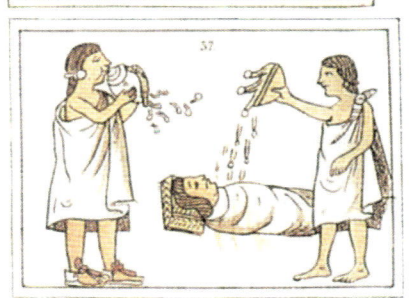

◆阿兹特克人以活人作为献给太阳神或其他主神的牺牲

◆科尔特斯下令凿沉自己的船只,士兵取走船上的锚、缆绳等,绘于铜版上的油画

◆特皮亚卡战役,绘于铜版上的油画

有见过马,他们看到西班人骑的马后非常震惊,以为那些马都是某种可怕的怪兽。当西班牙人开炮射击的时候,阿兹特克人更是被吓得不知所措,他们以为那是西班牙人释放的雷电呢。

科尔特斯率领他的同伴们向阿兹特克的都城,也就是墨西哥城进军,而墨西哥城建在一座湖心岛上。虽然一路上遇到的阿兹特克人都奋不顾身地抵抗,但是他们用的武器就像石器时代和青铜时代的武器一样粗陋,又怎么能和西班牙人的机枪、大炮相抗衡呢?

阿兹特克人的首脑蒙特祖玛想要和这些西班牙人化敌为友,他送给科尔特斯丰厚的礼品和好多车黄金;当科尔特斯到了都城之后,蒙特祖玛没有把他当作敌人,而是像对待上宾一样殷勤款待,可以说无微不至。科尔特斯给蒙特祖玛讲了基督教的情况,想要把他变成基督徒,可是蒙特祖玛认为基督教的上帝虽然好,但他自己信仰的神灵也不错,所以没必要改变信仰。于是,科尔特斯突然发难,抓了蒙特祖玛,接着双方展开了激烈的战斗。最后,蒙特祖玛被杀死了,科尔特斯成功地征服了墨西哥城。尽管阿兹特克人拼死与侵略者搏斗,但是要对付炮弹和子弹,他

◆蒙特祖玛赠礼物给科尔特斯，绘于铜版上的油画

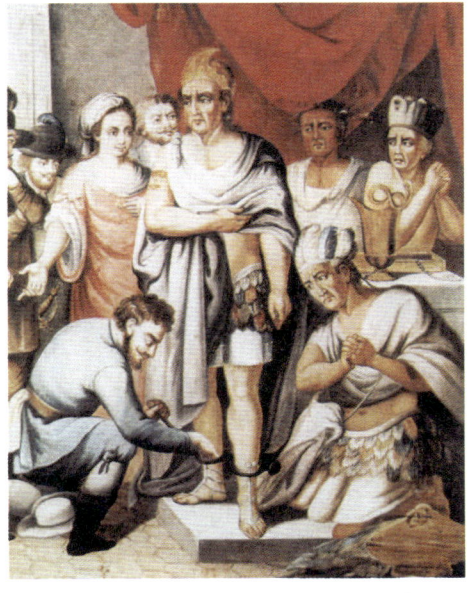

◆科尔特斯俘获蒙特祖玛，绘于铜版上的油画

们实在不是对手。

在南美洲的秘鲁，还有另一支文明程度较高的印第安人部族叫印加人，他们甚至比阿兹特克人还要富有，据说他们城市的街道都是用黄金铺成的。

正像科尔特斯征服墨西哥城一样，西班牙人皮萨罗也前去征服秘鲁。起初，皮萨罗告诉印加的首领，教皇已经把印加给了西班牙。而印加人从未听说过教皇，他们一定奇怪教皇和秘鲁有什么关系，他怎么就能把秘鲁送给别人呢？显然，印加人是不会拱手让出自己的国家的，于是，皮萨罗就把秘鲁从印加人手中"抢"了过来。虽然他只带了几百人，但是他们有大炮，印加人当然抵挡不住大炮了。

◆冒险者皮萨罗像

◆ 玛雅预言符号

另一支被西班牙人发现的部族是玛雅人。当时玛雅人居住在现在墨西哥和危地马拉的土地上。他们有一种文字，这种文字应该怎么读，直到今天我们才开始琢磨出点门道来；他们发明了一种历法，并修建了天文台来观测星象；他们还建造了许多高大的金字塔，这让我们想起了古埃及的金字塔。和印加人一样，玛雅人也被西班牙人的枪炮征服了。

在西班牙侵略者到来的时候，阿兹特克人、印加人、玛雅人只是众多生活在美洲部落的原住民中的三个部族。你知道吗？这三个部族现在还生活在地球上，你可以去中美洲和南美洲，参观他们修建的那些漂亮的建筑。

法国和欧洲其他国家也派出了探险家来征服美洲的土地，然后又派出了传教士向印第安人传播基督教，如果你读美洲历史的话就会对此有更多的了解。很多探险家实际上就是海盗，甚至比入侵英国和法国的海盗还要坏得多，因为他们毫不留情地残杀那些武器落后的当地人；而他们给自己的所作所为找的借口是，他们想要让这些人信仰基督教。但是，如果基督教只是教人杀死那些手无招架之力的无辜百姓，那也就不奇怪当地人对基督教没有任何好感了。

第二十章
东非的海岸线

美洲并不是航海家们的唯一目标,这些野心勃勃的冒险家为了寻求刺激和财富去了很多地方。当西班牙人在美洲征服阿兹特克人、印加人和玛雅人的时候,葡萄牙人去了非洲。就像克里斯托弗·哥伦布向西航行寻找北印度的航道一样,葡萄牙人也一直在寻找去印度和中国的路。后来,他们决定绕过非洲航行。虽然不太确定是否能发现非洲大陆的尽头——然后再绕过它找到一条路,但是他们还是想试试看。

在哥伦布到美洲之前,一些葡萄牙探险家沿着西非的海岸一直向南航行,他们经过了以往曼沙·穆萨帝国境内的塞内加尔河,然后绕

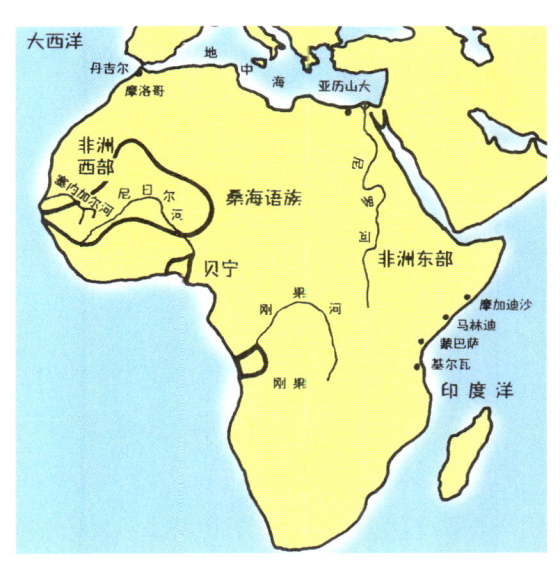

◆东非的城邦

过了大陆的转角，很快到达了贝宁城。古代的贝宁城是非洲的一个国家，在今天的尼日利亚境内。贝宁称国王为奥巴，以美丽的艺术品而知名。如果你去大型的艺术博物馆参观，你就能看到很多雕刻、塑像和祭天仪式的面具都是产自贝宁。由贝宁继续向南航行，他们经过了一个叫刚果的国家。有一个探险家还曾到达了非洲的南端，但是他接着就调转船头，返程回家了。

在哥伦布离开西班牙踏上航程的五年后，瓦斯科·达·伽马也从葡萄牙出发了。他最终胜利地绕过非洲的最南端驶入印度洋，他沿着非洲的东侧一路向北航行，然后继续朝着印度行进。在达·伽马还留在东非的时候，他发现了一些奇妙的城市，他以为这些城市还无人知晓。

不过话说回来，事实上有些欧洲人早就知道这些城市在那里了。希腊人、罗马人和埃及人都知道通往东非的路线。在耶稣诞生后不久，希腊曾经有一本给水手看的《旅行指南》，书中讲了如何到达不同的港口，还讲了在那些港口可以买卖象牙、龟甲和橄榄油。在早些年，这些城镇都很小，大约每个镇子里就住着一千多人吧。

公元900年左右，也就是查理曼大帝时代的100年后，那时候的欧洲人很少出海航行，几乎忘记了还有东非这个地方。有一个阿拉伯的地理学家来到了东非，他当时是在从印度和中国回家的路上。他后来在书中写道，那里气候温暖、土地肥沃，盛产黄金和很多珍稀物种。现在我们知道从耶稣诞生的公元1年到公元1000年中，曾有许多商人到过东非。考古学家在东非发现了来自世界各国的大量货币，其中有波斯的、希腊的、罗马的、阿拉伯的，还有印度和中国的；他们还发现了陶器和玻璃器皿的碎片，这些器皿来自中国、印度和阿拉伯。其中，阿拉伯人到东非去的最多，有些阿拉伯人本来去那里是做买卖的，后来干脆定居下来，在那里安家。很快，东非人的语言中就掺杂了一些阿拉伯的词汇，后来，阿拉伯人把这种融入了阿拉伯词汇的东非语言用阿拉伯文字记录下来，这种语言被称为斯瓦希里语，现在斯瓦希里语还是整个东非的通用语言。

在早期到东非的旅行者中，最著名的一个是来自北非的一个城市丹吉尔的穆斯林。这个穆斯林的名字是伊本·白图泰，他就像是穆斯林世界中的马可·波罗一样。实际上，他也和马可·波罗生活在同一时代，就是公元1300年左右。伊本·白图泰的旅行故事是用阿拉伯语写的，所以多数欧洲人都没有读过。但是在懂阿拉伯语的地方，他非常有名。

◆阿拉伯旅行家伊本·白图泰，版画，L.bennett作，19世纪

伊本·白图泰真的是环游了世界！他在20岁的时候就离家去穆斯林的圣城麦加朝圣。到那之后，他游兴正浓，于是就接着四处游行，在外面一直游历了25年，其间从未回过家。他去过俄国南部、波斯、印度和印度尼西亚。与马可·波罗一样，他也不远万里到了中国。他的目标就是走遍世界上每个有穆斯林的地方，这个目标他实现了。

他去过最有趣的地方之一就是东非，那里有很多穆

◆撒哈拉沙漠中的旅行队，原载j.blaeu的《地图册》，1686年。正是由于有了骆驼这种交通工具，才使得阿拉伯人可以深入沙漠的深处

斯林。正如你刚刚知道的，有些生活在那里的阿拉伯人，不过多数穆斯林就是东非人。渐渐地，东非人和阿拉伯人开始通婚，他们的孩子就是两个民族的混血儿。

在伊本·白图泰这个时代，东非的商业重镇开始渐渐发展为城市。这些城市就像早期希腊的城邦国家一样，都是相对独立的。每个城市都有自己的领袖，每个城市的周围都环绕着乡村，男男女女在那里耕种，过着宁静的生活。现在，你还可以去参观东非的这些城市，比如摩加迪沙、马林迪、蒙巴萨和基瓦尔等。试着念几遍这些名字，开始你可能觉得这些名字很奇怪，不过多重复几次就容易记住了。

伊本·白图泰把基瓦尔描述成全世界最美丽的城市，他说那里有很多喷泉和公共广场。城市的主要宫殿建在一个陡峭的悬崖上，下面就是漫无边际的印度洋。宫殿里有100个房间和一个八角形的游泳池，听起来很不错吧！你想不想去基瓦尔的王宫做客呢？

这些城市全都有港口，大型的船只都系在一起在港口停泊。阿拉伯的船一般都是18米到24米长，而波斯和印度的船更大一些。有的时候，中国数以百计的船只组成的大型舰队也会来到东非的港口。非洲人用当地产的黄金、铁器和象牙来交换丝绸、玻璃器皿和各种工具。有一次，马林迪城送给中国皇帝一个奇妙的礼物。你能猜到是什么吗？不是黄金哦。马林迪的领袖可能觉

◆ 马林迪城的领袖送给明朝皇帝一只长颈鹿

得，虽然中国富有、强大，但这个礼物对他们的皇帝来说一定是个很大的惊喜呢！有什么东西是中国没有的呢？这个礼物一定给中国人留下了很深的印象，因为他们很多人都把这件事记录下来了——我们现在才知道有这样一个礼物。那么，你猜到了没有？这个礼物只是一只长颈鹿。这当然是中国没有的东西了！

这些城邦国家的领袖一定都是非常明智的，因为他们没有发动太多的战争。他们之间虽然也有些小小的争端，但是多数城市都没有建筑大型的防御工事，只是在港口周围有所防御。他们认为这些防御工程不是特别必要，因为他们之间不经常打仗，这就意味着他们可以把所有的精力都用在贸易和农耕上。我敢肯定，这些城市之所以如此繁荣，这是一个主要的原因。

但是，他们最终还是受到了其他国家的攻击。你能猜到是哪个国家想要接管这些城市吗？我来给你个提示。有一个国家想要控制这条商业路线——想要与印度、中国通商。好吧，你或许已经猜到了，这个国家就是葡萄牙。因为葡萄牙发现非洲不但有黄金，而且东非人已经和印度、中国等东方国家建立了贸易往来，而这一点正是葡萄牙和西班牙人一直向往的，于是他们就准备插手了。

葡萄牙人乘船而来，还带来了机枪、大炮。如果有哪个城市不愿意向他们屈服，他们就开战。蒙巴萨被彻底毁掉了，城里所有居民都被杀害了。

东非人知道他们不能击败这些坚船利炮，所以他们用了其他办法来赶走葡萄牙人。他们停止了黄金贸易，矿工们不再掘金，商人们不再运送金子。渐渐地，港口都关闭了。城市里的人们都迁移到周边的乡村，变成了农民。当然，葡萄牙人想要的可不是农场，于是他们对东非失去了兴趣，仅保留了几个港口，好让他们的船能在印度群岛的漫长旅途中停下来补充燃料和物资储备。东非人失去了生活的城市，却为自己赢得了安宁。

第二十一章
文艺复兴时代

你看看这样一个词：复兴。它的意思是"重生"。

当然，没有什么能真的重生。但是，人们把我们现在要讲到的这个时代叫作文艺复兴时代，接下来，我们就说说他们为什么会这样称呼。

你还记得伯利克里时代吗？就是雅典建造了很多精美雕塑和建筑物的那个时代。而在15世纪和16世纪，也不是每个人都冲向新大陆去探险。当航海家们正在探险的时候，有很多伟大的、世界知名的艺术家正安心地在意大利生活和工作。

建筑师们建造了美丽的建筑，有些像古希腊和古罗马的神庙；雕刻家们制作的雕像差不多和菲狄亚斯的雕像一样美丽；人们又一次开始对古希腊的作家发生了兴趣，这些作家的作品已经大量印刷，每个人都能读到。这一切看上去就像是雅典伯利克里时代的再现。所以，人们就把这个时代叫作文艺复兴。

米开朗琪罗是文艺复兴时代中最伟大的艺术家之一。他不仅是个画家，还是雕刻家、建筑师和诗人。米开朗琪罗创作起来特别认真，对作品可以说是一丝不苟，他认为花几年的时间去雕一个像或做一幅画是再正常不过的事情;而他的每件作品都是不朽的佳作,直到今天,世界各地的人都想欣赏他的作品。

现在的雕刻家工作程序通常是这样的:先用黏土做一个雕塑的模子,然后模仿这个模子在石头上雕刻出来或是用青铜浇铸出来。但是,米开朗琪罗不是这样做。他完全不需要事先做出模子,直接就能在石头上雕刻。这个过程中他表现得驾轻就熟、从容不迫,就好像已经看到石头里藏着那样一个塑像,只需要把包裹着塑像的石头凿掉就行了。

曾经有块很大的大理石被另一个雕塑家弄坏了,但米开朗琪罗却在"里面"看到了大卫的样子,于是他开始工作,把这个年轻的运动员给刻"出来"了。

他还制作了一个摩西坐着的雕塑,现在这座雕像还陈列在罗马的教堂里。如果你到那里去参观,走到摩西雕像前就能发现,它看起来栩栩如生,就像你站在真正的先知摩西面前一样。通常,导游会给你讲这样一个故事:米开朗琪罗在完成雕像之后,他也被自己创造的这个形象震撼住了,感觉它像是有了生命一样。于是,他用锤子敲了一下雕像的膝盖,叫他"站起来"。然后,导游会让你看大理石上面的一个裂缝,向你证明这个故事是真的。

教皇想让米开朗琪罗来

◆摩西像,米开朗琪罗作

画西斯廷教堂的天花板，这是教皇在罗马的私人教堂。一开始，米开朗琪罗不想做这件事。他告诉教皇自己是一个雕刻家而不是一个画家。但是教皇坚持要他来做，米开朗琪罗没办法只能妥协。不过，一旦米开朗琪罗同意做这件事，他就全身心地投入到工作中去了。

接下来的四年时间，他就住在西斯廷教堂的一个房间里，这么多日日夜夜，他几乎从未离开过。在天花板下面，他给自己做了一个平台，躺在上面阅读诗歌和《圣经》，一有灵感就开始工作。他把自己关在里面，不让任何人进来，即使教皇本人也不行。因为他想要一个人清静地待着，不想被人打扰。

有一天，教皇发现有扇门开着，就走进去想看看工作进展得如何了。米开朗琪罗失手掉了一些工具下来，差点砸在教皇头上。教皇非常生气，但是从那以后，他再也没不请自来了。

现在，世界各地的人们都赶过来参观这个天花板，可是总仰着头看很不方便。想要舒舒服服地看，就只有躺在地板上或是在镜子里看才行。

米开朗琪罗活了将近90岁，但是他几乎不与人来往。他受不了别人总是来打扰自己，所以一个人离群索居，与他画的上帝、天使为伴。

拉斐尔是另一个著名的意大利艺术家，他和米开朗琪罗生活在同一时期。不过，拉斐尔在很多方面都和米开朗琪罗正好相反。比如，米开朗琪罗愿意一个人独处，而拉斐尔却喜欢成群结伴。他非常受人欢迎，身边总是围绕着一帮朋友和仰慕者。因为他有着非凡的艺术天分，性情又很温和，所以每个人都很喜欢他。年轻人簇拥在他身边，如饥似渴地聆听他的每一句话，还模仿他所做的一切。有50个或者更多的学生跟着他学画画，就连他出去散步的时候，这些人也和他在一起，他们几乎连他走过的路也要一起崇拜。

拉斐尔画了很多美丽的画，其中著名的一幅是《雅典学院》。他还画了很多圣母玛丽亚和耶稣圣婴的画像，这些画像被称作"圣母像"。圣母像中最有名的一幅是《西斯廷圣母》。

这幅画像本来是为一个小教堂画的,不过现在被陈列在一个很大的画廊里。

拉斐尔英年早逝,但是他一直在勤勤恳恳、持之以恒地工作,所以留下了大量画作。他一般只画出关键部分——多数情况下只是脸

◆《雅典学院》,拉斐尔于1510年—1511年作。整幅画以古希腊哲学家柏拉图所建的雅典学院为题,表现人类对智慧和真理的追求。艺术家企图以回忆历史上"黄金时代"的形式,寄托他对美好未来的向往。画作的主题思想是崇拜精神,追求最高的生活理想。全画以纵深展开的高大建筑拱门为背景,大厅上汇集着不同时代、不同地域和不同学派的著名学者,有往昔的思想家,也有当世的名人,他们在自由地讨论。画中洋溢新旧百家争鸣的气氛,凝聚着人类智慧的精华

部，而把身体、手和衣服这些部分都留给他的学生们来画。哪怕只允许在老师的画作上画一根手指，他的学生们也都很知足。

列奥纳多·达·芬奇也是生活在这个时代的一位伟大的艺术家，他能把很多不同的事情都做得特别好，都可以称得上是万能博士了。大多数万能博士是样样通、样样松，但他对所有这些事情都很擅长、精通。他既是一名艺术家，又是工程师，还是一位诗人，同时也是一位科学家。因为涉足的领域很多，所以他只画了很少几幅画，但就是这仅有的几幅画也是精品。其中一幅是《最后的晚餐》，这幅画和《西斯廷圣母》一样被视为世界上最杰出的画作。令人遗憾的是，这幅画是直接画在水泥墙上的，时间久了之后，很多水泥连着油彩一起脱落了，所以原来的画作现在只留下了一点点。最近，这幅画被复制了，色彩又重新鲜亮起来，这样我们就又能欣赏到它迷人的全貌了。

列奥纳多总喜欢画女人的笑。他最著名的画作就是一个名叫"蒙娜丽莎"的女人的肖像。她脸上的微笑被称作"谜一般的"，你搞不清楚她究竟是在"对着"你微笑，还是在和你"一起"笑。

第二十二章 基督教内部之争

有人说孩子们理解不了这一章的内容，他们认为这个故事太难懂了，但是我想看看到底是不是真的这样难。

我前面已经说过，直到这个时候，西欧只有一个基督教派——天主教。没有什么圣公会、卫理公会、长老会，也没有任何别的教派，所有人都只是基督徒而已。但是到了16世纪，有些人开始觉得天主教应该改革。

另一些人认为不应该改革。

一些人说一切照旧就很好。

另一些人说还是老样子是不行的。

于是，争执发生了。

麻烦最初是这样开始的：教皇要在罗马建一座圣彼得大教堂，打算就建在当初君士坦丁老教堂的位置上，据说这里是圣彼得受难的地方。教皇想把它建成世界上最大、最壮观的教堂。因为耶稣基督曾说"你是彼得，我要把我的教会建造在你这磐石上……"所以，圣彼得大教堂在基督教中的地位就像美国的国会大厦一样重要。米开朗琪罗和拉斐尔都曾经为这个新教堂做设计规划。为了凑齐大理石、石头和盖教堂所需要的其他材料,教皇采取了某些前任的做法,他拆毁了罗马的一些建筑,用取下的石料来盖新教堂。

此外,教皇还需要一笔巨资来建造他预想中富丽堂皇的教堂。所以,他开始从人们手中搜刮、聚敛钱财。这时候,德国有个名叫马丁·路德的修道士,他是一个教宗教课的大学老师。马丁·路德认为不仅教皇向群众索要钱财这个事很不应该,天主教会还有很多问题都是错的。他罗列了自己认为有必要纠正的95个问题,并把这个单子钉在他所居住的城镇的教堂大门上,竭力鼓动人们反对这些事项。教皇给路德发来一纸命令,让他停止这些活动。但是,路德当众点了把火,烧掉了教皇的命令。很多人都支持路德,很快有一大批人都脱离了天主教会,不再服从教皇。

◆ 马丁·路德肖像,克拉纳赫作

教皇请求西班牙国王帮忙解决他与路德的争端。他找西班牙国王的原因在于:西班牙国王是查理五世,也就是帮助过哥伦布的斐迪南国王和伊莎贝拉王后的孙子;他不但是个虔诚的天主教徒,而且是欧洲最有权势的国王。西班牙探险家们到达美洲后,在那里的大片土地上宣告了西班牙的主权,因此查理是新大陆大部分土地的所有者。但是,他不仅是西班牙在美洲殖民地的皇帝,还是奥地利和德国的皇帝。所以,教皇自然想到了让他来帮忙。

◆《路德在威登堡教堂上张贴95条》,特朗克瓦德版画,19世纪

查理五世命令路德到德国的沃尔姆斯城接受审判，并保证说不会伤害他，于是路德就去了。当路德到达沃尔姆斯后，查理五世命令他收回自己说过的话，但是路德拒绝这样做。一些贵族就说路德应该被烧死在火刑柱上，但是查理五世信守自己的诺言，还是把路德放走了，没有因他的信仰而惩罚他。但是，路德的朋友们担心别的一些天主教徒会伤害路德，他们知道路德不太注意自己的安危。于是，他们就把路德关了起来，一关就是一年多，这样就没有谁能伤害他了。在被关押期间，路德把《圣经》翻译成了德语，这是《圣经》首次有其他语言的译本。

◆路德当众焚毁教会法令集和教皇诏书，选自拉布斯的著作《宗教选择的见证》插图，版画，1557年，斯特拉斯堡

反对教皇所作所为的被称为"新教徒"，从这次抗议后形成的新教会至今仍被称作"新教"。天主教的信仰形式发生改变的这个时期被称为宗教改革时期，因为旧的宗教发生了"变革"。

◆1521年4月，路德遵照查理五世的旨意赴沃尔姆斯国会，版画

现在，有些人是天主教徒，他们的好朋友可能不是天主教徒，但这并不影响他们之间的友谊。可是在那个时代，天主教徒却是那些非天

主教徒的死敌，反之亦然。每一方的人都认为自己这一方是正确的，而另一方是错的。每一方都为了捍卫自己坚定的信念，与另一方展开了激烈、疯狂、残酷的战争，就好像对方是恶棍和恶魔一样。朋友和亲戚之间也因为信仰分歧而互相残杀，尽管他们都是基督徒。

查理五世为激烈的宗教争端和自己的大帝国中另外一些麻烦而感到忧心忡忡。他开始厌烦当皇帝，每天面对这么多必须解决的问题让他非常疲惫。他想有更多的时间和自由，可以去做一些自己更感兴趣的事情。当国王并不是像有些人想的那样可以为所欲为的，于是查理五世自愿地做了别的国王不想做的事情：他辞职了——对国王来说就是"退位"了，他把王位传给了自己的儿子，也就是菲利普二世。

◆ 路德翻译的《旧约》开关部分，1524年，威登堡

查理五世很高兴卸下了国事的担子，然后他就住进了修道院。在那里，他把自己的时间都花在自己喜欢做的事情上了——你猜猜他喜欢做的事是什么——制作机械玩具和机械手表。他就过着这样的生活，直到去世。

◆ 1562年瓦西大屠杀，版画，霍根贝作

当查理五世做西班牙国王的时候，英国的国王是亨利八世，他的姓都是都铎。那个时候，很多国王的名字都一样，所以要把他们的名字后标上数字，这样人们才知道说的是哪个国王，以及

之前还有几个国王也叫过这个名字。最初,亨利八世也是个非常坚定的天主教徒,教皇还曾封他为"信仰卫士"。但是后来,亨利八世想和妻子离婚,因为她没能给自己生个儿子。亨利八世希望能有个儿子来继承自己的王位,可以维持英国的统一。可是要和妻子离婚然后再婚,亨利八世必须得到教皇的同意才行,因为只有教皇才有权力批准亨利八世离婚。在当时,罗马的教皇是整个欧洲、美洲基督教会的首脑,无论是意大利、西班牙还是英国的基督徒,都要听从他的旨意,由他来规定基督徒可以做什么、不可以做什么。亨利八世要教皇同意他离婚的请求,可是教皇告诉他,自己是不会批准的。

◆英王亨利八世

亨利八世觉得让其他国家的人——即便他是教皇,来管英国的事情,这样做

◆亨利八世的六位妻子。上排自左至右分别为:凯瑟琳(阿拉贡的),安妮·博林,简·西摩。下排自左至右分别为:安妮(克利夫斯的),凯瑟琳·霍华德,凯瑟琳·帕尔

既没有道理又不合适。他自己就是国王，没有理由让外国人来掺和本国事务，对自己发号施令。

于是，亨利八世决定由自己来做英国基督徒的领袖，这样他就可以做自己想做的事情，而无需经过教皇的同意。然后他真的这样做了，还和妻子离了婚。这样，英国所有的教会都由国王来管理，教皇对英国的事情再也说不上话了；英国的教会都服从国王的命令，不再服从教皇。这是天主教会内部第二次大分裂。

在这之后，亨利八世又娶了五个妻子，算上第一个一共是六个。当然，他不是同时娶了五个，因为基督徒在同一时间内只能娶一个妻子。第一任妻子与他离婚了，第二个妻子被他砍了头，第三个妻子病死了。有趣的是，后三位妻子和前三位的情况一模一样：第四个妻子也是离婚了，第五个被他砍了头，第六个妻子死在亨利八世后面，也是病死的。

你觉得这个故事很难懂吗？

第二十三章
伊丽莎白女王

亨利八世有两个女儿。

一个叫玛丽,一个叫伊丽莎白。

他们的姓当然都和父亲亨利八世一样,是都铎,我们一般不会注意国王和女王的姓,不过还是知道一下为好。

亨利国王也有个儿子,最初在他死后是由这个儿子来接任国王的。虽然他比姐姐们要年轻得多,但那时候人们都认为男孩比女孩更适合来治理国家。可是他没多久就死掉了,于是,玛丽先做了女王。

有一首关于玛丽一世的童谣,唱的是"玛丽,玛丽,与众人对立"。玛丽这个人又倔强又固执,她很不赞同父亲反对教皇和天主教会的做法,因为她本人是个很坚定的天主教徒,随时准备为教皇和天主教会而战。实际上,她想把所有非天主教徒和那些新教徒的人都处死。她认为与她信仰不同的人都是恶人,都该杀。就像《爱丽丝梦游仙境》里面的那个女王一样,她总是在说"把他的脑袋砍下来"!在我们看来,这可不像是基督徒所为,但是在那个年代,他们对于这些事情的看法和我们不同。玛丽让很多人都掉了脑袋,所以后来人们叫她"嗜血玛丽"。

玛丽嫁的丈夫也是像她一样强硬的天主教徒，甚至比她还要凶残嗜血。他不是英国人，而是西班牙人，就是那个退位的查理五世的儿子，西班牙的国王——菲利普二世。

菲利普二世可比他的父亲要严厉多了。他极力让那些新教徒和被怀疑为新教徒的人认罪并放弃信仰新教。如果他们不这样做，就要遭受到以前基督教殉道者所受的残酷折磨，这称之为"异端审判"。那些被怀疑是新教徒的人受到了各种各样的、可怕的折磨，有些人被捆住双手，高高地吊在空中，就像挂在墙上的画一样，直到痛得昏过去或者承认了自己被指控的罪行；有些人被绑在台子上，身体向两头拉伸，一边拉头一边拉脚，直到他们的身体都要被拽成两半了；那些被确认是新教徒的人，有的被立刻杀死，有的被用火烧死，还有的被慢慢折磨

◆伊丽莎白女王像

而死，这样他们更加受罪。你要是知道新教徒不是唯一遭受新教的异端审判的人，早在一个世纪前，犹太人就遭到过同样方式的折磨。所以，大多数犹太人都离开了西班牙，去北非或欧洲寻觅新的家园。

菲利普二世主要的迫害对象是生活在荷兰的荷兰人，当时荷兰附属于他的帝国，而大量的荷兰人成了新教徒。

当时，有个荷兰人

叫威廉，因为他说得少、做得多，所以人们都叫他"沉默的威廉"。威廉为他的同胞们受到这样的迫害而感到无比愤慨，于是他带头反抗菲利普二世，并最终成功了。荷兰脱离了西班牙的统治，成为独立的荷兰共和国。可是，威廉却被菲利普二世派人暗杀了。

"嗜血玛丽"的丈夫就是这样一个人。

在玛丽·都铎死后，她的妹妹伊丽莎白·都铎做了女王。伊丽莎白是亨利八世的三个孩子中最强大的一个，她长着一头红发，非常虚荣，喜欢被人奉承。有很多男人爱上了她，但是她一直没有结婚。人们把没有结过婚的女人都叫作童贞女，而伊丽莎白就是有名的"童贞女王"。

伊丽莎白是个新教徒，她反对天主教就如同她的姐姐和姐夫反对新教一样激烈极端。

伊丽莎白有个亲戚是苏格兰的女王，苏格兰这个国家就在英国的北方，但当时它还不属于英国，它有自己的国王。这位女王名叫玛丽·斯图亚特，她非常年轻，而且长得美丽、迷人，但她是个天主教徒，所以伊丽莎白和她是敌人。

伊丽莎白听说玛丽·斯图亚特有吞并英国的打算，于是她就不顾亲戚情面，先下手为强，把玛丽·斯图亚特关进了监狱。玛丽·斯图亚特在监牢里被关了将近20年，最后还是被伊丽莎白下令处死了。我们很难理解会有人用这样冷血的方式杀死自己的亲戚，尤其这个人还自称是个基督徒。但是在那个时代，这只是非常普遍的风俗，有太多的谋杀都是高高在上的统治者所为。

菲利普二世作为天主教的强大拥护者，下决心要惩罚他的妻妹伊丽莎白，因为她竟然杀死了玛丽·斯图亚特这样一个虔诚的天主教徒。于是，他集结了一支大型的海军舰队，组成了西班牙舰队。所有的西班牙人都为有这样一支舰队而感到自豪，它被吹捧为"无敌舰队"，意思为"不可征服的舰队"。

◆英国大败西班牙的"无敌舰队"

1588年,"无敌舰队"出发去征服英国海军,所有舰船排成一行组成半月形,浩浩荡荡地向英国驶去。

英国舰队都是由小船组成的。西班牙人认为,英国舰队应该会像通常的海战那样与他们正面作战,但是英国舰队却从背后袭击了西班牙的船队,而且他们一次只进攻一条船,各个击破。英国的士兵们都训练有素,他们的小船也更容易操控,非常迅速。他们攻击后总是在对方掉转方向开火之前迅速逃走。用这种办法,英国舰队慢慢地逐个击沉、摧毁了大型的西班牙船。

后来,英国人点燃了一些旧船只,让它们漂向西班牙的舰队。当时所有的船都是木制的,西班牙舰队看到一艘艘着火的船朝着自己漂过来，一下子惊慌失措，有些舰船立即逃之夭夭。剩下的那些船想绕过苏格兰北部回到西班牙，可是他们在路上遇到了一场可怕的暴风雨，几乎所有的船都失事了，上千具尸体被海浪冲回岸边。不可一世的"无敌舰队"彻底完蛋了，随着它的毁灭，西班牙在海上的霸权也走到了尽头。从此之后，西班牙不再是世界上最强大的国家。

在伊丽莎白初登王位的时候，世界上版图最大、实力最强的国家是西班牙，而到她统治的末期，英国已经成为世界上最强大的国家。她的舰队，也就是很久以前阿尔弗雷德国王开创的这支海军舰队，成为了世界上最大的海军舰队。

那个时代，人们认为女人来治理国家不可能像男人一样好，但是在伊丽莎白的统治下，英国接替西班牙成为欧洲的第一强国。伊丽莎白的成就证明，由一个女人来治理英国可以比大多数国王做得都更好。

第二十四章
伊丽莎白时代

这个故事是关于伊丽莎白时代的,我不打算给你讲伊丽莎白活到了多大岁数,虽然她的确活到很大的年纪,而且在位的时间也很长,我要讲的是她在世期间发生的一些事情,她所生活的那个时期就被称作伊丽莎白时代。

在伊丽莎白当上女王后,英国生活着一个名叫雷利的年轻人。有一天下雨了,路面上泥泞不堪,伊丽莎白正想要穿过街道,雷利看到了她。为了不让她的鞋子沾上泥,他就赶紧跑过去,脱下自己漂亮的天鹅绒斗篷,把它铺到伊丽莎白正要下脚的积满水的路面上,这样她就可以踩在斗篷上穿过街道。女王对他如此细心周到的绅士行为感到很满意,于是

◆伊丽莎白在身着盛装的朝臣和宫女的簇拥下坐撑着华盖的轿椅上穿过伦敦街道。左起第二位留着白色胡须的人是霍华德勋爵,正是他指挥英国舰队打败了西班牙的无敌舰队

封他为骑士,这样他就被称为沃尔特·雷利爵士,而且从此之后他成为伊丽莎白一个关系特殊的朋友。

沃尔特·雷利爵士对美洲非常感兴趣,但是在一个世纪前,卡伯特曾声称美洲大部分土地都为英国所有,但是英国当时并没有采取什么行动,雷利觉得应该考虑一下对这片土地的安排,他认为英国人应该在那里定居,这样,那些已经在美洲有了很多殖民地的国家,比如西班牙,就不能赶在英国的前头了。于是雷利组织了几批英国人,把他们送到一个叫罗诺克的小岛上,这个小岛就在现在美国的北卡罗来纳州海岸线附近。不过,那时差不多整个美国海岸一直向北到加拿大都叫作弗吉尼亚,因为弗吉尼亚的意思是处女之地,取这个名字正是为了纪念"童贞女王"伊丽莎白。

罗诺克的一些英国殖民者,由于忍受不了那里艰苦的生活,于是离开那里又回到了英国,而留下的那些人则全都失踪了。他们去了哪里呢?没有人知道,我们猜测他们或者被杀害了,或者是饿死了,无论如何,没有一个人留下来告诉你真相。

在罗诺克的这些殖民者中诞生了第一个在美洲出生的英国人,她是个女孩,取名叫弗吉尼亚·戴尔。当时因为女王很受欢迎,很多女孩的名字都叫弗吉尼亚。

回国的殖民者从弗吉尼亚带了些烟草回去,沃尔特·雷利爵士学会了吸烟,不过那时候烟草对于多数英国人来说还是新鲜玩意儿。有一天,雷利在抽烟斗,一个仆人看见有烟从他嘴里冒出来,还以为他着火了,急忙跑去端来一桶水,朝着他头上浇下去。

直到今天,弗吉尼亚仍然以盛产烟草著名。最初,烟草被认为是非常有益健康的,因为美洲印第安人抽烟很凶,可他们每个人似乎身体都很好。不过后来,下一任国王詹姆斯继位了,他非常痛恨烟草,还专门写了本书反对并且禁止人们吸烟,现在我们都知道詹姆斯是对的,烟草能使人患上致命的疾病。

伊丽莎白女王死后，雷利被关进了监狱，因为他被指控参与了反对下一任国王詹姆斯的阴谋。他被关押的地方是伦敦塔，也就是征服者威廉建造的古城堡，雷利在这里一共被关了13年之久。为了消磨时间，他写了一本书——《世界历史》，但是与很多伟大人物的下场一样，他最终还是被处死了。

◆莎士比亚在把他的作品读给伊丽莎白女王听

在伊丽莎白统治期间，英国有一位著名的剧作家，也是迄今为止世界上最伟大的作家，他就是莎士比亚。

莎士比亚的父亲连自己的名字都不会写，而莎士比亚本人也只在学校读了六年书。他小时候非常顽皮，在斯特拉特福生活的时候，曾经因为进入托马斯卢西爵士的森林打猎鹿和兔子而被抓了起来。

莎士比亚还没成年就娶了妻子，他的妻子比他的年纪大一些，名叫安妮·哈瑟维。在结婚几年后，他就离开了她和他们的三个孩子，离开了斯特拉特福小镇，到大城市伦敦去寻找发展机会。在伦敦，莎士比亚找到了一份在剧院附近的工作，就是替那些来剧院看戏的人照看马匹。后来，他得到一个在剧院表演的机会，就做了演员，不过他并没有成为一名优秀的演员。

那个时代，剧院里没有舞台布景，每当需要更换背景的时候，人们就亮出一个牌子，说明接下来的背景是什么。比如要表演森林里的场景，就去拿个牌子，上面写着"这是森林"；等到要换房间的背景了，就用牌子写上"这是宾馆里面的一个房间"。那时候没有女演员，男人和男孩既演男人又扮演女人的角色。

后来莎士比亚被叫来修改别人写好的剧本，让剧情更加吸引观众。这个活儿他干得非常好，于是他就开始自己写剧本了。通常，他只是把古老的故事改编成戏剧，可是他创作的作品精彩绝伦、感人至深，以至在他之前和之后的任何著作都无法与之相媲美。

尽管莎士比亚13岁的时候就辍学了，但他好像对天底下几乎所有的事情都非常了解。我们从莎士比亚的作品中可以看出，他具备历史、法律和医药学等很多方面的知识。

◆《莎士比亚》，劳托洛作

◆莎士比亚的墓志铭

莎士比亚最著名的作品有：《哈姆雷特》《威尼斯商人》《罗密欧与朱丽叶》《尤利乌斯·恺撒》。在那个时期，莎士比亚赚了很多钱，几乎可以说是笔不小的财富。

然后他离开了伦敦，回到他出生的斯特拉特福小镇居住，一直到去世。他被葬在了一个乡村教堂。人们原本想把他的遗体移到伦敦一个著名的教堂去，觉得那里更大一些，也显得体面。可是不知道是谁，也可能是莎士比亚自己写了一首诗，刻在他的墓碑上。这首诗的最后一行写的是"迁我尸骨者将受亡灵诅咒"，所以他的尸骨至今也没有被迁走，因为没有人敢去动它。

第二十五章
姓名的含义

你的名字是什么意思呢？一般父母都想给孩子取个好名字，其中包含了他们对子女的祝福和希望。不过，英文姓名却有些不同。比如很多常见的英文名字，如贝尔克、米勒、泰勒、卡彭特、费舍尔、库克，等等，这些名字听起来也很响亮，可是你知道它们的原意是什么吗？贝尔克这个词的原意是面包师，米勒是磨坊主，泰勒是裁缝，卡彭特是木匠，费舍尔是捕鱼人，库克是厨师。是不是很有趣啊？这些名字的本意居然是这样的！

在过去，很多英国人都以职业为姓名。比如，某个人叫泰勒，可能说明他的先祖曾经是个裁缝；如果名字叫作斯图亚特，那么这个人的先祖可能是个管家。

在苏格兰，有个家族姓斯图亚特，可能他们的祖先原本是个管家吧，但他们后来成了苏格兰的统治者。那个被伊丽莎白女王砍头的苏格兰女王玛丽·斯图亚特，就是这个家庭的成员之一。

由于伊丽莎白女王终身未婚，所以没有孩子继承她的王位，而她也是都铎家族最后一个成员。英国人没有办法，只得另外寻找新国王，后来他们想到了苏格兰。

我在前面提到过，苏格兰当时是个独立的国家，不像现在一样是英国的一部分。玛丽·斯图亚特的儿子是当时的苏格兰的国王。他的名字叫作詹姆斯·斯图亚特。因为他和都铎家族有亲戚关系，所以英国人请他来当国王。他接受了邀请，并继任成了詹姆斯一世。接下来，他和他的孩子们统治了英国，我们称他们的统治时期为斯图亚特王朝。

斯图亚特家族的统治大约持续了100年，也就是从1600年到1700年这段时间，不过中间也有11年的例外，在这11年中，英国根本就没有国王。

英国人一定为邀请詹姆斯一世当国王后悔了无数次，因为他和整个斯图亚特家族都表现得很过分，在英国人头上作威作福。他们好像把自己当作造物主一样专制独裁，英国人民不得不为争取自己的权利而斗争。

当时，英国由议会为人民制定法律，但是詹姆斯一世要求议会不能做违背自己意愿的事，如果他们不注意这一点，他就不让他们参与管理。詹姆斯一世的观点是，国王所做的一切都是正确的，根本不可能做错事；上帝赋予了国王这样的权利，他可以对臣民们为所欲为。这就是"君权神授说"。显然英国人无法忍受这样的行为。自从约翰国王统治时期，他们就坚定地维护自己的权利。之前的都铎家族虽然也经常做老百姓不满意的事情，但他们是英国人；而斯图亚特家族是苏格兰人，人们还是把他们视作外国人，他们可以容忍家里人犯一些过错，但却无法忍受外人胡闹。因此在这种情况下，争端也就在所难免。不过，真正的战争到来是在下一个国王任期，而不是发生在詹姆斯一世统治期间。

在詹姆斯一世当政期间，《圣经》被译成英文，这一版《圣经》被称为"詹姆斯一世钦定版圣经"。

詹姆斯一世在任时，英国没发生太多乱子，但是在别的一些国家确实发生了很多大事。这时，英国在遥远的印度，也就是哥伦布希望向西航行能到达的地方建立了殖民地。后来，英国在这里的殖民地不断扩大，到最后印度完全成为英国的殖民地了。通过不断向外征服，英国最终成为一个富有、强大的帝国。

同时，英国在美洲也建立了殖民地，一个建在南美洲，一个在北美洲。在前面我讲过，雷利曾经在美洲的罗诺克岛上建立殖民地，可那里的人后来都莫名其妙地失踪了。但是在1607年，满载着英国人的一艘船又来到了美洲。这些人就是来碰运气的，他们希望能找到金矿，然后发一笔大财。这些人在弗吉尼亚登陆，将定居的地方以国王詹姆斯的名字命名为詹姆斯敦。但是他们没有发现金矿，可既然住下来了，总得生活下去啊。这些人都没怎么干过活，也不愿意干活，他们的领袖约翰·史密斯船长负责管理这帮人的生活，他告诉大家不干活就别想吃饭，于是这些殖民者只得去劳动。

这时候的英国人已经学会了抽烟，所以这些殖民者开始为英国人种植烟草。烟草就像是一座矿山，给殖民者带来了大笔收入——虽然不是真正的金矿，但也只是形式上的区别而已。可是殖民地的英国绅士们自己并不愿意劳动，他们总想着让别人替自己做这些粗活。几年以后，他们从非洲运来了黑人，这些黑人被卖给殖民者做苦工，这就是美洲奴隶制度的开始。随着奴隶数量的不断增加，后来南美的大种植园里几乎所有的工作都是奴隶们做的。

显然，奴隶制是人类历史上一种黑暗、邪恶、残酷的制度，但是它持续了好几百年，而深藏在奴隶制之下的是人类的贪婪、残忍等种种罪恶。

很快，又有一些英国人离开英国来到了美洲。不过，这些人与之前来到詹姆斯敦的人不同，他们不是为了发财。他们是想找个安静的地方自由自在地礼拜上帝，而在英国总是被这样、那样的事干扰。1620年，这些人坐船从英国的普利茅斯出发，这艘船就是有名的"五月花号"。

他们漂洋过海到达了一个地方，就是今天美国的马萨诸塞州，他们把那里也命名为普利茅斯，在那里安顿下来。在到达北美的第一个冬天，他们中有超过一半的人因为恶劣的气候和艰苦的生活条件而死去；不过，剩下的一部分人都留在了那里，没有人再回到英国，这块殖民地就是后来美国新英格兰地区的雏形。如果学习美国历史，你就会知道更多殖民地的故事。现在，我们得回头看看英国将要发生的事情，英国在詹姆斯·斯图亚特结束统治之后可是发生了很多大事呢！

第二十六章
丢了脑袋的国王

英国下一任国王名叫查理,是我们刚刚讲过的詹姆斯一世的儿子,他和他的父亲简直就是"一个模子里印出来的"。和他父亲一样,他也笃信"君权神授说",也就是说作为国王,只有他一个人有权决定一切。他对待英国人民就和以前的约翰国王一样,认为他们生来就应该听他的话,为他一个人服务。

但是这一次,人们不是像对待约翰国王那样把他掳走、逼他签协议,而是选择起来斗争。国王也准备好为维护自己的权力而战,他组织了一支由领主和贵族组成的军队,这些人与他是一路人。在穿着打扮上,国王的支持者就与反对派区别开来,这些贵族留着长长的卷发,戴着宽边帽子,帽子上还插着一根大羽毛,衣领和袖口上点缀着蕾丝花边,甚至连马

◆查理一世和奥利弗·克伦威尔

裤下面的翻边也装饰着蕾丝。

议会的军队由普通民众组成，他们是为争取自己的权利而战。这些人的头发剪得短短的，戴着高帽子，衣着非常朴素。一个叫作奥利弗·克伦威尔的乡村绅士训练了一批精兵良将，他的部队被叫作"铁骑军"。

国王的军队都是些酒囊饭袋，他们在作战之前只知道大吃大喝，而议会军每次战斗前都要向上帝祈祷，在行军的路上还唱着圣歌和赞美诗。

国王的军队在好几次战役中都吃了败仗，最终查理国王成了议会军的阶下囚。这时，议会中的一小撮成员掌握了大权，这些人实际上无权审讯国王，但他们还是这样做了。他们指控查理犯了叛国罪、谋杀罪以及别的一些令人发指的罪行，因此判处他死刑。1649年，查理被带到自己在伦敦的宫殿前，在那里被砍了头。现在，人们都认为议会军这样对待国王是一种可耻的行为，即便是在当时也只有一部分英国人支持

◆查理一世被送上断头台

这样做。议会军完全可以把查理流放或者剥夺他的王位，而没有必要非得杀死他。

在接下来的几年，议会军的总指挥官奥利弗·克伦威尔成为了英国的统治者。他虽然外表粗犷、举止粗鲁，但为人却非常正直、虔诚。他管理国家非常严厉、认真，如同一位严父，无法接受任何荒谬的言行。有一次，他让人给自己画像——那时候还没有照片呢，画师为了看上去美观，故意漏下他脸上的瘊子没画。结果克伦威尔冲画师大发雷霆，喊道："我是什么样就画成什么样，瘊子什么的都画上！"尽管克伦威尔称自己为摄政官，但是他实质上就是英国的国王。

克伦威尔死后，他的儿子接替他管理英国，就如同国王的儿子继承王位一样。但是，他的儿子却不能与他相提并论，担不起治国的重任。他心地虽好，却没有父亲的智慧和能力，因此几个月后他就退位了。或许是奥利弗·克伦威尔治国太过严厉，英国人都有些吃不消，以至竟然让他们忘记了斯图亚特家族统治的缺陷。因此在1660年，当英国人找不到一个合适的统治者时，他们居然把查理的儿子请了过来，要知道查理的头可是被他们砍掉的啊。这样，斯图亚特家族的人再次当上了国王，这个国王就是查理二世。

查理二世又被称作"享乐国王"，因为他好像就只想着吃喝玩乐，连那些神圣、庄严的事情也要拿来开玩笑。为了报复那些参与处死他父亲的人，他把还活着的人用我们能想到的最残酷的办法杀死，而那些已经死了的，其中就包括奥利弗·克伦威尔，尸体也被从坟墓里挖出来

◆克伦威尔像

吊挂示众，之后又被砍了头。

在他统治期间，过去那种可怕的疾病——瘟疫又一次在伦敦肆虐开来。有些人认为这次瘟疫是上帝降下的灾难，因为他震惊于国王和人民的种种恶劣行为，尤其是他们对待神圣事物的不尊敬。在接下

◆ 为纪念查理·斯图亚特之子、王位继承人查理二世复辟，王室在海牙举行了盛大的宴会。克伦威尔去世后，英国军队领袖和其他有影响力的人都认为恢复君主统治是避免英国大规模内战的唯一办法。画面中，查理二世正在和他的姐姐奥兰治亲王夫人玛丽跳舞，查理二世身后戴斗篷者为其弟约克公爵詹姆斯即后来的詹姆斯二世，后排就坐者有玛丽9岁的儿子奥兰治亲王威廉三世

来的1666年，伦敦发生了一场火灾，大火烧毁了数千家房屋和数百间教堂。不过这场大火却清除了疾病和污秽，在当时又说真是个福音，可以说是不幸中的大幸。伦敦以前的城市建筑一直都是木制的，后来重建的时候都使用砖块和石头了。

我再给你讲一个，或者确切说是一对斯图亚特家族的统治者——威廉和玛丽。在他们统治期间，人民和国王之间的斗争终于一劳永逸地得到了解决。1688年，议会起草了一份称之为《权利法案》的协议，威廉和玛丽接受协议并且签了字。《权利法案》的通过使得议会成为国家的管理者，自此之后，议会——不是国王，成为英国真正的首脑。这一事件被称为"光荣革命"，之所以说它光荣，是因为这场革命中没有战争。好了，斯图亚特家族的故事终于可以告一段落了，我想我们这段时间真是听了太多关于他们的故事了。

第二十七章 红帽子和红高跟鞋

前面我给你讲过的路易是一个圣徒——就是那个领导最后一次十字军东征的路易。

接下来我要给你讲的两个国王也叫路易,可他们都不是圣徒——不管从哪个角度看,他们都和圣徒沾不上边儿。

这两个人就是路易十三和路易十四,他们对法国的统治也是在17世纪,和斯图亚特家族统治英国处于同一个时期。

路易十三其实只是名义上的国王,一切大权都掌握在另外一个人手里,人家告诉他做什么他就得做什么。这个真正掌握大权的人是教会的最高管理者,也称为红衣主教,红衣主教们都戴着红帽子,穿着红色长袍,而这位红衣主教名叫黎塞留。

你可能已经厌倦听到战争了,但是在路易十三在位期间又爆发了一场持久的

◆黎塞留,法国国王路易十三最得力的大臣,为法国君主专制的建立做过巨大贡献

战争。我一定得给你讲一讲这场战争的故事，要知道它可是打了三十年呢，历史上因此称之为"三十年战争"。这场战争和多数战争都不同，它不是两个国家对战，而是新教与天主教之间的战争。

黎塞留主教当然是位天主教徒，也是法国这个天主教国家的真正统治者。但是他这次却站在了新教徒一边，因为他们在和天主教国家奥地利打仗，而他想打败奥地利。大多数欧洲国家都参与了这场战争，而德国才是战争的中心；大多数战争都在这里发生，就连我们以前从未提及的一个欧洲北部国家——瑞典，也参加了这场战争。当时的瑞典国王名叫古斯塔夫·阿道夫，因为瑞典的气候非常寒冷，所以他被称为"雪王"；他还有个绰号叫"北方雄狮"，因为他是一位极其勇猛的战士。我之所以特别提到他，是因为在当时欧洲所有的国王和统治者中，他的品质是最优秀的。其他多数统治者只想到自己，他们为了得到自己想要的一切，不惜撒谎、欺骗、偷窃甚至杀人，而古斯塔夫·阿道夫却是为了自己所坚信的正义而战。古斯塔夫·阿道夫是一名新教徒，所以他南下德国帮助新教徒作战。他是一位英勇善战的将军，他率领的军队最终也获得了胜利，不幸的是，他本人却在战争中牺牲了。新教徒在这场三十年战争中获得了优势地位，最后战争双方缔结了一个著名的和约——《威斯特伐利亚和约》，标志着三十年战争的正式结束。和约承认新教和天主教一样具有合法地位，而每个国家的官方宗教由国王来定，究竟是选择新教还是天主教全凭国王的个人喜好。

在三十年战争期间，瘟疫这个古老、可怕的传染病又在德国蔓延开来。当瘟疫传播到德国的一个叫奥博阿默高的小镇时，镇上的人们日夜祈祷，希望得到上帝的怜悯和庇佑。他们发誓倘若他们能够活下来的话，以后每十年都会演出关于耶稣基督的生活戏剧。他们最终真的逃过了一劫，于是从此以后，这里每十年都会上演《基督受难记》，很少有例外。每当这个时候，千万名来自世界各地的旅游者纷纷赶到这个偏

◆一幅寓意画作品，路易十四被绘成希腊神阿波罗，其家庭成员则被绘为陪伴其身边的众神。让·诺克瑞作

僻的小镇观看村民们表演耶稣生平的故事。演出在第十年夏季的一个星期天举行，通常要演一整天。大约会有七百人参加演出，能被选中扮演圣徒的角色是极大的荣誉，而扮演耶稣基督就真是至高无上的荣耀了。

在路易十三和黎塞留之后，下一任法国国王是路易十四。

当时，英国的民众经过长期的斗争，最终成功地把管理国家的权利交到他们的议会手中。但是在法国，路易十四的政权决不允许他人染指。他声称"我就是国家"，不准许任何人插手国家大事。这和斯图亚特一家信奉的"君权神授说"异曲同工，不过，英国人民早已终结了这种荒谬的"君权神授说"。路易十四在位七十多年，是历史上在位时间最久的国王。

路易十四被称为"显摆君王"，他所做的一切都是为了炫耀。他总是到处检阅游行、昂首阔步地走在街道上，就好像他是戏剧中的主角而不是一个普通人。他穿着紧身衣，戴着厚重的、扑满香粉的假发，脚上还踩着一双红色的高跟鞋，好让他的个子能显得高一些。他手里拿着一根长权杖，手肘向外伸开，趾高气扬地走来走去。他认为，这样的装扮和仪态能让他显得高贵不凡、仪表堂堂。

所有这一切似乎都显得路易十四是个没有脑子的怪人，但你如果真这么想那就错了。他虽然样子滑稽，却使法国成为欧洲的主要强国。他几乎不断地与其他国家作战，但是我已经给你讲了太多战争的事情，现在就不再讲关于他的战争了，否则你可能会不想再读下去。法国接替了西班牙和英国，成了其他国家的领袖。

路易十四在凡尔赛建造了一座金碧辉煌的宫殿，里面有大理石的礼堂、精美的壁画和许多面大镜子，这些大镜子可以让他在一路昂首阔步的时候看见自己的模样。宫殿周围是一个花园，花园里面有很多美丽的喷泉。喷泉的水都是从很远的地方运过来的，想要喷泉喷几分钟得花好几万美元呢！至今还有很多人到凡尔赛宫观光，大家都想看看这富丽堂皇的宫室和喷泉表演。

◆路易十四时期的凡尔赛宫

◆路易十四准备就寝

路易十四的周围不仅有美丽的事物,他还把那个时代最有趣的人都找来了。这些人围绕在他身边,他们都是在某一方面特别优秀的人才,比如画画特别好、写作特别棒、讲话特别机智、表演特别生动或是长相特别俊美,等等。他把这些人都请到一起来,有些和他住在一起,有些就住在他附近。这些人被称作"侍臣",他们都是精挑细选出来的,所以看不起其他那些普通人。

那些有幸成为路易十四侍臣的人,日子自然过得十分舒适,但是法国的穷苦百姓们、乡下的农夫和城镇里面的工人才是为路易十四和他的侍臣买单的人。羊毛出在羊身上,百姓们要缴纳大量的财物,这样路易十四才有钱举办各式各样的聚会、舞会和宴会,才能送给朋友贵重的礼品。基于这样的社会状况,我们很快就会看到后来发生了什么,穷人们再也无法忍受这样的剥削和压迫,套用一句俗话来说,"狗急了还会跳墙呢"!

第二十八章
一个自力更生的人

问个问题,谁是自己国家的国父?

我想美国的孩子可能都会说:

"是乔治·华盛顿。"

但是,我要讲的这个人在华盛顿出生之前就被称为"国父"了,他不是个美国人。

在欧洲东北部和亚洲北部,有一个国土面积差不多是美国两倍大的国家,这个国家就是俄国。在1700年之前,很少有人知道俄国这个国家,因为它虽然是欧洲最大的国家,但人们生活的相对封闭——和其他欧洲人可以说是天各一方。俄国人属于斯拉夫民族,斯拉夫是印欧语系大家族中的一个分支。成吉思汗和他的蒙古族军队在13世纪时曾经征服俄国,接管了这里的土地。因此,尽管俄国人也是基督教徒,但他们与欧洲人相比在很多方面都更像东方人。当时,俄国的男人都留着长胡子、穿着长外套,还像中国人一样用算盘算数。在西欧废除农奴制度很久之后,俄国还有大量的农奴。

就在快到1700年的时候,俄国有个名叫彼得的王子出生了。小时候的彼得非常怕水,但是作为一个王子,他为自己害怕什么东西而感

◆ 在荷兰造船厂打工时的彼得大帝，他在这个造船厂工作了四个月，并被授予修船工的合格证书。在此之前，他还做过木匠

到耻辱，于是他强迫自己去适应水。他每天都去水边，不是在水里玩就是在水上划船。虽然每当这个时候他都怕得要死，但还是咬着牙坚持，最终他不但克服了这种巨大的恐惧，还喜欢上了游泳和划船，甚至超过对其他任何运动的喜爱。

等彼得长大成人后，他最想做的事情就是让自己的国家成为欧洲的强国。在此之前，俄国从未强大过，虽然它面积辽阔，但并不富强。他想让自己的国民能分享到欧洲人所拥有的文明和财富，那时候大多数俄国人都很贫苦、愚昧。但是在帮助人民摆脱蒙昧之前，他自己得先学会欧洲的先进文明。由于俄国没有人能教给他这些必要的知识，所以他就伪装成一个普通的工人，去了荷兰这个小国。他在那里的一个造船厂找到了工作，在那里工作了几个月，自己做饭、缝补衣服。在荷兰生活的这段时间里，他不但掌握了造船的全部技术，还学会了其他一些诸如打铁、修鞋甚至拔牙的事。

然后他去了英国，每到一个地方，他都会竭尽所能去学习各个方面的知识。最后，他带着自己所学到的知识回到了祖国，开始着手改造俄国的面貌。首先，彼得想要像其他国家一样拥有一支属于自己的舰队，但是俄国几乎没有临水的陆地，也就是说没有港口。所以，彼得必须先找到一个港口，他打算从邻国瑞典那里抢一块海岸过来。

当时的瑞典国王是查理，他是瑞典第十二位名叫查理的国王。查理十二当时还是个大男孩，彼得觉得打败这个男孩并得到自己想要的海岸是件轻而易举的事。但是，查理十二可不是一般的男孩，他非常优秀，甚至可以说是出类拔萃、天分极高，而且他还受过很好的教育。他精通几国语言，在4岁时就会骑马、打猎和作战。此外，他还不怕艰难困苦、不怕任何危险。他是如此无畏，所以人们都称他为"北方狂人"。

一开始，彼得的军队被打败了，但是彼得冷静地面对自己的失败，他在战后总结说，查理十二很快就能教会俄国的军队该如何获胜。而查理十二这边，最初无论是和彼得还是与其他一些威胁到他的国家的对战都大获全胜，以至于欧洲的其他国家都觉得他如同亚历山大大帝重生一般，担心他会征服所有的国家。但是，俄国人最终真的打败了查理十二，彼得也得到了他想要的海滨。接下来，他就开始组建筹备了多年的舰队。

俄国的都城是莫斯科，这座城市环境优美，但它的位置是在国家的中部，距离海滨太远了。这对彼得来说不适合，他希望自己的都城是个美丽的地方，但是最好就在海边，这样才可以挨着他心爱的舰队。后来他自己选了个地方，这个地方不但在水边，而且几乎都是水，因为它只是一块沼泽地。于是，他召集了30多万人来填平沼泽，在这块土地

◆波罗的海上的新都圣彼得堡的繁荣景象

上建了一座漂亮的城市。这座城市被他命名为圣彼得堡，以纪念圣徒彼得，其实彼得自己也是以圣彼得的名字命名的。圣彼得堡的名字后来又变为彼得格勒，再后来改为列宁格勒，现在它又被称为圣彼得堡了。在彼得大帝之后，俄国的都城一直是在圣彼得堡，直到一场革命之后，俄国的都城才又迁回到莫斯科。关于这次革命，你会在后面的章节中读到。

彼得完善了法律、开设了学校、创办了工厂和医院，还教给人民数学知识；他让大家像其他欧洲人一样着装，命令他们剪掉长胡子，他觉得长胡子看上去很土气。男人们认为没有胡子简直是有伤风化，于是有些人将剪下的胡子保存下来，准备死时一起葬在棺材里，这样复活（基督徒认为人死后还有机会复活）的时候他们就可以体面地出现在上帝面前。彼得还把欧洲很多的新鲜事物引进了俄国，他真的把俄国改造成了一个伟大的欧洲国家。所以，他被称为"彼得大帝"和"国父"。

◆1698年彼得结束其欧洲之旅返回国内后，一天他突然拿出一把剪刀剪断了一位大臣的大胡子，意在表明自己要向欧洲学习，与传统决裂。图为表现当时剪胡子时情形的漫画

彼得爱上了一个穷苦的农家女孩，这个女孩名叫凯瑟琳，是个孤儿。后来，他娶她为妻。凯瑟琳没有受过教育，但她非常乖巧可爱，而且活泼机智，因此他们婚后的生活非常幸福。俄国人感到大为震惊，国王为自己找的王后不是高贵的公主，却是个出身卑下的农家女。但是彼得很坚定，不顾其他人反对，加冕她为皇后。在彼得死后，凯瑟琳接替他成为俄国的统治者。

第二十八章 一个自力更生的人

第二十九章
逃跑的王子

在俄国之后,我们讲的这个国家是——普鲁士。普鲁士是欧洲的一个小国,后来成为德国的领土。前面说过俄国幅员辽阔,并在彼得手中变成了强国;而普鲁士地方很小,可是也有个国王使它强大起来。这位国王名叫腓特烈,也生活在18世纪,比彼得稍晚一些,他也被称为"大帝"——腓特烈大帝。

腓特烈的父亲是普鲁士第二任国王,正如人家收集邮票一样,腓特烈的父亲喜欢收集巨人。每当他听说有个子特别高的人,无论是在哪个国家,也不管要花多少钱,他都一定得把这

◆腓特烈二世11岁时的宫廷肖像画,画中的他俨然是一位小战士形象,这也是他父亲所刻意想把他培养成的样子

◆奥地利特蕾西娅女王像

个人买来或者雇来。他把这些收集来的巨人组成了一支引人注目的军队，还为自己有这样的军队而洋洋得意。

腓特烈的父亲是个脾气古怪、暴躁的老国王，他对孩子们都很凶，尤其是对儿子腓特烈，他给腓特烈起了个小名叫弗里茨。小弗里茨长了一头卷发，他喜欢音乐、诗歌和奇装异服，这让他的父亲非常不满，因为他希望儿子成为一名英勇的战士。腓特烈的父亲经常对腓特烈发脾气，有时候抓起菜碟就朝他扔过去，有时候一连把他关上几天，只给他面包和水，还经常用藤条鞭打他。最后，小弗里茨忍无可忍，于是就逃跑了。可是，他还是被抓了回来。他父亲见儿子这样不听话，再加上看不惯他的所作所为，竟然要杀了他——是真的，要处死他。不过在最后关头，腓特烈的父亲还是被人劝住了。

但是不可思议的是，在小弗里茨长大成为腓特烈之后，他恰好就是父亲所期待的那样——成为了一名勇猛的战士。他仍然喜爱诗歌，甚至还尝试着自己写诗；他也依旧热爱音乐，能把笛子吹得非常好。但是，腓特烈最大的愿望还是使他的国家成为欧洲强国，在他继位之前，普鲁士一直是个不起眼的小国，没有什么地位。

此时，普鲁士的邻国是奥地利。奥地利的统治者是一个叫玛丽亚·特蕾西娅的女人，她登上王位的时间恰恰就是腓特烈成为普鲁士国王的时候。当时，有些人说女人不懂得治国，所以想用这个借口发动战争。腓特烈的父亲曾经承诺过不会向玛丽亚·特蕾西娅开战——他保证不会只因为她是个女人就和她打仗。但是当腓特烈成为国王后，他想把奥地利的一些土地纳入自己国家的版图，于是他就毫不客气地去抢那块地盘了。他可不在乎玛丽亚·特蕾西娅是不是个女人，也不顾及他父亲的承诺。就这样，战争爆发了。很快，几乎欧洲所有的国家都加入了这场战争，有的国家支持腓特烈，有的国家反对他。但是，腓特烈不仅成功得到了他要抢的地盘，还牢牢地掌握了这个地方。

不过，玛丽亚·特蕾西娅也没有放弃，她想要夺回从自己手中被强行侵占的土地。于是，她秘密地准备再次与腓特烈交战，还暗中联络了一些国家，让他们保证在战争中支持她。但是，腓特烈事先探听到了她的动静，就出其不意地再次发动了对奥地利的进攻。这次战争持续了七年之久，因此被称为"七年战争"。腓特烈一直不断地作战，直到他彻底击垮了奥地利，也终于实现了他的目标——使普鲁士从一个小国一跃成为欧洲最强大的国家。他始终占据着最初从奥地利抢过来的那块土地。玛丽亚·特蕾西娅其实也是一个了不起的女王，如果腓特烈是个一般的国王，那她可能早就战

◆七年战争结束后，腓特烈大帝凯旋柏林时的情形

◆ 老态龙钟的腓特烈大帝。他74岁时，因在倾盆大雨中检阅军队感染风寒而病故

胜他了。但是，她遇到了一个太过强劲的对手，腓特烈是世界上最机智善战的将领之一，实在不是她能对付得了的。

说来也奇怪，七年战争的战场并不只在欧洲，连遥远的美洲也打起来了。因为英国是支持腓特烈的，而法国和其他国家反对腓特烈。所以，英国在美洲的那些殖民者就和法国在美洲的殖民者开战了。当腓特烈在欧洲取得胜利的时候，在美洲的英国人也战胜了那里的法国人。我之所以告诉你这些，是因为这关系到一个重要的问题，那就是为什么现在的美国人说的是英语而不是法语。如果腓特烈在欧洲打了败仗，而英国在美洲也败给法国的话，那么现在的美国人可能说的就是法语而不是英语啦！

腓特烈和我们之前听说过的很多国王一样，只要能从别的国家得到好处，才不管是用撒谎、骗人或者偷盗的什么法子呢，公平的方式和卑鄙的手段对他而言都一样。可是，他对自己国家的人民却非常好，几乎是爱民如子，为他们尽心竭力。正如守着幼崽的母狮一样，他为了自己这一大家子而战，即使要和全世界作对也在所不惜。

在腓特烈的宫殿附近有个磨坊，是一个穷磨坊主的。因为这个磨坊太破旧了，离宫殿这么近实在不好看，所以腓特烈就想把它买下来然后拆掉。但是磨坊主不肯卖。尽管腓特烈大帝出了高价，磨坊主还是拒绝了。换作大多数国王，早就把磨坊抢过来拆掉了，还可能会把磨坊主关进监牢甚至把他处死。可是腓特烈没有这样做，他觉得即使是最卑微的臣民也有自己的权利，如果人家就是不想卖，自己就不应该强迫他卖。因此，他就再也没打扰磨坊主。直到今天，这个磨坊还和过去一样矗立在宫殿的附近。

说来奇怪，虽然腓特烈是德国人，但他却很讨厌德语。他觉得德语是没有教养的人才说的语言，他平时都说法语，写东西也是用法文，只有跟仆人或是不懂法语的人说话时，他才说德语。

第三十章 美国摆脱了英王

◆英王乔治三世

知道美国曾经也有个国王吗？

他的名字叫乔治。

这个乔治不是乔治·华盛顿，他不是国王，这是另一个乔治。

你还记得英国的斯图亚特家族吧——詹姆斯、查里和其他一些人，他们在1600年到1700年这100年间一直是英国的统治者，而在1700年左右，英国把这家子人都用完了，再也没有斯图亚特家族的后裔了。

但是，英国得再找个国王才行。后来，他们找到了一个皇室的远亲，要他从德国的一个地方过来做英国的国王。是的，从德国过来接任英国的国王，他的名字就是乔治，英国人称他为乔治一世。乔治连英语都不会说，他是个德国人，相比起英国来，他显然更爱自己的国家，你能想到他是个什么样子的国王了吧？后来，他的儿子乔治二世接替他做国王，而乔治二世还是更像一个德国人而不像英国人。但是到了乔治的孙子，也就是乔治三世继位的时候，他就和祖父、父亲不同了，他在英国出生，又在这里成长，受到了英国文化的熏陶，可以说是个地地道道的英国人，也就是在这个乔治三世在位期间，美国正式成立了。

当国家发生变动，转变方向的时候，我们称之为革命。

美国是由两块居留地，或者说"殖民地"——詹姆斯敦和普利茅斯发展而来。后来，在大西洋海岸附近，殖民地的数量和面积不断增大。最初，在这里居住下来的人大多数是英国人，由英国国王管理。很快，另外一些国家诸如德国、荷兰、苏格兰和爱尔兰的人们，也纷纷来到了这里。之后，非洲人被当作奴隶卖到这里干活。英国国王要管理所有这些人，他要这些人给他送钱，也就是所谓的"纳税"。那时候的税与现在交的税不同，现在国家收的税都是用来为纳税人服务的，比如说用在道路交通、学校建设、治安防卫等公共福利等方面，而那时候的税款都进了国王的腰包，他想怎么花就怎么花。

大西洋海岸的这些人，要给远在对岸的那位国王交钱纳税，他们觉得自己应该有权投票来决定这些钱该怎么花、花在什么地方，但是他们得不到投票权，于是他们决定不再给远在英国的国王交税了。当时在美国有一位杰出的人物叫本杰明·富兰克林，他是一个蜡烛工人的儿子，是个穷苦孩子家出身，曾经两个胳膊下各夹着一个大条面包，走过费城的大街小巷。但是，他后来却一跃成为美国备受尊敬的人，他做过印刷工人，还创办了美国第一份、也是最好的一份

◆本杰明·富兰克林像

报纸；同时他又是一位伟大的思想家，还发明了新式火炉、油灯；等等。不过在所有的这些事迹中，最有名的还是他在暴风雨中捕捉闪电的故事。为了证明闪电和电的性质相同，他在暴风雨来临的时候，用绑着电线的风筝成功地从云的闪电中引出了电，可以说，他是西方最伟大的智者之一。

弗兰克林被派往英国，想让英国国王在殖民地纳税的问题上转变态度，或者和他达成某种协议。但是，乔治国王非常固执，富兰克林无法改变国王已经决定的事情。

美洲的人们发现谈判没有用，就起来反抗。他们组织了一支军队，接着要找一个合适的人来领导军队。在他们看来，这样一个领导者必须要诚实、勇敢，要有头脑和见地，还一定要爱自己的国家，而且应当是一名优秀的战士。他们到处寻找具备所有这些特点的人，最后终于找到了，他们选择的这个人确实诚实而勇敢。关于他有一个传说，据说当他还是一个小孩子的时候，为了试试刚得到的新斧子是否锋利，他砍倒了父亲最喜爱的一棵樱桃树。他父亲怒气冲冲地问他树是不是他砍的，他诚实勇敢地回答道："我不能说谎，是我做的。"你知道吗？这个人就是乔治·华盛顿，我们现在知道这个故事并不是真事，是写乔治·华盛顿传记的那个人编的，但是他确实是个好故事，你说是不是？

乔治·华盛顿曾经做过土地测量员，也就是测量土地的人。在华盛顿只有16岁的时候，他就受雇去测量费尔法克斯勋爵在弗吉尼亚的大农场，

◆乔治·华盛顿在测量费尔法克斯的种植园

这说明他有很好的头脑。后来他成为一名战士，在对法国和印度的战争（也就是七年战争）中勇敢作战、表现突出，这表明他很爱国，而且是个优秀的战士。因此，乔治·华盛顿被选为美军统帅，由他率领军队对抗英国。

美洲人最初并没有想到成立一个新的国家，他们只是想获得与英国人同样的权利，但是他们很快发现，想得到这些权利只有一条路可走，那就是从英国的统治下独立出来，建立一个新的国家。

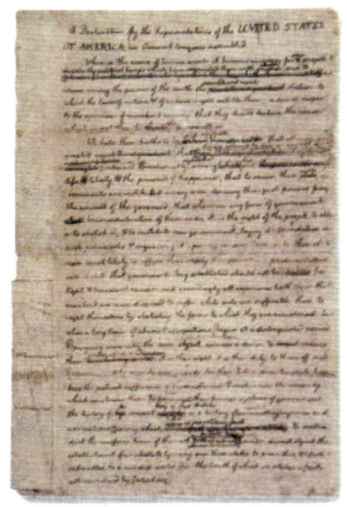

◆ 杰斐逊起草的《独立宣言》手稿

于是，一个名叫托马斯·杰斐逊的人起草了一份叫作《独立宣言》的文件，你知道为什么叫这个名字吗？因为他宣布这些殖民地要脱离英国的统治，成为独立的国家，人们推举了56个代表在这份宣言上签字，每个签名的人都知道，如果与英国的战争失败的话，他们这些人都要作为英国的叛国者而被处以死刑，但他们还是毅然决然地签了字。不过只是单方面的签署这份宣言并不能使英国放弃这些殖民地，绝对不可能！乔治国王已经派来军队阻止这些殖民地独立。

华盛顿只有很少的兵力与英军对抗，战士们的军费也少得可怜，粮食、衣物的供给跟不上，就连弹药和子弹也很匮乏。有一个冬天，这些士兵几乎冻饿而死，因为他们穿得很少，只有胡萝卜可以吃，照这个情形来看，如果再没有援助，他们这支队伍就支撑不下去了。然而，华盛顿仍然激励着他们的斗志。

本杰明·富兰克林又被派往海外，不过这次当然不是去英国而是去法国，看看是否能从那里得到些援助，法国在七年战争中失去了它在美洲的殖民地加拿大，因此非常痛恨英国，但是一开始法国并没有帮助美洲人,因为华盛顿的军队在与英军的对战中已经输了好多次,而人们一般不会支持失败者。在《独立宣言》发表后的第二年,美军在纽约州的萨拉托加大败英军,法国国王开始对这场战争有点兴趣了,他开始给殖民地的人们提供援助,好让战争能继续下去。其中,一个年轻的法国贵族拉法叶还匆忙从法国赶来,在华盛顿将军手下作战,他表现出色,获得了较高的声誉。

这时候,英国看到形势对自己越来越不利,就想与美洲人议和,并且同意给他们与英国公民一样的权利,但那已经太迟了。在战争初期,美洲人可能会接受这个停战条件,而且还会是欣然接受;但是现在,他们只能接受从英国的统治中彻底独立。于是,战争继续打下去,因为英国是不可能放弃殖民地的。

英军在北部的萨拉托加被他们所说的美国佬击败后,又派他们的将军康华利勋爵去南部作战。美军这边在南方的部队是由格林将军领导。康华利勋爵想与格林正面作战,但是格林巧妙地带着康华利到处兜圈子,把康华利的部队拖得筋疲力尽,最后将他们引到弗吉尼亚海岸一个叫约克镇的小地方。在那里,康华利的军队被迅速包围,他们措手不及、无路可逃。陆地这边是美洲部队,海岸那边是派来增援的法

◆美国最初13个州的地图

国舰队，康华利只得投降。

于是，乔治国王只好说："让我们议和吧。"1783年，双方签署了和平协议，战争在打了八年之后正式结束，殖民地脱离英国的统治。这次战争称为"独立革命战争"，战争结束后，美洲这个独立的国家被称为美国。

最初，美国是由13个殖民地组成的联邦国家，所以美国国旗上只有13道横条纹。有些人认为13是个不吉利的数字，可是有13道横条纹的美国国旗却依然在自己的国家土地上空飘扬，13这个数字不是给他们带来了好运吗？你说呢？

◆大陆会议上的华盛顿

华盛顿被任命为美国第一任总统，美国人称他为"国父"。他是独立战争中的第一人，和平时期的第一人，也是美国国民心中的第一人。

第三十一章
天翻地覆

人们都知道，麻疹和腮腺炎特别容易传染。

其实，革命也是这样。

在美国13个殖民地革命胜利后不久，法国人民也发动了一次革命，他们看到美国人在与英国国王的对战中取得了巨大的胜利，于是也起来反抗他们自己的国王和王后，这次革命被称为"法国革命"。

法国人民起来反抗国王的原因是他们与国王、皇室和贵族的贫富差距太大了，平民百姓什么都没有，而国王和贵族们却拥有一切。和美国人一样，法国人也是因为苛捐杂税而起来造反的。其实英国的税额不算太高，但美

◆ 身着加冕礼服的路易十六

国人还觉得不公平；而法国的税额不仅仅是不公平了，那简直就是要把法国人的一切都搜刮光。

我前面讲过在路易十四统治时期，人民所受的剥削和压迫是多么严重，后来的情况越来越糟，直到人民忍无可忍。

当时，法国的国王是路易十六，他的王后名叫玛丽·安托瓦内特。人民非常贫穷，只有一种粗糙难吃的黑面

◆ 王后玛丽·安托瓦内特

包可以吃。就这样他们还要被迫给国王和贵族上贡，因此，国王和贵族们才能维持奢侈无度、花天酒地的生活；他们还要做各种各样的苦工，没有任何报酬，或者说报酬微乎其微。如果有人抱怨，他就会被关进巴黎最大的一个监狱——巴士底狱，在那里一直待到死。尽管人民都赤贫如洗，国王、王后和他们的朋友却过着穷奢极欲、应有尽有的生活，所有的钱都是从穷人们那里搜刮而来。

其实，国王和王后也不是真正的恶人，他们只不过是年少无知罢了。他们的心肠并不坏，但是和很多好人一样，他们也缺乏常识，根本不知道别人是怎么生活的。他们似乎不理解还会有穷人，因为他们自己什么都有。玛丽·安托瓦内特在听到他们的臣民们没有面包吃的时

候，竟然说："让他们吃蛋糕啊。"

为了消除种种的社会不公，法国各地的优秀人物聚到了一起组成了"国民议会"，他们想要制定一个方案，解决人民长期以来遭受的所有不公；他们想让每个人都得到自由和平等，让每个人对国家事务都有发言权；他们的口号是"自由、平等、博爱"。

这时，穷人们由于再也无法忍受富人们的压迫而怒不可遏，一群愤怒的民众围攻了巴士底狱。他们打烂围墙，把犯人从里面放出来，还杀死了看守巴士底

◆《网球厅宣誓》。这是一幅非常著名的素描：577名法国三级会议的第三等级代表和少数第一等级代表在1789年6月20日签署誓言，在此之前，路易十六反对把三级会议改为国民议会，这些代表也被军队阻止进入会场，他们就来到皇家室内网球场开会，发誓不制订出法国《宪法》绝不罢休。"网球厅宣誓"是"法国大革命最关键的一天"：人民的议会决定与君主分享权力

◆法国人民攻打巴士底狱

狱的卫兵，因为他们认为卫兵们都是国王的走狗。然后，他们砍下了卫兵的头，把头颅都挂在高高的竹竿上，带着这些竹竿在巴黎的大街小巷游行。当时，在巴士底狱中只有七个犯人，所以放了他们并不是多大的事，但是这次进攻巴士底狱至少表明了一点，那就是人民再不会容忍国王将他们随意关押了。

围攻巴士底狱的暴动发生在1789年7月14日，这是法国革命的开端，这一天后来成为法国的国庆日，就象美国庆祝7月4日的独立日一样，这次事件也相当于法国人民反对国王的独立宣言。

这时，曾经帮助美国人对抗英国国王的贵族拉法叶回到了法国。后来，他把巴士底狱的钥匙作为纪念品送给了乔治·华盛顿，表明他自己的国家也要颠覆国王的统治宣布独立了。

国王和王后居住在凡尔赛华美的宫殿中，这些宫殿还是当初路易十四建造的。在听说发生在巴黎的暴动之后，贵族们都变得惊慌失措，他们丢下国王和王后，赶紧离开了法国。因为他们很清楚接下来会发生什么，不想留下来等死。

此时，国民议会起草了一份与美国《独立宣言》类似的《人权宣言》。《人权宣言》上说，所有人生而自由、平等．人们有权参与法律的制定，在法律面前人人平等。

在《人权宣言》拟定后不久，愤怒的巴黎民众又暴动了，这些衣衫褴褛、样子粗野的平民，手持棍棒和石块，一路高喊着"面包！面包！"，步行20多公里到达了凡尔赛宫，路易十六和玛丽·安托瓦内特还住在那里呢。人们径直冲上了富丽堂皇的大楼梯，国王身边仅存的那几个卫士哪能阻挡得住他们呢？人们抓住了国王和王后，把他们带回巴黎关押了起来。路易十六和玛丽·安托瓦内特成了阶下囚，他们一直被关在那里；他们曾乔装成平民试图逃跑，但是还没跑出国境就又被抓了回去。

◆制作于法国大革命时期路易十六上断头台的纪念盘

之后，国民议会起草了一部《宪法》——公证管理国家的一套法则，要国王按照宪法执行王权。国王同意了，并且签了字。

但是这还不够，人们根本就不想再让国王来统治他们了。于是在一年之后，他们成立了一个真正的共和国，国王被判处死刑。有个法国人发明了一种装置，上面有一把大刀，专门用来砍头，这个装置就叫作断头台。断头台很快取代了行刑时的斧头，因为它砍起头来又快又准。国王被带到断头台前，被砍了头。

◆印有《马赛曲》词曲的歌单

不过在除掉国王后，人们仍然没有感觉到满足，就此平静下来，他们总担心那些支持国王的人会死灰复燃。人们选择了红、白、蓝三种颜色作为国旗，将《马赛曲》作为他们的国歌；他们无论走到哪里，都扛着三色旗高唱着《马赛曲》。

接下来，法国人进入了"恐怖统治时期"（暴政时期）。这是一段鲜血淋漓的历史，一个名叫罗伯斯庇尔的人和他的两个朋友成为恐怖时期的领袖。在这个时期，任何被怀疑是支持国王的人都会被抓起来砍头，王后就是第一个被砍了头。如果有人造谣说某个人是支持国王的，那么无论他是男人、女人还是孩子，都会被立刻送到断头台上。如果有人和另一个人有仇想要

◆ 王后玛丽·安托瓦内特被送上断头台

◆ 法国革命的人群与断头台

除掉他的话,他只要指控对方拥护国王就可以把他送上断头台。这样的做法使每个人都惶惶不可终日,不知道自己什么时候会被仇家诬陷。先是成百上千的人,接着是成千上万的人,因为有支持国王的嫌疑而被斩首;由于血流成河,人们不得不专门建了一个下水道把血排走。虽然用断头台杀人已经很快了,但对这些恐怖分子来说还是太慢——它一次只能砍一个头,后来他们干脆把犯人们排成一排,直接用大炮轰。

人们似乎全都变得野蛮、冲动,甚至是疯掉了!他们污辱耶稣基督和基督教,把一个漂亮的女人尊为"理性女神",供奉在宏伟的巴黎圣母院的祭坛上,对着她做礼拜而不再礼拜上帝;他们推倒耶稣和圣母玛利亚的雕像,扯下他们的画像,然后放上自己领袖的雕像和画像,在原来十字架的位置上放置断头台;他们取消了星期日,把一周定为十天,每个第十天作为节日取代礼拜日;他们还停止从耶稣诞生开始纪年的方法,因为他们不想保留任何与耶稣有关的东西,他们把共和国成立的1792年作为第"一"年。

但是罗伯斯庇尔还不满足,他想要自己一个人独揽大权,就开始设计陷害他的

◆《刺杀马拉后的科黛》，保罗·波德里作

两个朋友，其中一个被他砍了头，另一个被一个女孩刺死在浴缸中，这个女孩叫作夏洛特·科黛，她对这些人惨无人道的暴政极其愤怒，实在忍无可忍了。这样，就只剩下罗伯斯庇尔一个人。后来，人们开始害怕这样一个残忍、没有人性的暴君，就起来反抗他。当得知自己要被处死后，他想要自杀。但是他还没来得及这样做就被抓住了，并被押到了断头台前。在那里，他曾让无数人掉了脑袋，如今他自己也一样被砍了头。在他死后，恐怖统治终于结束了。

第三十二章
小巨人拿破仑

后来，法国大革命结束了。

结束这场革命的是一名年轻的战士，这名战士大约才20岁，身高只有一米五多一点。

当时，革命政府正在王宫开会，街道外愤怒的暴民想要袭击皇宫。于是政府就派这位年轻的士兵带了几个人出去赶走暴民。这位士兵在宫殿的四周架起大炮，让大炮对着通往宫殿的每条街道，这下子再也没人敢出来了。这位年轻的士兵就是拿破

◆青年拿破仑

◆《跨越阿尔卑斯山圣伯纳隧道的拿破仑》,(法)雅克–路易·大卫作

仑·波拿巴。由于他有这样突出的表现,所以人们都想知道他是谁、从哪里来。

　　拿破仑在地中海一个叫科西嘉的小岛上出生。他出生的时机也很巧,因为科西嘉岛之前属于意大利,在他出生前的几个星期之前刚刚划归给法国,这样他恰好成了一名法国人。等长大一些后,他就被送到法国的一个军事学校学习。那里的法国同学看不起他,把他当作外国人,都不愿意搭理他,但是拿破仑的数学成绩非常优异。他喜欢攻克难题,有一次,为解开一道难题,他把自己关在屋子里待了三天三夜,直到解出答案。

在职业生涯初期,拿破仑就展现出一名优秀士兵的潜质。而在年仅26岁的时候,他已经成为一名将军。

当时,欧洲别的国家都有国王,只有法国染上了从美国那边漂洋过海传过来的革命热潮,除掉了自己的国王。欧洲其他国家的国王都担心他们的人民也会染上这种狂热,由于法国终结了国王的统治,因此他们全都变成了法国的敌人。此外,法国军队还侵入邻国,要帮助他们除掉自己的国王。因此,战争再次爆发了。

拿破仑被派去攻打意大利。为此,他必须穿越阿尔卑斯山——就是之前汉尼拔率领大军在布匿战争中翻越的那座山。但是,汉尼拔翻山的时候没携带沉重的大炮,而拿破仑的军队要带着大炮翻过阿尔卑斯山

◆《拿破仑一世加冕大典》,布面油画,(法)雅克-路易·大卫作

似乎不太可能。于是，拿破仑询问管理大炮的技师能不能带着大炮翻山，按理说他们在这个问题上应该是比较权威的。结果技师们的回答是：不可能。

"不可能？"拿破仑生气地说道，"这个词只有蠢人的字典里才有。"然后，他大声喊道："冲啊！别想什么阿尔卑斯山！"接着他身先士卒，带领大军翻越了这座山。他的军队在意大利打了胜仗，当回到法国时，他作为凯旋的英雄受到了人民的热烈欢迎。但是，那些统治法国的人们开始担心起来，他们害怕拿破仑会称王，因为他当时很受人民的爱戴。不过，这时候拿破仑主动要求去征服埃及，因为埃及是英国的殖民地，他想取代英国；而且征服了埃及，就可以切断英国与印度的联系，进而将印度变成法国的殖民地。当时印度还是英国的殖民地，是英国在查理一世在位时得到的。但是，英国是绝对不能接受的，它已经失去了美国，不想再把印度也丢了。

法国的革命政府非常高兴能摆脱拿破仑，于是他们就答应拿破仑的请求，把他派到了埃及。拿破仑迅速地征服了埃及，就如同当初尤利乌斯·恺撒占领埃及那样轻而易举，但是这一次可没有克娄巴特拉来阻止他的计划了。当他征服埃及时，在尼罗河入口等待他的舰队被英国舰队袭击并完全摧毁。当时指挥英国舰队的是一位伟大的海军上将，几乎可以说是当时世界上最伟大的海军统帅，他就是纳尔逊勋爵。

拿破仑的退路一断，就没法带兵回到法国了。他把在埃及的军队交给另一个人率领，然后他设法找到一艘船，一个人回法国了。当他到达法国后，他发现革命政府内部发生了争执，他知道自己的机会来了。于是，他想方设法让自己被选为治理法国的三个执政官之一。结果，他成为第一执政官，另外两个人是副执政官。但是，那两个副执政官和执行拿破仑命令的小职员也差不多。很快，拿破仑又成为终身第一执政官。再后来没多久，他就成了法国和意大利的皇帝。

欧洲一些国家开始担心拿破仑也会来侵略它们,把它们也变成法国的一部分,所以这些国家全都联合起来对付他。拿破仑计划先征服英国,他组织了一支舰队横渡海峡去英国,可是他的舰队在西班牙附近的特拉法尔加角被英国海军上将纳尔逊勋爵拦截了,纳尔逊勋爵就是在埃及击败拿破仑舰队的那位将领。在这次战争之前,纳尔逊对他的战士们说:"英国希望它的每一个国民都能履行自己的责任。"他们确实做到了。拿破仑的舰队被完全击垮了,不过纳尔逊自己也在这场战争中阵亡了。

◆欧洲反法联盟攻占巴黎,拿破仑被迫退位,被放逐厄尔巴岛,他临行前在枫丹白露同卫队告别(《荣军,告别,1814.4.20》)。贺拉斯·贝内特作

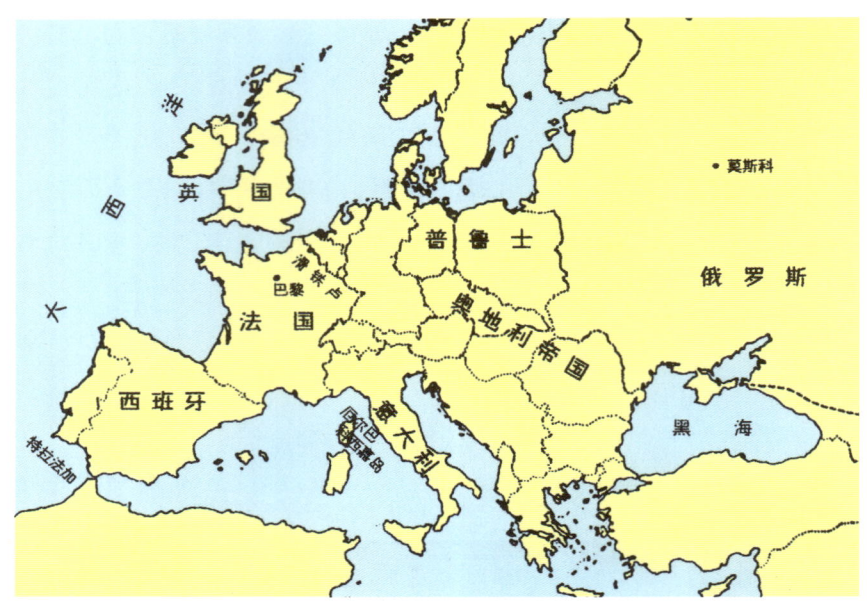

◆1815年的欧洲地图

在这之后，拿破仑放弃了征服英国的想法，他转而将注意力对准了另一个方向。他击败了西班牙、普鲁士和奥地利，几乎占领了整个欧洲，这些国家要么属于他，要么乖乖听命于他。于是，拿破仑就去进攻俄国。这是他犯的最大的错误，因为俄国距离遥远而且幅员辽阔，而且那时候又正值冬天，天气特别寒冷。然而，他仍然带着部队成功地抵达了俄国的中心莫斯科；但是俄国人烧光了莫斯科城，把粮食也都毁了，这样拿破仑的军队就找不到东西吃。那里天寒地冻，到处都是厚厚的积雪；在撤退途中，拿破仑的军队损失惨重。拿破仑自己走了捷径，很快就到达了巴黎，却让战士们自己找路回去，结果成千上万的人马都死在了饥寒交迫的路上。拿破仑回到了巴黎，但是他的时运开始不济。欧洲各国都准备好了要结束他这个暴君，没过多久，他就在敌人的包围下被击败了。

拿破仑见大势已去，就签署了退位诏书，并且离开了巴黎。他被放逐到意大利海岸一个叫厄尔巴的小岛上,这个岛与他出生的那个小岛相隔很近。

但是拿破仑到了厄尔巴岛之后,并没有觉得自己气数已尽,他认为自己仍然有机会回到法国重掌大权。终于有一天,他突然在法国海岸登陆了,让法国和整个世界都大吃一惊。巴黎的法国政府派拿破仑以前的旧部下去对付他,还授命他们在遇到拿破仑后就把他关进笼子里押回巴黎。但是当这些老兵遇到他们曾经的将军后,都站到了他这一边,跟随他去了巴黎。英国和德国军队聚集在法国北部,准备好与拿破仑决一死战。拿破仑带领法军和对方展开激战,这也是拿破仑的最后一战,因为他在这里被一位名叫威灵顿的英国将军彻底打败了。这场战役发

◆表现1815年6月18日晚8时的滑铁卢战役的情形,拿破仑被威灵顿指挥的英军及其后赶来的由布吕歇尔指挥的普鲁士援兵打败

◆英国军舰上的拿破仑。滑铁卢战役失败后，他搭乘英国军舰驶向普利茅斯港，不久，就被流放到大西洋的孤岛圣赫勒拿岛

生在1815年，今天我们在讲到重大的失败时，仍然比喻为遭遇了"滑铁卢"。

这里有个句子，从前面读和从后面读都是完全一样的，据说这是拿破仑在战败说的一句话。这句话是这样的：

"ABLE WAS I ERE I SAW ELBA。（在看到厄尔巴岛之前，我是所向无敌的。）"

在滑铁卢一役后，英国人带走了拿破仑，把他关在大海中的一个小岛上，这样他就跑不掉了。这个小岛叫圣赫勒拿岛，是以君士坦丁母亲的名字命名的。拿破仑在岛上生活了6年后就死去了。

拿破仑可能是历史上最伟大的将军，但是这并不意味着他是个伟大的人。有的人说他是个大恶人，因为他为了个人的成就而牺牲了千万人的性命，还把整个欧洲都卷入了战争，给这些地方带来了毁灭。

这时候，我们就来到了19世纪，因为拿破仑是死于1821年，这个时间距离我们今天有多久呢？

第三十三章
拉丁美洲的独立战争

当你想到墨西哥、南美洲和加勒比岛这些地方时，你可能会联想到美丽的海滩或者是狂欢节之类的东西吧。但是那些地方可不只有这两样东西，比如墨西哥就有北美洲创办的第一所大学，南美洲也有像西蒙·玻利瓦尔这样著名的英雄人物，他在南美洲的地位就等同于华盛顿在美国的地位。

墨西哥是北美洲的一个国家，与中美洲、南美洲以及加勒比群岛一样，墨西哥也有着悠久的历史。虽然与这些国家共处于一个半球，但是美国人

◆拉丁美洲殖民地地图，图中显示出美洲土著民的分布

对于这些地方有些陌生,这些地方很值得我们去研究甚至是学习。

在哥伦布横渡大洋之后,加勒比群岛的大部分土地就已经被西班牙征服了,中美洲、南美洲以及墨西哥也未能幸免。印第安人不仅被西班牙夺去了土地,而且被西班牙殖民者强迫在金矿和银矿上做工,开采出的矿产还要运回西班牙,这使西班牙越来越富裕。在看到西班牙得到了那么多的财富之后,其他欧洲人也想分一杯羹。于是,西班牙再也不能独享那些财产了,而只能跟别的欧洲人共享。后来,南美洲和北美洲的许多国家都被那些欧洲人瓜分了,比如巴西被葡萄牙占领了,北美洲东部的土地也被英国和法国瓜分,中美洲、南美洲沿岸的一些岛屿和陆地也到了英国、法国、荷兰和丹麦的手里。西班牙虽然将自己的殖民地分出去了许多,但是拉丁美洲的大部分土地仍然归自己所有。在西班牙的统治下,殖民地的居民都说西班牙语,这使得西班牙语成为现在拉丁美洲最通用的语言;而西班牙殖民者信奉的罗马天主教,也自然成了当地最大的宗教。

早期的西班牙男性殖民者娶了印第安女子为妻,经过几代的繁衍,很快就有了许多父母和祖父母分别是欧洲人和美洲印第安人的人,这些混血儿被称为"麦士蒂索人"。与此相对的是祖先都是欧洲人的人,他们被称为"克里奥尔人"。在一些殖民地,不仅有殖民者和当地居民,还有殖民者从非洲运来干活的奴隶。有些非洲人与克里奥尔人或

◆拉丁美洲和加勒比海的国家

是麦士蒂索人结婚，不久，拉丁美洲就有了各种肤色的人。为了统治拉丁美洲的居民，西班牙的国王和王后向拉丁美洲派去了官员，他们的主要职责是收税，当地人是不允许干预他们的管理的。

在拉丁美洲和加勒比的殖民地，许多人都觉得自己是那样不幸。克里奥尔人认为，他们应该享有管理当地居民的权利，在美洲发现的所有财富也应该归他们所有；美洲印第安人和麦士蒂索人也抱有同样的想法；当然那些奴隶也不例外，他们都想获得自由。这种情况不仅仅出现在巴西的殖民地，中美洲、南美洲和加勒比的所有殖民地都是如此。

接下来发生的事情就很容易猜到了，对，就是革命。紧接着美国革命和法国革命，这些地方也深受鼓舞，骨子里的反抗精神被大大激发，于是革命就不可阻挡地爆发了。

海地是一个位于加勒比海的岛国，最初的大革命就是在这里爆发的。1789年，法国爆发了大革命，海地人被他们"自由、平等、博爱"的著名口号打动了，他们也想要那份属于自己的自由、平等和博爱。虽然海地人并不理解这些口号的真正意义，但是当地的各类人都有自己的理解。富有的克里奥尔人把这些口号理解为，他们应该和生活在法国的法国人一样拥有同等权利；普通的海地人，包括一些混血儿认为，这个口号意味着他们和当地富有的克里奥尔人享有同等地位；奴隶们则认为这些口号是说明奴隶应该获得自由，应该与其他公民一样享有同等的权利。很快，这些不满的人民开始混战起来。

其中有一次比较重要，它开始于海地北部的奴隶起义。这次起义造就了一位强大的领袖，是他带领人民走向了胜利。他就是杜桑·卢维图尔。杜桑是奴隶出身，有传言说他曾经是非洲国王的孙子。他是一个有学识的人，会读书写字，他了解法国革命自由平等的理念，不甘心一辈子只做一个奴隶。所以他和他的伙伴并肩作战，迫使法国政府废除了在海地的奴隶制度。不仅如此，他还争取到了参与管理事务的权利。在他管理下的海地，黑人和白人共同重建被战火摧毁的家园，海地开始慢慢复苏。

在法国，拿破仑开始掌权，因为嫉妒有能力的杜桑以及想要控制海地，他向海地派了军队。法军将领施诡计将杜桑关进了法国的监狱。一年后，杜桑死在狱中。杜桑死后，一个名叫让·雅克德萨林的人接替杜桑领导海地人民继续战斗，直到海地成为一个独立的国家。然而在海地独立以后，国内战争爆发，真正的和平一直没有到来。

在西班牙的美洲殖民地上的居民也过着不愉快的生活，他们对自己的生活牢骚满腹。他们也听说了美国和法国的革命，这更激起了他们的不满情绪。克里奥尔人不满于国王从西班牙派来的那些人拥有各种权利而他们却没有，西班牙殖民地的居民也都不愿意再给西班牙国王缴纳高额的税金，麦士蒂索人也同样对西班牙怀有满腔愤怒，美洲印第安人更加痛恨西班牙人杀死了自己的同胞、夺走了自己的土地，还奴役着自己。这些原住居民想收回失去的土地，当地的奴隶也想恢复自由。

在南美洲的秘鲁，最初反抗西班牙的起义爆发了。一个叫作图帕克·阿马鲁的人领导了这次起义，他是印加国王的后代。但不幸的是，他和他的战友最终还是被西班牙军队杀害了。很久之后，拉丁美洲才迎来改天换地的一天。

在1800年后不久，很多大事接连发生。一开始，拿破仑战胜了西班牙，让自己的兄弟代替了西班牙原来的国王。因为他们的老国王不在位了，拉丁美洲的人民认为拿破仑没有统治他们的权利，所以，拉丁美洲借此机会宣告了独立。西班牙殖民者当然不会同意他们这么做，于是战争就这样爆发了。起初，在阿根廷，圣马丁领导一支队伍取得了胜利。后来，为了智利、秘鲁等国的独立战争，他还制定了一系列的计划，帮助这些国家进行战斗。圣马丁的军队有三分之一是奴隶，他还向他们许诺，只要加入他的军队就可以获得自由。

拉丁美洲的历史上有一位最著名的英雄，就是西蒙·玻利瓦尔。他生于委内瑞拉加拉加斯的一个富有的克里奥尔人家庭，他是家里四个孩子中最小的一个。他的父母有很多财产：房屋、金矿银矿、大群的家畜、种植着蔗糖和可可树的大农场。然而，西蒙却没有想象中的那么幸福，父亲在他不到3岁的时候就去世了，母亲也在他还没成年的时候离开了人世。他和他的兄弟姐妹被送到了不同的地方生活，一个叔叔收养了西蒙，但是这位叔叔对西蒙很冷漠。西蒙常常会想起远在异乡的哥哥姐姐。

在那个年代，有钱人都会请家庭教师来教导自己的孩子，西蒙的叔叔也为西蒙聘请了一位家庭教师。这个教师叫作西蒙·罗德里格斯，跟小西蒙同名。西蒙教师不仅传授西蒙·玻利瓦尔知识，还将那时的新思想都教给了西蒙·玻利瓦尔。西蒙教师讲的内容有美国和法国的革命，有西班牙的殖民统治，也有美洲印第安人和奴隶们的凄惨生活。经过这位教师的教育，西蒙·玻利瓦尔很自然地成长为一名革命者。

1811年，委内瑞拉的克里奥尔人宣布独立，西班牙殖民者为了阻止委内瑞拉的独立势力而发动了战争，在这场战役中，西蒙·玻利瓦尔担任了委内瑞拉起义军的首领。第二年，加拉加斯发生了一场大地震，上万名起义军丧生。许多人都坚持不下去了，但是西蒙·玻利瓦尔没有放弃。他重新组建了一支队伍，和他的伙伴一起努力，先后解放了委内瑞拉、哥伦比亚、玻利维亚和厄瓜多尔。国家独立了，玻利瓦尔众望所归，被选为了国家总统。为了纪念克里斯托弗·哥伦布，玻利瓦尔将这个国家命名为"大哥伦比亚共和国"。

玻利瓦尔希望将拉丁美洲的全部地区都统一起来，但是这个愿望最终没能实现。现在中美洲和南美洲的一些小国就是当年脱离西班牙统治之后分裂出去的，其中一个叫作"玻利瓦尔"的国家就是为了纪念玻利瓦尔的伟大功绩而命名的。

◆ 身着军装的玻利瓦尔

那些刚刚独立的国家中的富人不愿与平民共同享有权利，他们也不想把土地还给印第安人，像玻利瓦尔那样想要废除奴隶制的富人就更加少了。所以在独立后，拉丁美洲仍然面临着许多问题。尽管问题众多，但是玻利瓦尔的功绩却没有人会遗忘，在南美洲和中美洲人民的眼中，玻利瓦尔就是他们的英雄，当地人尊称他为"解放者"。

墨西哥也是反抗西班牙殖民统治的国家，它是与美国南部最邻近的国家。曾经被称为新西班牙，它包括诸如得克萨斯、亚利桑那、新墨西哥和加利福尼亚这些地方。墨西哥的一名叫作米格尔·伊达尔戈的神父领导人民进行了第一次起义，他和他的印第安人起义军想从少数富人手中夺取土地，然后将这些土地还给当地人以及分给穷人。这些想法引起了西班牙和富有的克里奥尔人的警惕，最后，起义军被西班牙和克里奥尔人打败了。一个名叫何塞·玛丽亚·莫雷洛斯的麦士蒂索神父接替被处决的伊达尔戈继续领导战斗，但是他最后也失败了，与伊达尔戈一样被处死了。后来，起义军的领导权到了克里奥尔人手中，他们继续与西班牙人斗争，领导权全在富人的手中。

在1821年，墨西哥宣布独立，一个名叫奥古斯丁·德·伊图尔比德的将军登上了皇帝的宝座，墨西哥的历史展开了崭新的一页。

第三十四章
从山林之神的牧笛到留声机

青蛙呱呱叫，

小猫喵喵叫，

狗狗汪汪叫，

羊儿咩咩叫，

母牛哞哞叫，

狮子吼吼叫，

土狼咯咯笑，

但只有鸟儿和人儿会歌唱，

鸟儿不会的人也会，

他们还能用乐器创作音乐。

你自己用竹棍做过笛子吗？或者是把柳叶当作哨子吹？

在远古神话中，阿波罗取了一对牛角，又用牛皮做成七根弦系在这对牛角之间，做成了七弦琴。他用手指或是大羽毛拨动这些琴弦，就会发出一种叮叮当当的响声，这种响声在当时是再美妙不过的声音了。据说，后来阿波罗的儿子俄尔甫斯从父亲那里学会了演奏七弦琴，传说中他的琴声异常优美，飞鸟和野兽，甚至树木和岩石都环绕在他身边，听他演奏。

希腊神话中有个山林之神叫潘神，他长着羊角、羊耳朵、羊腿和一双羊蹄，他把几个不同长度的芦管捆在一起，像吹口琴一样吹这些芦管，就能奏出好听的声音来。这个乐器叫作"潘神的牧笛"，它其实类似于排箫这类乐器。

七弦琴和潘神的牧笛是最早的两种乐器，前者是弦乐器，后者是管乐器，长弦和长管发音低沉，而短弦和短管则音调高亢。

随着弦乐器的不断发展，从阿波罗的七弦琴演变为今天有很多弦的钢琴。你看到过钢琴的内部结构吗？那里有很多不同长度的琴弦。不过，钢琴不像是七弦琴和竖琴一样要用手指拨动琴弦，你只要按下琴键，就有小木锥去击打琴弦来发出声音。

从最初潘神的牧笛开始，管乐器也在不断变化，现在我们看到大教堂里面像巨大的哨管一样的管风琴就是其中的一种。但很显然，你不可能再用嘴去吹这些管子了，因为它们都非常大，只能用机器鼓风来演奏。

现在，我们知道这些古代的乐器是什么样子了，但是我们不知道那时候人们的音乐是什么调子，过去没有留声机或是录音机来记录声音，如果有这些机器就可以把声音保存起来，那样即使过了一千年，再打开时也还是能听到那些古老的声音。可惜啊，那些过去的音乐就这样在空气中消失得无影无踪了。

那时候不仅没有留声机，连乐谱都没有。到公元1000年时，音乐才开始被记录在纸上。之前的音乐完全是靠口耳相传，因为没有乐谱。一个名叫盖伊的本笃会修士想到了一个记录音符的办法，他把音符定为哆、来、咪、发，等等。

还有一个名叫帕莱斯特里纳的意大利人，有人曾经称他为"现代音乐之父",他在1594年去世。他曾为教堂礼拜仪式中的歌唱配乐,教皇命令所有的教堂都要采纳他的配乐,但是人们却不太喜欢他的音乐,换句话说,他的音乐不太"流行"。

在大约100年后——公元1700年左右,第一个伟大的欧洲音乐家诞生了,他创作的音乐才是真正的大受欢迎,欧洲和美洲的人们都非常喜欢,至今人们仍然很喜欢。

他是个德国人,名叫亨德尔。他的父亲是个理发师,还兼职做牙医和一般的医生。这位父亲想让自己的儿子长大后当一个大律师,但是这个小男孩只喜欢音乐。

在那时候是没有钢琴的,不过有一种可以用琴键演奏的小型弦乐器叫作"翼琴",它是钢琴的前身,也叫古钢琴。有的翼琴下面装着腿,就像餐桌腿一样;有的翼琴没有腿,是放在桌子上演奏的。

在亨德尔6岁的时候,他才刚刚能够抓住这些乐器,他背着其他人把翼琴偷偷地放到阁楼上面自己的房间里。在晚上大家都睡觉以后,他就在翼琴上练习演奏直到深夜,家里人还以为他已经入睡了呢!有一天晚上,他的家人听到屋檐下有声音,不知道是怎么回事,就拿着灯笼悄悄爬上阁楼的楼梯。当他们突然把门打开之后,他们看到亨德尔穿着睡衣坐在椅子上,双脚悬空,正在那里弹奏翼琴呢。

在那之后,亨德尔的父亲知道想让儿子当

◆他们在阁楼中发现了小亨德尔

律师是没希望了，他就为亨德尔请来了音乐老师。不久之后，这个男孩的表演就震惊了世界。他后来去了英国，并且一直住在那里，成了一个英国人。在他死后，英国人把他葬在威斯敏斯特教堂——通常只有英国的名人才能被葬在那个教堂。

亨德尔把《圣经》中的一些章节谱成了音乐，这些带有《圣经》文字的歌曲被称为"圣乐曲"，通常都是众人合唱，其中有一首圣曲叫作《弥赛亚》，在圣诞节的时候，世界各地几乎都要唱这支曲子。除了宗教音乐之外，亨德尔还写了46部歌剧。

与亨德尔同一时期，德国还有位音乐家名叫巴赫。亨德尔是用翼琴演奏音乐，而巴赫是用管风琴演奏。巴赫给管风琴谱写了很多优美的乐曲，这些乐曲直到今天都是非常著名的。可奇怪的是，亨德尔和巴赫在老年后都变成了盲人，不过对他们而言，视力远不如听觉更重要。你觉得哪个"更重要"？

几乎每个音乐天才在他们的幼年时期就是音乐神童了，甚至在他们学会读书写字之前就已经成为伟大的音乐家。

在巴赫和亨德尔去世前，有个这样的天才出生了，他是个奥地利人，名叫莫扎特。

在莫扎特4岁的时候，他的钢琴演奏就已经非常出色了，他也给别的演奏者写音乐，这叫作"作曲"。

莫扎特的父亲和姐姐也是优秀的钢琴演奏家，所以他们三个经常一起去巡回演出。神童莫扎特经常在女皇面前演出，无论他到了哪里都会受到王子一般地款待，人们都宠爱他、赞扬他，还为他举办宴会，送给他很多礼物。

后来他成年了，也结了婚。从那以后，为了谋生，他经历了人生中最艰苦的时期。他创作各种曲子，也演奏各种音乐，比如"歌剧"和"交响乐"，其中交响乐是整个乐队一起演奏的，但是他赚的钱还是很少；莫扎特死后只能埋在穷人的乱葬岗里，连自己的坟墓都没有。后来，人们觉得这样一个伟大作曲家的坟墓竟然连墓碑都没有，这实在是太让人感到羞耻了。可是，这时想找到他的墓地已经太迟了。后人为他立了一座纪念碑，但是至今也没有人知道莫扎特的尸体究竟葬在哪里。

◆对于即兴创作的乐曲，贝多芬总是要改写到满意为止

一个叫贝多芬的德国人读到了神童莫扎特的故事，他也想让自己的儿子成为神童，在国王和王后面前演出。因此，在他儿子只有5岁的时候，他就让孩子在钢琴前长时间地练习，到最后孩子累得要命，眼泪顺着脸颊往下流，可就是这个名叫路德维希·贝多芬的孩子，最终成了世界上最伟大的音乐家之一。他只要坐在钢琴前一路弹下去，就可以创作出最优美的音乐，这就是即兴创作。但是当即兴创作的音乐被记录下来后，他从来不会满意。他总是一遍遍地修改、重写，直到满意为止，一个曲子他经常要修改12次以上呢！

后来，贝多芬的听力开始变得迟钝起来，他担心自己可能会彻底丧失听力——这对任何人来说都是件可怕的事情，而对那些视听力如性命的人来说，再没有比这个更糟的了。最后，他彻底成了聋子。失去听力使贝多芬感到绝望，他因此变得暴躁，动不动就发怒。不过，他并没有因此而放弃，他坚持像以前一样作曲，尽管他已经听不到自己写的曲子了。

还有一位不寻常的德国音乐家叫瓦格纳，他死于1883年。虽然瓦格纳一生都在练习演奏，但是他始终演奏得不是很好。不过，他创作了很多优秀的歌剧，他不仅作曲，而且还作词。他把日耳曼的神话和童话故事写进歌剧，用歌声唱出来。最初，人们取笑他的音乐，因为对他们而言这歌声有点杂乱，基本上就是"闹腾"，没什么旋律。而现在，人们却反过来取笑那些不喜欢他的人了。

之前，我给你讲的故事里有画家、诗人、建筑师和智者，还有国王和英雄、战争与冲突。我把古今的音乐故事都放在这一章来写，还把它夹在这些战争的故事中间，是想让你从战争的故事中出来，休息一下。

我小时候从来没有听过那些伟大音乐家的作品，现在我们随时可以打开收音机、录音机或是CD机，聆听帕莱斯特里纳、莫扎特、贝多芬或是瓦格纳的音乐。这是多么惬意的事情啊，就连《天方夜谭》里的国王都享受不到这样的乐趣呢！

第三十五章 1854年—1865年的旧报纸

你家里的报纸最早是什么时间的呢？我们这一章讲的事情都发生在1854年到1865年之间，如果你有这个时期的美国报纸，可能会在上面读到我马上要讲的这些事情。在"外国新闻"那一栏里，你可能还会找到下面这些消息：

英国新闻：

这时，英国的女王是维多利亚。因为她心地善良、心情温和，所以深受国民爱戴。你可能会看到一张图片，图片上的她

◆维多利亚女王

有众多儿女围绕在她身边。维多利亚有5个女儿和4个儿子,她既是女王又是一位母亲。对人们来讲,她更像是一位母亲。她在位的时间超过半个世纪,这段时期被称为"维多利亚时代"。

1854年的英国新闻讲述了英国与俄国的战争。因为俄国在遥远的东部,所以英国派出的士兵要先乘船渡过地中海,然后经过君士坦丁堡进入黑海。英俄的战争多数都发生在黑海的一个小块陆地上,这块土地叫克里米亚半岛,是属于俄国的领土。发生在这里的战争就叫作克里米亚战争。在这场战争中,成千上万名英国士兵因为伤痛和疾病都死在了这片遥远的土地上。

当时,英国有一位叫弗洛伦斯·南丁格尔的女士,她非常善良,总是去照看那些生病的人。在小时候,她经常做这样一个游戏:假装自己的娃娃头破了或是腿断了,她就给娃娃的头或腿包扎,然后把它们当作病人来照看。当她的狗生病时,她也精心地照顾它,完全把它当成人一样对待。

弗洛伦斯·南丁格尔听说数以千计的英国士兵死在远离家乡的土地上,那里根本没有护士来照料伤患。她就组织了一群女人,一起出发去了克里米亚。在她到达那里之前,几乎有一半受伤的士兵都死掉了——也就是100个伤兵中有50个都死掉了。她和这些护士们到了之后,细心地照料伤员,使得100个伤兵中只有一两个人死去。每到夜晚时分,她还提着一盏油灯,在营地和战场中来回穿梭,寻找那些受伤的士兵。

◆弗洛伦斯·南丁格尔在寻找伤员

战士们都非常敬爱她,称她为"提灯女神"。

在战争结束后,她回到了英国。政府经过表决,奖励她一大笔钱以表彰她的杰出贡献,而她拒绝把钱花在自己身上,转而用这笔钱建了一所训练护士的学校。现在,专业的护士几乎是和医生同样重要,病人可以找有经验的护士来照顾自己。但是,在当时根本没有专业的护士。佛洛伦斯·南丁格尔是培养专业护士的创始人,今天她几乎是被当作圣徒一样看待。

在克里米亚的一次战争中,一部分骑兵收到了错误的命令,这个命令是让他们去袭击敌人。尽管他们知道这一去必死无疑,却毫不犹豫地冲了上去。在不到半个小时的时间里,就有三分之二的人被杀死或负了伤。英国诗人丁尼生勋爵在一首诗中讲述了这个故事,这首诗的名字是《轻骑兵进击》。

日本新闻:

日本是靠近中国的一个群岛,虽然我之前一直没有讲过这个地方,但它却是一个古老的国家,在罗马建立之前就已经存在了。虽然欧洲不断有国王和皇权的更替,人民和国家也一直在发生变化,但是在日本,他们的国王自从耶稣诞生之前就是一脉相承下来的,没有发生过变更。

日本在一个方面非常幸运,那就是在这些年中,他们的岛国从未

◆ 佩里登陆图。1853年7月,美东印度公司舰队司令佩里,将美总统致日本皇帝的国书,交给日本。次年获准率军舰深入江户湾。后双方正式缔结《美日亲善条约》。此条约成为日后许多通商条约的基础,日本从此被迫开放门户

◆海军上将佩里。美国东印度公司舰队司令官率领舰队向日本转呈美国总统要求日本门户开放的国书

被外国军队占领。不过在1853年，也就是在英国开始克里米亚战争的前一年，一个名叫佩里的美国海军将领率领美国的军舰进入了东京湾——那里是日本一个重要的海港。于是，日本皇帝允许美国人来日本，并同意他们和日本通商。

这些事情你可能会在旧报纸中读到，也许只是在报纸上的一个小角落里看到。如果美国在1861年到1864年有报纸的话，那么你所能看到的新闻大部分都只能是战争。在那段时期，美国内部发生了一场战争，这场战争被称为"国内战争"，又称为"南北战争"。

◆林肯剧场遇刺

美国北部和南部在有些方面存在很大分歧，其冲突主要是围绕南方人是否可以拥有奴隶这一问题。于是他们双方开始交战，从1861年到1865年，战争一直持续了4年，直到最终确定美国任何人都不能再拥有奴隶，成千上万的美国人在这场战争中死去了。

这场战争的影响很大，几乎将大部分美国人都被卷了进来，无论黑人、白人、男人、女人都加入了战争。

那时候的美国总统名叫亚伯拉罕·林肯。林肯出生在一个小木屋里，他的家庭很贫困。他白天在父亲的农场里做工，晚上就借着燃烧废木块的火光自己读书学习。他很穷，所以只有几本书，他就把这几本书看了一遍又一遍，其中有本书是《伊索寓言》，你也读过吧？在林肯成年后，他做了一个商店的店员。有一天，一个穷苦的女人到店里买茶叶，她走后，林肯发现她多给了钱。于是他立刻关上店门，走了很远的路到她家里去退还多余的钱。从那以后，人们开始叫他"正直的亚伯拉罕"，他始终是这样诚实和善良。

他一直努力学习，后来成为一名律师，并最终当选为美国总统。在任总统期间，他宣布废除奴隶制度。在一个晚上，他正在福特剧院的总统包厢看戏，一个叫约翰·威尔克斯·布斯的人忽然冲进了包厢，这个人认为林肯废除奴隶制度是错误的，所以他刺杀了林肯。第二天凌晨，林肯不治身亡。

林肯是美国最伟大的总统之一，华盛顿建立了美国，而林肯阻止了美国的分裂，使它紧密地团结在一起，并成长为今天的世界大国。

第三十六章 三个国家和三张邮票

让我们花一分钟,回过头来看看欧洲自拿破仑时代之后都发生了什么事情。

◆拿破仑三世和他的妻子

在拿破仑流放到厄尔巴岛后,法国得再找一位统治者。他们就想让原来的皇室家族回来,这个家族是"波旁"皇族。法国人认为他们应该找个波旁家族的人来管理他们。于是,他们就试着请了三个波旁家族的人——一个接一个,这三个人都是他们原来那个被砍头的国王的亲戚。

这三个人上任后的

结果表明，他们都不怎么样。法国人已经给了波旁家族的人这么多机会，最后他们终于不再考虑国王的人选了，建立了一个新的共和国。

共和国需要一个总统而不是国王，所以人们还要选出一位总统。你猜他们会选谁呢？当然了，就是拿破仑的侄子。拿破仑的侄子叫路易·拿破仑，他曾经为做法国国王谋划了无数次，但是全都失败了。现在，他却被选为总统了！可是，路易·拿破仑不想只做总统，他希望像叔叔一样成为伟大的人物。他梦想自己成为欧洲的皇帝，统治整个欧洲。于是在成为总统后不久，他就登基做了皇帝，自称"拿破仑三世"。

拿破仑三世非常嫉妒自己的属国普鲁士，他认为这个国家正在走向强大。这时，普鲁士的国王名叫威廉，他非常能干，还有个助手或者说是首相名叫俾斯麦，这个人更加精明强干。俾斯麦也一直想找借口攻打法国，这与拿破仑三世的想法不谋而合。不久，两个国家在1870年展开了一场战争。拿破仑三世很快就认识到，他与普鲁士开战是犯了一个严重的错误，普鲁士不是"正在"变得强大，而是已经非常强大了。

拿破仑三世被普鲁士打得落花流水，无奈之下只得带着大批军队投降了。后来，他觉得实在无颜见江东父老，就没有回法国，而是直接去了英国。

普鲁士军队攻进了巴

◆有"铁血宰相"之称的俾斯麦画像。他于1862年至1890年间担任普鲁士首相，1871年起任德国宰相。由于他始终坚定不移的信念，德国最终由一个分裂落后的国家变成了一个全欧洲最强大的国家

黎，要法国人赔给他们亿万钱财。一些法国的城市不愿意支付这笔钱，俾斯麦就把这些地方的领袖人物抓起来排成一行，告诉他们如果不能筹到规定数额的钱，就把这些人枪毙。法国人无奈之下只得交了赔款，让世人震惊的是他们在两年内就付清了这笔巨大的款项。可是，法国人民很久都难以忘记他们被普鲁士人威逼的情形，因此两个国家在很长一段时间内都是死敌。这场战争发生在法国和普鲁士之间，所以被称为"普法战争"。

普鲁士附近有一些小国，被称为"德意志邦国"。虽然这些国家的人民之间都有相近的血统，而且说的也是同一种语言，但这些国家却各自为政。由于战争的关系，普鲁士首次把这些德意志邦国联合在一起组成了一个强大的国家，这就是德国。其他国家都很惧怕德国，因为它有一支强大的军队，战士们个个都英勇善战。威廉当上了整个德国的皇帝，被称为"神圣罗马帝国皇帝"。他在法国的凡尔赛宫举行了加冕仪式。法国人认为德国人之所以能赢得这场战争，首先是因为他们有很多公立学校，孩子们在学校里接受系统的教育；另外，还得益于他们

◆加富尔（左）和艾曼努尔二世（右）

训练战士的先进方法。于是，法国着手在各地建立公立学校，并且模仿德国人的方式训练军队，他们认为这样就可以为下一场战争做好准备。

从此以后，法国真正成为一个共和国，总统和议会都是由人民推选出来的，他们再也不想要皇帝了。

在那个时候，意大利不像现在这样是一个统一的国家，而是几个小邦国的集合，就像当初的德国一样。其中有几个邦国已经独立，有几个归属于法国，还有几个为奥地利所有。其中有一个邦国的国王是维克多·艾曼努尔，他想统一意大利的所有邦国，像德国那样组成一个独立的国家。他有两个得力助手，一个是首相加富尔，他有杰出的政治才能；另一个叫加里波第，是一位深受百姓爱戴的草莽英雄，被人称为"红衫大侠"。

加里波第曾经在纽约城里做过制蜡工，他总是很穷，为人却仗义轻财。他人缘极好，每当他召唤战士们和他一起为心爱的意大利作战时，人们就会立刻聚集到他身边，随时准备战死沙场。

最终，这三个人——维克多·艾曼努尔、加富尔和加里波第成功地统一了意大利。意大利人为他们竖立了纪念碑，还以他们的名字为街

◆加里波第率领他的红衫军登陆作战

道命名。为了纪念维克多·艾曼努尔，他们在罗马的小山上修建了一幢宏伟的纪念堂，从那里可以俯瞰全城。人们建造纪念堂的时候，就想让这个建筑比伯利克里时代雅典的建筑和文艺复兴时期意大利的建筑更加宏伟、壮观。

你要是集邮的话，如果能找到当时这三个国家发行的邮票，那就太有趣了。记好了，这三个辞旧迎新的国家分别是：新法兰西共和国、德意志联邦共和国和意大利共和国。

第三十七章
屡现奇迹的时代

《圣经》上描述的那个时代，可能是你觉得出现奇迹的时代吧。但是，如果那个时代的人再回到"现在的"地球上，他可能会觉得现在这个时代才是真正的奇迹时代。

如果他听见你用电话和千里之外的人对话，他会觉得你是个魔法师。

如果你让他看见电影或电视屏幕上会说话和活动的人，他会觉得你是个巫师。

如果他看见你打开录音机或收音机就能放出乐队演奏的声音，他也许会猜测你是个魔鬼。

如果他看到你坐着飞机在空中飞翔，他可能会把你当成上帝。

我们已经习惯有电话、电视、录音机、汽车、大卡车、喷气式飞机、电灯、电影、收音机、照相机这些东西，所以很难想象如果没有这些东西，世界该是什么样。可是，这些东西以前确实是不存在的。在1800年时，所有这些发明还全都没有问世呢。

无论是乔治·华盛顿还是拿破仑都没见过飞机或汽车，他们也没用过电话、收音机，甚至连自行车都没骑过，他们从未听说过蒸汽式发动机、柴油机或电灯，他们连想都不敢想人类还能在月球上行走、能拍到火星的特写镜头，还能有电视机和打字机这样的东西，更何况是计算机、雷达和X光了！

最近这一百多年中所创造的奇迹，比历史上所有发明加起来还要多得多。

有一个名叫詹姆斯·瓦特的苏格兰人是最早制造奇迹的魔法师之一，对了，我们不叫他们魔法师，而是称他们为发明家。瓦特在照看火炉上烧开的水壶时，注意到水蒸气把盖子顶起来了。这个日常生活的现象给了他一个发明的灵感，既然水蒸气可以顶开茶壶盖，那么它应该也可以推动别的东西。于是他制作了一台机器，利用水蒸气的动力顶起活塞来推动车轮转动，就是最早的蒸汽发动机。

瓦特的蒸汽机可以推动车轮和别的一些东西，但是它本身不能动。英国人史蒂芬森给瓦特的发动机装上轮子，让轮子在发动机的带动下自己转动，于是诞生了最早的火车头。没过多久，用这种发动机带动的怪模怪样的车厢就开始在美国的轨道上跑了，一开始，这样的火车只能跑几千米，也就从巴尔的摩到费城那么远吧。

后来，一个名叫罗伯特·富尔顿的年轻人想到不仅可以把发动机装在火车上，还能装在船上来推动桨轮运动。大家知道了他这个想法之后纷纷嘲笑他，还把他造的船叫作"富尔顿的蠢物"，但是装上发动机后，船真的可以前进了，这就给嘲笑他的人有力的回应。富尔顿自豪地称自

◆童年时期的瓦特正在观察蒸汽从煮沸的茶壶口冒出而凝结的过程，据说他是受此启发而发明了蒸汽机。马科斯·斯通作

己的船为"克莱蒙特号",它定期沿着哈德逊河的河道航行。

人们之前无法与远方的人对话,电报机的发明就解决了这个问题。电报机会发出一种喀喇声,电流通过电线从一个地方传到远处的另一个地方。如果你按下电线尾部的按钮,就能阻止电流通过电线传输,电流另一端仪器就会发出一种喀喇声。

◆富尔顿

喀喇声长短不一。短的喀喇声用一个圆点表示,长的喀喇声用一条横线表示。这些圆点和横线都可以换成字母表中的字母,这样你就能用这些点和横线拼出电报传递过来的消息。

A是·—点横

B是—···横点点点

E是·点

H是····点点点点

T是—横

电报机这个精妙的小仪器是由美国画家摩尔斯发明的。他最早建的电报线是在美国的巴尔的摩和华盛顿之间,而他第一次发的电报内容是:"上帝创造了何等奇迹!"

一个名叫贝尔的老师想要找个办法帮助聋哑儿童听见声音,在这个过程中他发明了电话。就像电报机传递电流声一样,电话可以传递语言。有了电话,你就不必记住与电报对应的特别字母表了,也不用看着电报把那些点和横线对应成字母,之后再拼写出来。有了电话,任何人都可以在地球这边与另一边的人直接通话。

后来,有人想到了用电来推动机器的运行,这就是电动机;再后来,有人想到用爆炸的煤气让机器运转,这就是用在汽车上的煤气发动机。如今还依旧在运用的发明有很多,它们中有的是几个人共同发明的,或者是有着继承发扬的关系,所以很难说清是谁发明了这些东西。

最初,人们驾车不需要驾照,道路上也没有任何像停车标志、交通信号灯等交通管制,尽管当时汽车不如现在这么普及,但还是会引发很多问题。于是,一名叫加勒特·摩根的美国黑人发明了三色交通信号灯,并在1933年为他的发明申请了专利。信号灯装置给街道上行驶的汽车和走路的行人都带来了安全。

电灯是托马斯·阿尔瓦·爱迪生发明的。爱迪生又被称作巫师,因为在中世纪时,人们认为巫师无所不能,可以点石成金、大变活人,当然也能制作出各种奇妙的、不可思议的事物。爱迪生发明了童话中的巫师也没想到的东西。爱迪生小时候家里很穷,他只能每天在火车上卖报纸杂志。他酷爱做各种各样的实验,还在行李车上找了个地方来做实验。但是,他因为做实验把行李车弄得一团糟,后来,行李收发员气得把他的全部装备都扔下了火车。爱迪生还发明了许多与留声机和电影相关的东西,

◆莱特兄弟在北卡莱罗纳州进行人类飞行试验

他的发明比世界上任何人的发明都更有用、更重要。因此，他比那些只会争斗、破坏的国王要伟大得多——如果那些国王不曾存在的话，这个世界应该更美好！

在过去，成百上千人都曾经尝试过飞行，但是都失败了。无数人说过人是不可能飞的，傻子才会去做这样的尝试呢。一些人甚至说尝试飞行是错的，因为上帝只把飞翔的能力赐给了鸟儿和天使。最后，在经过了多年的努力和几千次试验之后，美国的莱特兄弟实现了这件不可能的事情。他们发明了飞机，在1905年，飞机在38分钟3秒内飞行了39公里！

意大利人马可尼发明了收音机，当然至今还有很多人仍然在坚持搞科研发明，人类追求的脚步永远不会停滞，你想要知道更多的发明吗？那你可要自己去读这方面的书了，这本书可写不下这么多的发明和创造了。

我们在"有"了这些伟大的发明后，生活确实更加便捷了，但是我们真的比一千多年前"没有"这些发明的人要更幸福吗？这是众多科学发明的出现引发的一个争议。收音机的发明让我们不用再去唱歌、拉小提琴、弹钢琴就能享受到音乐的美妙，但这样做似乎就让我们失去了音乐中的主要乐趣——自己创造音乐的乐趣；汽车的出现让我们不再坐在一辆旧马车上一路颠簸，于是更快捷的交通工具让我们丢失了任由马儿穿过乡间小路的幽静畅快。我们开着危险的汽车高速前进，一路上必须全神贯注，只要稍一分神就可能出车祸丧命；我们不再拥有纯净的空气，而是生活在各种机器产出的各种污染物中。

第三十八章
不一样的革命
——工业革命

詹姆斯·瓦特的蒸汽机和罗伯特·富尔顿的蒸汽轮船是革命的一部分——这是一场不一样的革命。通常我们都会认为革命都是美国革命和法国革命那种，人们发动战争反对政府；但是这场革命却是慢慢发生的，而且没有军队的参与，可它又确实改变了世界。这场革命被称为"工业革命"。

我在前一章中给你讲了一些神奇的发明，例如汽车、飞机、收音机和电视等，正因为发生了工业革命，我们才有了这些东西，这是工业革命有趣的一面。但是，伴随着工业革命而来的还有很多其他的问题。这场和平的革命与大战一样改变了世界的每分每寸——可能比战争的影响还要大！接下来，我们讲讲为什么会是这样。

◆英国工业革命时期的工厂

所有这些神奇的新发明都是

在工厂中生产的。最早的工厂建在英国,生产的是布料,后来也开始生产服装。这之后,开始有工厂生产有轨电车和轨道。很快,英国的工厂开始制造各种各样的好东西。因此,英国开始变得越来越富有而强大。

◆18世纪伦敦一家工厂的情景,铜版画

国家在有些方面和孩子们很像。你知道,有时候班里有个同学带来一个新玩具或者是穿了一件新夹克,其他人见了就也想要。别的国家想效仿英国,于是他们也开始建立工厂,这样他们就可以和英国一样富有、强大。很多欧洲国家都想这样做了,比如法国、德国和意大利;接着,美国和日本也这样做了。不久之后,这些地方的工厂都生产出大量的产品,有的工厂生产布料和家具,有的工厂制造汽车和糖果。这就是工业革命。

我们都知道,现在去商店就可以买到工厂生产出来的商品,但是这样的变化难道就足以称之为革命了吗?当然或许是可以的,或许不可以。不过,在工厂建立后发生了其他一些事情,所有这些事情放在一起才真正算是一场革命。

工厂成立后发生了这样一个重大的变化:大批人来到新工厂工作。如果没有人去工厂工作,工厂就没办法生产出那么多产品了,对不对?这些新兴的工厂需要大量的工人,所以很多乡村家庭都离开了村庄,他们不再种地,而是去工厂当了工人。那些工厂主要雇用很多工人,甚至雇用童工。这对孩子们来说可是件坏事,因为他们就不能去上学了。此外,早期的工厂有很多机器都不安全,有时不管是孩子们还是成人都会受伤，这也是个不大好的方面。尽管如此，还是有大批的男人、女人和孩子去工厂上班了。所以一个重大的改变就是，很多人不再种地而去当了工人。如果是你，你选择种地还是当工人？为什么这样选择呢？

有些人以前是在家里生产商品，比如蜡烛、肥皂、毛衣，然后再拿出去卖。如果一个家庭是这样的，就称为"家庭手工业"，因为他们是在自己的小屋里面工作的。在工业革命后，工厂的大规模生产使得同一种商品的产量大为增加。举个例子来说，既然工厂生产出这么多毛衣，而且这么迅速，他肯定卖得比个人手工生产的毛衣要便宜。因此，很多在家里工作的人都不得不去工厂上班了。

大多数工厂都建立在城市里，所以去工厂工作就意味着要在城市里居住。很快，城市就变得拥挤起来。在这个时期，人们必须居住得很紧凑，因为他们必须要住在离工厂近一些的地方，这样才能走路去上班。

你愿意走多长时间去工厂或学校呢？那时候，人们通常单程要走1公里到3公里左右。在有轨货车发明之后，人们才可以住得离工厂远一些了。于是，城市变得越来越大。这就是第二个重大的变化。

整个世界，甚至在那些没有工厂的地方，人们的生活也发生了变化。你得停下来，花一分钟好好想一下这个问题。这似乎令人难以置信，假设是一个生活在非洲、印度、朝鲜或海地的儿童，他的生活怎么会因为英国人、美国人或日本人建了工厂而发生变化呢？真是匪夷所思，但是事情确实就这样发生了。接下来就说说它的发生过程：

你知道，如果想要什么东西，你就得先找一些"材料"。这些工厂要做衣服、家具、车子和糖果，也得要有生产的原料。有些工厂用来做衣服的棉花，产自印度；有些工厂用来做家具的树木，生长在非洲、亚洲和加勒比海附近一些国家的森林中；汽车要有轮胎，轮胎都是用橡胶做的，而橡胶又来自于橡胶树，这些橡胶树都生长在非洲、亚洲和南美洲的森林里；要生产糖果就需要用食糖，食糖是从甘蔗这种植物中提炼出来的，而像海地和古巴这些地方都有甘蔗生长。现在，你能明白为什么工业革命影响到了全世界吗？

建立工厂的这些国家需要来自全世界的原料供应，这些国家通常都很强大，而且拥有自己工厂生产出来的坚船利炮。所以，这些"工业化"国家很快就侵入并接管有原料来源的土地——盛产棉花、红木、橡胶、甘蔗的这些地方。英国、法国、德国和其他欧洲国家把大部分非洲国家和很多亚洲国家都变成了殖民地，日本也征服了朝鲜和其他一些邻国，美国也有自己的地盘，例如海地和菲律宾。

这些土地上的原住民对于外国人的侵略和占领感到相当不满，他们对这些侵略者的感觉和你对学校里面的小霸王的感觉有点类似，他们不喜欢这些欺凌弱小的大家伙。有时候侵略者也会带来一些好处，比如现代的医疗处理，但是毕竟没有人真的愿意被别人呼来喝去。所以，世界上很多殖民地纷纷起义，像美国独立革命一样为争取独立而战。

你知道，在很多时候，改变并不全都是好的。工业革命的弊端之一就是那些富有的工业化国家疯狂地掠夺殖民地，而另一个严重的后果现在仍然困扰着我

◆城里的工厂喷着烟尘

们，那就是污染。还有，很多自然资源即将耗尽或已经被破坏。污染和自然资源的损耗被统称为环境问题。

我们知道，工厂有时候会直接把有害气体排放到我们呼吸的空气中，或者把废水排放到我们的饮用水源中。这就是污染。人们呼吸了被污染的空气、喝了被污染的水以后就会生病。

我们还知道，地球上的一些森林长年被砍伐，砍下来的树木被用来建房子、做家具或造纸。如果森林被破坏、海洋被污染，那么生活在那里的动物就会失去栖息地，它们就会逐渐消失。当世界上再也没有某种动物后，我们就说这种动物"灭绝"了。现在，有一些动物正处在濒临灭绝的境地，或是因为被猎杀，或是因为它们的家园被破坏掉了。你能说出几种这样的动物吗？

以上就是工业革命所导致的一些问题，我们直到今天仍然没有解决。你有什么办法能解决这些问题吗？你可以和大家讨论这些问题。

关于工业革命要记住四件大事：第一，大批人去工厂上班而不去种地；第二，城镇变成了我们现在知道的大城市；第三，工业化国家变得富强起来，并且控制了世界上大多数国家；第四，我们至今仍然要面对工业革命带来的环境问题。

第三十九章
世界大战

现在，我必须给你讲讲这样一场大战，这场战争把全世界都卷了进来。欧洲有个小国叫塞尔维亚，是大国奥地利的邻国。尽管小塞尔维亚和大奥地利是唇齿相依的邻国，可是它们的关系并不友好，每个国家都经常在背后说对方的坏话。这是因为奥地利除了管理奥地利人之外，还统治其他一些种族的人，而这些人中有的和塞尔维亚人的血统相近。塞尔维亚人总是说奥地利人对这些人非常不公平，而且他们不仅仅是"说说"而已。

塞尔维亚人组成了一些秘密团体，经常送一些人去到奥地利制造事端。奥地利说，塞尔维亚想要煽动人们的不满情绪，让他们反对奥地利的统治，并以此来分裂奥地

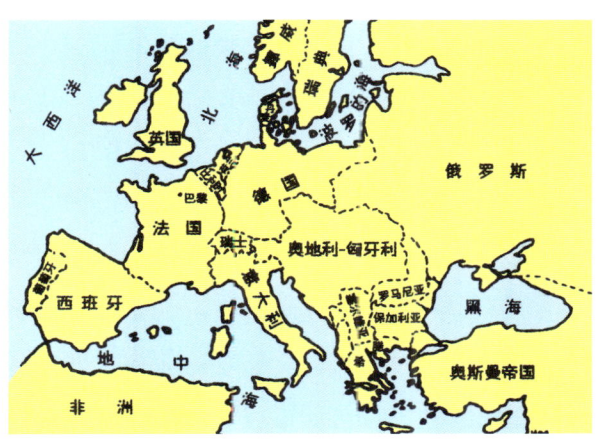

◆1914年的欧洲地图

利王国。

后来,一个住在塞尔维亚的年轻人枪杀了奥地利王子,而这个王子就是奥地利下一任国王的候选人。

奥地利当然怒不可遏,责问塞尔维亚这是怎么回事;而塞尔维亚人说他们感到非常抱歉,但是他们与王子的死毫无关系。奥地利人不接受塞尔

◆ 刺杀奥地利王子的普林西波被捕

维亚这样的道歉,他们认为惩罚塞尔维亚的机会来了,该让塞尔维亚人为他们给奥地利带来的所有麻烦付出代价了。就这样,奥地利不顾其他欧洲国家的阻止,毅然对塞尔维亚宣战了。

乱子慢慢扩散开来,就像草原上的火苗一样越燃越大。俄国站在塞尔维亚这边,命令自己的军队随时准备出战,而德国则支持奥地利。自从普法战争以后,欧洲的大国都一直在为战争训练士兵。几乎所有的欧洲国家都分别归入两个阵营,一个阵营由德国的友邦组成,另一个阵营则全都是法国的朋友。

俄国也是法国的朋友,所以当俄国准备出战后,法国也命令自己的军队随时准备支援俄国。那就意味着德国处在两个大敌之间了,法国在它的这边,俄国在另一边。于是,德国决定在俄国从另一面向自己进攻之前,出其不意地迅速攻击并且消灭法国。

要尽快到达法国,德国必须经过小国比利时。德国和法国曾达成过协议,双方均不能行军经过比利时。但是在战争开始后,德国军队不顾承诺进入了比利时,把要阻拦他们的比利时人推到一边儿去了。德国的军队经过了比利时,直接冲向法国的都城巴黎,他们最远到达了马恩河,这里距离巴黎只有30多公里。就在这个地方,法军在霞飞将军的领导下阻止了德国的进犯。马恩河战役可能是你迄今为止听说过的最

著名的战役之一，虽然在马恩河战役后，战争继续打了4年，可是这场战役仍然至关重要，因为如果德军打赢马恩河战役，他们就能攻下巴黎，进而还能把法国纳入德国的版图。

就在这时，英国加入了战争，而且站在了法国、比利时和俄国这边。英国有世界上最强大的海军部队，德国的海军还不足以与英国对抗。于是德国就把他们的战船留在了国内，转而启用潜水艇来打海战，这样英国海军就很难抓住他们了。这在历史上还是第一次，战争的领域不再仅仅局限于陆地和海上，还包括空中和水下。

德国的潜水艇攻击舰船时偶尔会出错，把没参加战争国家的船只也给击沉了。这当然使这些国家对德国六为不满，所以在战争结束之前，几乎世界上所有的国家都加入了混战中。因此，我们将这次战争称为世界大战。后来又发生了一次世界大战，所以我们把这次世界大战称为"第一次世界大战"，就像我们把一个国王叫作"乔治一世"，是为了把他和后面的"乔治二世"区别开来一样。

无数人在战争中死去，无数的战士在战争中负伤，无数的钱花在了战争上面；战争仍然在继续，哪一方都没能获胜。正在此时，俄国突然爆发了革命。俄国一直都很穷，所以战士们本来就没有足够的军火供应，也没有医疗设备。俄国人杀死了他们的统治者——沙皇和他的一家，拒绝再继续作战。情势对同盟国（指英法美等国的联盟）来说不太妙了。

美国在1917年，也就是战争开始的第三年加入了战争，它是在德国的潜水艇击沉了美国船只并且杀死了美国人之后才宣布参战的。

◆战壕里的生活

◆德国投降

美国离战场那么远——在大洋彼岸5000公里以外，似乎不可能在战争中产生多大影响。可是，美国在很短的时间内就派出了200万名战士，在潘兴将军的带领下乘船穿过大洋，他们参与了很多次重大的战役。

最后，德国和它的盟国在1918年11月11日宣布投降，并签订了一个文件，同意同盟国的所有要求。历史上第一次世界大战就此落幕。德国的独裁者去荷兰生活了，德国成了共和国。大奥地利变成了小奥地利，因为它原有的那些土地和人民都分裂了，成了一个个独立的小国。小塞尔维亚完全消失了，在它的位置上建立了新的国家——南斯拉夫，其中包括塞尔维亚和其他一些小邦国。

第四十章
短暂的二十年

多长的时间算长，多短的时间算短？这个问题听起来挺傻的，可能人们给出的答案也会是千奇百怪。事实上，时间的长短只是相对而言，不能简单地去判断它的长短。

二十年有多长？这个问题听起来也怪糊涂的，但实际上它并不像听起来那么奇怪。对于一只狗来说，二十年是很长的一段时间，比它的一辈子都长；对于人类而言，二十年并不是很长。放在世界历史的长河中，二十年只不过是一个瞬间罢了。

一共有二十年——二十年零几个月。在第一次世界大战结束到第二次世界大战开始之前，两次世界大战之间的这二十年是很短的一段时间。大多数国家还没有完全从一战中恢复过来，第二次世界大战就开始了。这一章讲的就是这二十年的和平时期。

当一战结束后，世界各地的人们都希望、祈祷不再有战争发生，一战甚至被称为"终结所有战争的战争"。同盟国的政府领导们在法国的凡尔赛集会并起草了一个和平条约，也就是《凡尔赛条约》。

条约规定了德国的军队应限于保持德国国内的秩序，不可达到发动战争的规模；德国不得组织空军，陆军不得拥有坦克，海军不能有潜水艇。条约还要求德国向同盟国赔偿一大笔费用，以弥补这些国家在战争中的损失。

后来为了维护和平，许多国家还聚集在一起成立了"国际联盟"，并把总部设在了瑞典。人们希望国际联盟能发挥巨大的作用，阻止战争的爆发。每个国家都派出代表出席国际联盟的会议。当面临战争威胁时，国际联盟会警告备战的国家，要求它把自己的情况提交给国际法庭审理，让它们在这里解决争端而不是通过战争来解决问题。

国际联盟做出了努力，但并没有成功。这有几方面原因，其原因之一是美国决定不加入联盟。因为一旦其他国家不顾国际法庭的判决，战争依旧会爆发，美国势必就要派出军队帮助别国阻止战争发生，这个时候美国不想让国际联盟对自己指手画脚。

国际联盟不能够成功的另一个原因是，它没有办法让这些国家按照自己要求的那样去做。它只能告诉这些国家自己的希望，却不能让它们照此执行。

比如，草地上的标志牌可能写着"请勿践踏青草"，可是如果你不顾警示，仍然要走在草地上，那块标志牌是不能阻拦你的，但是附近的警察却可以。国际联盟就有点像那个"请勿践踏"的标志牌，而不是警察。

我想，在此之前从来没有这么多人民祈祷战争停止。除了国际联盟之外，人们还尝试了其他一些方法来阻止战争。

人们认为如果每个国家都没有强大的军事实力，可能就会对避免战争有所帮助。因此，几个海军强国在华盛顿举行了会议，同意削减海军。人们还想到，如果世界上所有的国家都能庄严承诺不发动战争，可能也会有用。于是人们制定了一个反战条约，超过50个国家在这份条约上签了字，承诺放弃战争。

然而，尽管有国际联盟的约束，还采取了削减海军的行动，甚至签署了反战条约，战争仍然再次爆发了。因为没有一支国际武装队伍，所以当战争爆发时，没有人能来阻止。

当大楼着火时，我们可以找消防部门，消防员会带着灭火装置冲上去扑灭大火；看到有人打架斗殴时，我们可以通知公安部门，警察就会来阻止斗殴。但是当战争爆发后，却没有像消防部门和公安部门这样的机构能来平息战火。不久之后，战争就又开始了。尽管从全世界的范围来看，在两次世界大战中有二十年的和平时期，但在这二十年中，局部地区的战争一直没有停息过。新的战争第一次是发生在亚洲。

在美国的佩里将军打开了日本的大门后，日本人开始与外国人通商。日本很快成为一个工业国家，在学习工业文明的同时也学到了很多负面的东西。日本组建了大型的现代化陆军和海军。在1931年，日本派出军队到了中国，并强占了中国东北。中国人当然奋起反抗日本人，阻止他们的侵略。有些国家也写信给日本政府，指出他们不希望看到日本对中国用兵。

"你们国家不是签订了反战条约吗？"这些国家都责问日本。

但是，没有国家试图用武力阻止日本，战争就这样继续下去了。中国人奋力作战，但他们没有足够的军备用品，很快日本就拿下了中国的东部海岸，把中国政府赶到了西部地区。国际联盟不知道该如何阻止这场战争，在第二次世界大战爆发时，战争仍在继续。

在亚洲发生这场战争的同时，非洲也爆发了战争。意大利军队攻进了古老的埃塞俄比亚，而埃塞俄比亚的前身就是古代的阿克苏姆地区。你还记得阿克苏姆那位著名的国王吗？就是在公元350年成为基督徒的埃扎那，对，就是埃扎那。

自从埃扎那那时起，埃塞俄比亚就一直是由国王统治的独立国家。在发动这场战争的五十年前，意大利就曾试图征服埃塞俄比亚，但是失败了。这时，埃塞俄比亚只有国王的卫队才有一些枪支，其余战士使用的武器还是长矛呢！意大利的军队却使用了飞机、炸弹、大炮，甚至连毒气都用上了。于是，他们很快征服了埃塞俄比亚。

与此同时，欧洲的西班牙爆发了国内战争。一派西班牙人和另一派因为争夺领导权而打了起来。为了阻止这场战争，俄国派出了士兵去帮助其中一方，而德国和意大利也派兵去帮助另一方。

1、2、3——战争、战争、战争——中国、埃塞俄比亚、西班牙。国际联盟不能阻止日本进攻中国，也不能制止意大利占领埃塞俄比亚。尽管它曾想通过阻止其他国家给意大利提供军事物资来惩罚意大利，但是意大利还是攻下了埃塞俄比亚。国际联盟也不能平息西班牙的战火，作为阻止战争的机构而言，国际联盟并没有发挥作用。

在这20年的和平时期中，除了战争还有其他一些重要的事情。在最初的十年间，人们忙于生产和销售、购买和使用各种产品，在一战期间他们都没能享受到这些物品。在美国，几乎每个想干活的人都能找到一份工作。工厂忙于生产各种物品，大到汽车，小到缝衣针，应有尽有。商业也走向了繁荣，人们不断地赚钱，又不停地消费。很多人认为这样的繁荣景象会一直持续下去，然而他们都错了。在繁荣过后，出现了商人们口中的"经济大萧条"。好的工作机会很少，上百万人根本找不到工作。工厂卖不掉生产出来的那些产品，很多工厂被迫倒闭，这也使得更多人失去了工作。如果人们找不到工作又怎

◆罗斯福在发表演讲。他的演说慷慨激昂，非常有特色。正是他以博大的气度和对生活的热情挽救了处于危机中的美国

么能有钱买食物、衣服和其他生活必需品呢？因此，和平时期后面的10年是经济大萧条的困难时期。

经济大萧条一直持续了几年，人们都开始变得绝望。这

◆20世纪20年代，芝加哥一家咖啡馆的乐队表演

时，富兰克林·德拉诺·罗斯福当选为美国总统。他面对的情况就是人们在大萧条中产生了绝望的情绪，所有的一切看上去都黯淡无光、令人沮丧，人们不知道将会发生什么。罗斯福在上任的第一天说："我们唯一恐惧的就是恐惧本身。"他好像知道该采取什么行动，他要求通过一些法律，把钱补贴给那些找不到工作的人。

之后，政府雇用了几千人来做各个方面的工作：艺术家画画，音乐家举行音乐会，作家写书，工人们搂草、挖沟、建公园和做一些其他的工作；所有这些人都由政府支付工资。罗斯福尝试了很多新办法来推动国家的运行，他的施政方针被称为"罗斯福新政"。

罗斯福用劫富济贫的方法来帮助穷人，尽管他的家庭很富裕，他自己也是个富人，但是罗斯福在39岁的时候得了小儿麻痹症（学名是脊髓灰质炎），导致两腿瘫痪。之后，他必须依靠拐杖和腿上的钢支架才能站起来。他自己不能走路，只能扶着别人挪动脚步。尽管有这样的残疾，罗斯福仍然两次被选为纽约州州长，后来还成了美国总统。

美国的总统每四年竞选一次，每隔四年人们都要为下一任总统投票。罗斯福在第二次竞选中又成功当选。美国国父乔治·华盛顿也连任两届总统，后来他拒绝参加下一届竞选。自从华盛顿拒绝第三次就任总统后，美国没有总统三次参选。但是，在罗斯福的八年任期结束后，

◆罗斯福总统正要通过广播发表全国演说

他第三次成了美国总统——又一个四年任期，比之前任何一位总统的任期都至少多出四年。在这十二年的任期结束之后，富兰克林·德拉诺·罗斯福第4次被选为美国总统。可是他在完成这四年的任期之前就去世了，要不然他就会做十六年的总统。罗斯福的当政时期是从1933年到1945年，没有人做总统超过八年，也没有人超过两次被选为总统，只有罗斯福连续四次都被推选为总统。

罗斯福也不能立刻制止经济萧条，但他确实让人们看到一切并没有走向绝望，避免了让人们遭受饥饿的折磨。

在罗斯福的第三个任期开始之前，20年的和平时期结束了。第二次世界大战在欧洲爆发，美国人民希望自己的国家远离战争。但是，罗斯福认为尽管战争发生在远隔千里的大洋彼岸，美国仍然有可能受到攻击。以防万一，他带领国家为战争做好了准备。当受到攻击之后，罗斯福又领导人民在与德国、日本和意大利的对战中走向了胜利。可是，他却在德国投降的前一个月去世了。

二十年的和平——二十年的国际联盟无法阻止的局部战争——经济繁荣和萧条，接下来就是最恶劣的世界大战。这二十年有多长？它只是两次世界大战中的一小段时间而已。

第四十一章 现代的"野蛮人"

意大利有个国王，但是这个国家真正的统治者并不是国王，而是一个叫墨索里尼的独裁者。他在一战结束的几年后成了独裁者，带领意大利发动了对埃塞俄比亚的战争。

你还记得古罗马政治家辛辛纳图斯的故事吗？他是怎样成为独裁者并解救了罗马呢？而在击败敌人后，他又为什么放弃了独裁者的位置，回到家乡继续做一个普通的农夫呢？

不过，墨索里尼这个独裁者与辛辛纳图斯完全不

◆墨索里尼在圣马可广场发表演说

同。他才不会放弃独裁者的位置呢，他只想让自己不断地变得越来越强大。

在独裁者统治的国家中，人们很难有真正的快乐，因为他们要完全按照独裁者的命令去做，无论他们是否乐意。人们都不敢说出自己真正的想法，怕这些话会触怒独裁者，那样的话，他们不经过审判就会直接被关进监狱。他们的报纸上只刊登着独裁者想让他们发表的观点和事件，无法全面地看待事物和问题。人们在独裁统治之下都得活得战战兢兢，因为独裁者的密探时刻都在窥伺着，等着有人犯错——说了反对独裁者的话或是做了让独裁者不高兴的事情。那样的话，这个人就死定了。

对于欧洲的几个独裁者来说，一战后二十年的短暂和平已经足够了，他们正好利用这段时间登上了政治舞台。

墨索里尼已经够坏了，他剥夺了意大利人民的自由，还对埃塞俄比亚发动了战争，只是因为他想得到这个国家。

但是，墨索里尼相对于另一个登上欧洲政治舞台的独裁者来说，真是"小巫见大巫"了。这个人就是阿道夫·希特勒，他是德国的独裁者。希特勒的那帮同伙自称"纳粹党"。"纳粹党"的称呼是德语的

◆1925年一次演说中的希特勒丰富的神态，他极富戏剧性的表情变化强化了他滔滔不绝的演讲气势。在任何公开场合的演讲中，希特勒总能以其激昂的情绪、戏剧般的表演令听众疯狂，从而丧失自己的理智和判断力

◆犹太老师和学生被赶出学校,德国学生拍手称快。由臭名昭著的德国反犹画家施特莱彻创作

"国家社会主义德意志劳工党"的简写。

纳粹党人个个都凶狠冷酷,他们的所作所为甚至比洗劫罗马城的阿拉里克和他率领的哥特人还要凶残恶劣十倍。我认为纳粹党比哥特人更坏,因为在哥特人生活的那个历史时期,几乎全世界都处于相对无知的状态;而纳粹党人生活在文明的基督教国家,那里有学校、大学和教堂,他们了解足够的科学知识和20世纪的行为准则。

纳粹党反对所有的犹太人,后来他们开始迫害德国的犹太人。有些犹太人逃到了别的国家,但是那些没逃走的犹太人都被关进了集中营,在那里受到了残酷的折磨,大多数人都被杀害了。纳粹党人建造了许多大毒气室,他们把成群的犹太人——不分男女老幼都关进毒气室中，然后打开毒气。用这种方法，纳粹党杀死了上百万的犹太人。

除了犹太人之外，德国那些被认为是反对纳粹党的人也被关进了集中营，多数人都死在了那个可怕的地方。

1933年，希特勒上任成为德国的独裁者，他是个极富煽动力的演说家，能够用演说发动群众听从他的指挥。但他依靠的不仅仅是演说，他的纳粹间谍无处不在，谁要是说一句他的坏话，很快就会被纳粹的秘密警察逮捕。

希特勒计划让德国成为世界上最强大的国家，为了实现这个目的，他开始组建大规模的军队。他要求每个德国人都来帮助自己的国家备战，每个德国孩子都要加入纳粹的俱乐部，在那里学习，为了国家接受训练。那些没有参军的男人都被集中在一起，共同建造堡垒、军用道路和作战设备。

我之前讲过《凡尔赛条约》中禁止德国拥有大规模的军队，是

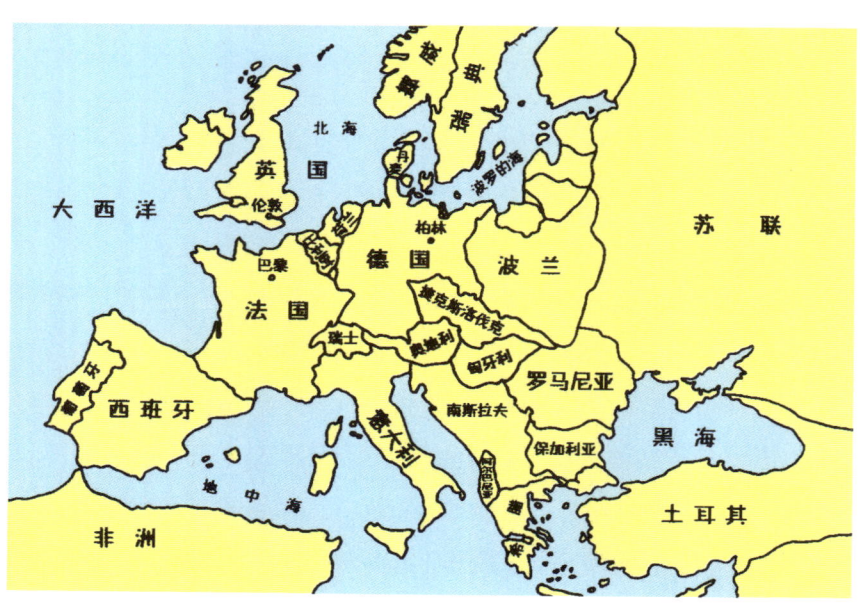

◆第二次世界大战时的欧洲地图

不是？但是希特勒说，尽管德国政府已经在《凡尔赛条约》上面签了字，德国也不能被它约束。不久之后，德国人就拥有了大规模的陆军和空军部队。然后，他们开始侵略其他国家。他们的军队先攻占了奥地利，把奥地利变成了德国的领土。接着，他们开始进犯周边的一些小国。

这个时候，英国和波兰有个协议，协议规定了英国要保护波兰的独立；而波兰是德国的东部邻国，德国不可能放过那个地方。当德国威胁要进攻波兰时，英国就警告德国，根据协议规定，英国有保护波兰的责任。希特勒才不管这些，他毫不犹豫地袭击了波兰。首先，他派飞机飞到波兰上空，从空中向波兰人扔炸弹；之后，他又出动了陆军。没过几天，波兰的军队就全部完蛋了。于是，英国对德国宣战，这是在1939年，第二次世界大战宣告开始。

苏联在波兰的另一边，他们也从东边进入了波兰，这样波兰的土地就被瓜分光了。

德国接下来进攻的是挪威和丹麦。德军乘飞机到达了挪威，在挪威国内的几个叛徒的帮助下很快就拿下了挪威。

接着，德国对法国、比利时和荷兰发动了进攻。尽管英国军队已经被派往法国助阵，但德国的飞机、坦克实在是让法国、比利时和荷兰的军队无法招架。墨索里尼看到德国不断取得胜利，他也带领意大利加入了战争，并站在了德国这一边。很快，荷兰、比利时和法国大部分地区都被德国占领了。德国军队开进了巴黎，数千名法国人被遣送到德国，像奴隶一样工作，现在只剩下英国对德国孤军作战了。

你还记得吧？英国真正的统治者是议会而不是国王。议会的领导，也就是执行议会决定的人称为首相。在这个危险时期，英国的首相是温斯顿·丘吉尔。丘吉尔这个人既勇敢又顽强。尽管英国军队之前在法国失利了，而且当时整个英国只有不足100辆坦克，飞机的数量也比

◆丘吉尔

德国少得多,但是丘吉尔仍然拒绝屈服。他通过电台对人民发表演说,鼓励大家不管前面有多少艰难险阻都要坚持战斗下去。丘吉尔说:"我们要不惜一切代价保卫国土。我们要在海滩作战,要在敌人的登陆地作战,要在田野和街头作战,要在山区作战。我们绝不投降!"

这是不是让你想起了两千多年前,列奥尼达在温泉关战役之前给波斯人的回答呢?列奥尼达说的是:"来抓我们吧!"丘吉尔的演说虽然没有拉科尼式的回答那样简短,但是意思是一样的。

纳粹党已经做好了入侵英国的准备。他们将三千多艘驳船(驳船是一种没有动力推进装置,无自航能力,靠机动船带动的船,主要用于客货运输)驶进欧洲海岸,正对着英国的方向,这些船是要用来搭载纳粹士兵横渡英吉利海峡的。但是希特勒想要先打败英国的空军,这样他的部队想要在英国登陆就更容易了。于是,纳粹派出了大批飞机去轰炸英国的飞机场和海港。

但是,希特勒在这里遭遇了第一次失败。英国的飞机虽然比德国少得多,但是他们都有精湛的作战技术,成功地击败了纳粹的飞机。这场战争称为"不列颠之战",在这场空战的最初10天里,英国击落了697架德国飞机,而自己仅仅损失了153架!

当希特勒发现他的飞机无法毁掉英国的空军后,就派空军不分昼夜地轰炸英国的都城伦敦。成千上万的伦敦居民被德国的炮弹炸死了。但是,英国皇家空军飞行员也在不断地击落德军的飞机,他们的战绩非常辉煌。德军最后被打怕了，只敢在晚上派飞机去英国了。在整个战争过程中，德军对英国城市的夜间空袭从未间断过，但是希特勒已经失去了入侵英国的最佳时机。这让英国人又多了几个月的时间去筹集武器和集结军队。丘吉尔首相称赞英国的飞行员时曾说："在人类战争史上，从来没有一次像这样以如此少的士兵保护了如此众多的人民。"

第四十二章
向独裁者开战

第二次世界大战是历史上规模最大的战争,这个故事只有一章是讲不完的。

所以,这一章也是关于二战的。

当法国沦陷之后,在德国进攻的所有国家中就只有英国还没有被征服了。即便是在不列颠空战之后,也没有人敢确信纳粹军是否还会入侵英国。毕竟,他们只是把德军赶出英国,而并没有赢得战争。除了英国人自己之外,没有人相信英国人凭一己之力就能击败德国。他们拒绝屈服,竟然试图击败德国这支世界上最强大、最训练有素、装备最精良的军队。

英国在其他地区的领土也派兵来援助英国,但是这些国家(加拿大、澳大利亚、南非、新西兰和印度)都远在海外,如果从海上过来就容易成为德军潜水艇的目标,德军会在水下用水雷击沉援兵船。

非但墨索里尼率领的意大利站在德国这边,日本也拥护德国,此时日本正在中国烧杀抢掠、无恶不作。

没有一个国家能确定自己不会受到攻击,谁会是下一个被占领的国家呢,大家都忐忑不安。

就连距离欧洲近5000公里，远在大洋对岸的美国也感到有加强防卫的必要。美国不但要扩充军队，连工厂也要加紧赶制坦克、飞机以及其他军用装备，还要为海军建造新的战舰。不过，大型的现代化军队不可能在短短几天中就能实现人员扩充、完成人员训练、完善装备。要实现这些目标不要说几天，就是几个月也不够，它需要长年累月的努力，而军舰的完备比完善军队所需要的时间更长。幸运的是，罗斯福总统曾经带领人们为可能发生战争做过准备；而在一年后，美国就被袭击了。

就在德国忙于在法国、丹麦和挪威建立新秩序，同时试图用飞机征服英国的时候，意大利也在攻打希腊和埃及。不过意大利的军队与德军不同，他们的战士没有德军那样骁勇善战，在希腊他们遇到了一支勇敢的希腊军队。虽然希腊军队人数很少，但他们却成功地阻挡了意大利人的进攻。这时在北非有一个英国将领，他率领从英国各属地集合起来的战士们，击败了两支意大利的队伍，虽然说意大利军队的人数是他们队伍的5倍。就这样，埃塞俄比亚从意大利的统治下解放出来，重新获得自由。

但是在意大利军队失败之后，德国也出兵希腊，并且在3个星期之内占领了希腊。他们还派兵去了北非与那里的英军交战，这场战争一打就是3年。

之后，希特勒又突然对苏联发起了进攻，你可能觉得希特勒这样做很愚蠢，因为苏联不仅幅员辽阔，军事力量也很强，连拿破仑也没能攻占。不过希特勒考虑的不是这些，他知道如果征服了苏联，德国就能得到大量的石油、小麦、木材和矿产。此外他还认为苏联有可能会进攻德国，因为从纳粹开始向外扩张之后，苏联就一直在建立大型军队。此时希特勒已经占领了15个欧洲国家，他的军队还未尝败绩，虽然他的空军没能迫使英国投降，但那也不算被击败。

纳粹冲进了苏联，他们想要尽快击垮苏军。他们一路势如破竹，很快就深入苏联境内，可是苏军虽然节节败退，却没有被完全击溃。最后，纳粹军到达了莫斯科城外，他们同时从三面攻城。希特勒还宣布莫斯科战役将是对苏联军队的致命一击，但是他言之过早了，尽管纳粹凭借着上千架飞机和坦克狂轰滥炸，苏军和莫斯科的市民们始终肩并肩地团结在一起抵挡德军的进攻。在这样的情况下，苏联人坚持了几个星期，成功地保卫了莫斯科。最终，他们击退了德国的军队。莫斯科得救了。

可是，阻止德军占领莫斯科并不能赢得战争，苏军和之前的英军一样都只把德军赶走而已，还没有彻底打败他们，几乎整个欧洲仍然在德国和意大利的控制之下。

就在苏军把纳粹赶出莫斯科的同时，日本突然发难了。1941年12月7日，在毫无预警的情况下，日本飞机轰炸了在夏威夷珍珠港的美国舰队。那里所有的美国舰队都被击沉或损毁了，有两千多名美国人丧生。第二天，美、英正式对日宣战，4天后，德国和意大利对美宣战。

美国还没有准备好同时对付德国和日本，因为军队还没完全训练好，新的舰队还不能代替在珍珠港毁坏掉的那些军舰。值得庆幸的是，苏军对纳粹展开凶猛的反攻，把纳粹的百万军队都牵制在欧洲，这样又给了美国1年的准备时间。美国的工厂迅速地

◆美国战争情报办公室印制的由伯纳德·佩而林绘制的海报，上面写着："记住珍珠港！"

生产坦克和其他军用物资,然后把这些物品用船运送到苏军和在埃及的英国军队。

而这时的日本一直没有停下侵略的脚步。他们攫取了属于美国的菲律宾群岛,占领了英国海军在新加坡的海军基地,夺下了属于荷兰的东印度群岛,攻占了暹罗(泰国古称暹罗)、缅甸,进而向印度进军,还侵略了马来半岛;而在此之前,他们已经占据了法属印度支那和中国的很多地区。

你可以在地图册或地理书上找一些亚洲的地图,看看这些地区的位置,就能看到日本在亚洲的战线有多长。然后在太平洋的地图上,你还能找到日本占领的那些岛屿,他们离日本都非常远,这些岛的名字听起来非常奇怪和陌生:

关岛和威克岛,

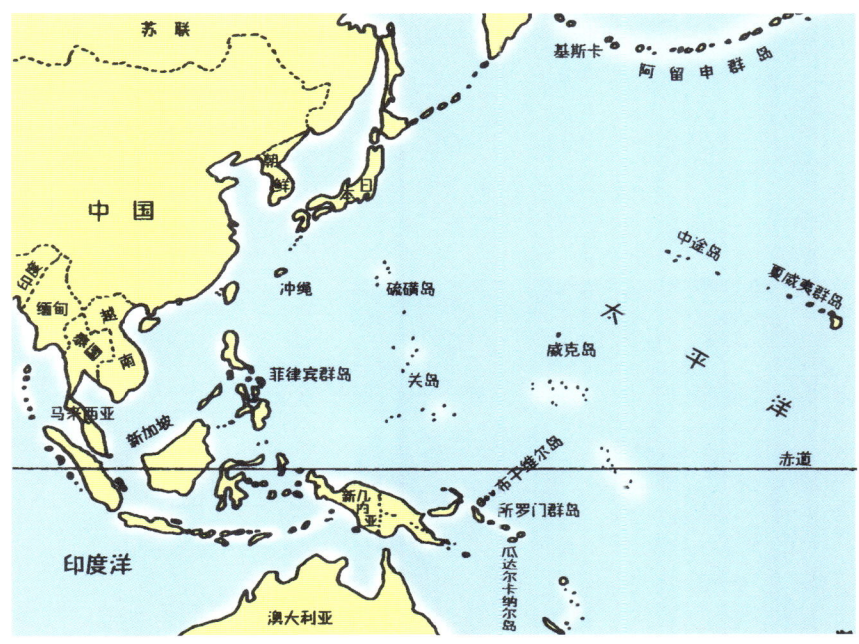

◆第二次世界大战时的太平洋地区地图

新几内亚岛，

布干维尔岛和瓜达卡纳尔岛，

吉斯卡岛。

日本在进攻这些地方时都遭到了顽强、勇敢的抵抗。比如，在菲律宾群岛战役中，美军和菲律宾战士战斗到最后一刻，直到他们几乎全被杀光，还有一小部分人逃到了山区，他们只要一有机会就出来打击日本侵略者。

罗斯福总统和丘吉尔首相决定先击败希特勒，再收拾日本。于是美军和英军被派往北非与那里的德军作战，并击败了德国，然后他们开始进攻意大利。

大批的美军和英军聚集到英国。他们从英国出发，乘飞机去轰炸德国，与德国空军展开了对决。最后，在1944年6月，英美联军为进攻德国的主力部队做好了准备。他们在德怀特·艾森豪威尔将军的率领下穿过英吉利海峡，在法国的诺曼底海岸登陆。他们与德军展开了浴血奋战，击退了德军并且一直从法国追击他们到了德国。法国、比利时和荷兰恢复了自由，再一次成为独立的国家。

同时，一直在另一方与纳粹作战的苏联军队也取得了胜利，他们一路把德军打回了德国老家。苏联军队乘胜追击，占领了德国的首都柏林。此时，墨索里尼在意大利被本国人抓了起来并枪杀了，而希特勒在听到纳粹战败的消息后，承受不了失败的打击，他自杀了。

可怕的纳粹最终被击败了，可是战争带来的恶果是，世界上很多地方的人变得无家可归、饥寒交迫，不得

◆1945年5月2日，苏军坦克攻入柏林

不从其他国家那里寻求食物救济。

在世界的另一边，对抗日本的战争仍然在继续。空战、海战和陆地战争接连不断地进行。那些被日本侵占的国家经长期的艰苦斗争，一个个地脱离了日本的统治，重新获得了自由。日本的阵地接连失守，直到美国在日本的长崎和广岛两处投放了两枚新式武器之后，日本终于宣布投降。

这种新式武器就是原子弹，从美军飞机上扔下的这两枚原子弹给日本带来了毁灭性的后果。原子弹的杀伤力极强，据统计，遭原子弹轰炸而死的人数将近30万人。

德国在1945年5月正式投降，日本在同年的8月也宣布投降。历史上规模最大、最恐怖的战争就此结束。

第四十三章
世界上掀起了新风潮

二战结束后,世界各地的人们都在讨论如何把世界建设得更加美好。

你还记得吧?在一战后,为了防止战争再次发生,世界上多数国家都加入了国际联盟,但是战争还是爆发了。

二战后,世界各国决定再次为国与国之间的对话寻找出路,争取不再以战争的方式,而是采用和平的方式解决分歧和争端,于是他们组成了联合国,联合国的总部设在了美国的纽约州。

联合国成立后,确实在国际事务中发挥了一定作用,比之前的国际联盟要成功。但是自从二战以后,世界上仍然存在大量需要解决的问题。我猜想,要是全世界长时间安然无事可能是一种奢望,但是我们仍可以抱有这样的希望。

但是有一个问题得到了解决,至少是部分得到了解决。在二战中,人们纷纷谴责德国和日本去侵略和统治其他的国家和人民。在二战结束后,人们开始询问为什么仍然有些国家有权统治他们早期征服的国家呢?还记得那些工业国家是如何让那些为他们提供木头、橡胶、棉花等原材料的国家沦为殖民地的吧?在二战后,他们仍然拥有这些殖民地。比如，英国在世界各地都有大面积的殖民地，他们甚至夸口说："在英帝国的领土上，太阳永不落下。"你明白这是什么意思吗？

想象一下你在世界各地都有领土，那么在不同地区的土地上总会有太阳是在空中照耀的。英国殖民地的确很多，例如非洲的加纳、肯尼亚，还有像印度这样的大国以及巴哈马群岛、牙买加这样的小国。英国人都为自己庞大的帝国而感到自豪，可是在非洲、印度和加勒比群岛这些殖民地国家生活的人们对于英国可就没有什么好感了。实际上，他们长期以来一直在商讨如何摆脱外国殖民者；而对于殖民者而言，继续保持对殖民地的统治就更加困难。就以英国来说，在刚刚结束和德国、日本的艰苦战争后，英国已经疲于应对殖民地的反抗。此外，世界各地的人们都主张国家有权自主选择自己的政府。迫于这种舆论压力，连英国的盟友——美国也不好再支持他们了。

同时，这些殖民地的领袖们带领群众，用不同的方式为自己的人民赢得独立。在一些地方，人们组建军队来反抗殖民者的统治。还有一些地方，人们组织了诸如游行和演讲的非暴力的抗议活动。在这个时期的英雄人物中有一个最为著名，他就是印度的"圣雄"——甘地。

莫罕达斯·甘地看起来一点都不像是个革命英雄！他长得又瘦又小，讲起话来也不像革命领袖。他坚持认为，人们不应该在抗议活动中采用暴力手段。当时，印度是英国的殖民地。甘地认为，英国本质上也是个讲道理的民族，所以只需要让他们和世界上其他人一样了解到什么才是对的，他们就会同意印度独立，这样就不需要流血牺牲了。

甘地考虑问题非常理性，他把注意力都集中在印度要求独立这一愿望上。他知道英国要保留印度作为殖民地，主要是为了从印度供给英国工厂的原材料上牟利；此外，印度缴纳给英国的税金也是一笔不小的数字。于是，他决定让英国从印度这里赚不到钱。

英国从印度买棉花，用船运回工厂，工厂再用棉花制成布料和衣服；一些衣服又运回印度，以高价卖出。英国由此获得高额利润。现在，我在讲甘地做了什么之前，先告诉你他"不做"什么。他不刺杀在印度的英国人，不烧毁田野中的棉花，不试图弄沉英国运送棉花以及之后运来的布料和衣服的船，不采用任何暴力方式驱赶英国人。他所做的只是：他要所有的印度人一天花上几个小时自己来纺织和缝制衣服。这样，他们就有足够的衣料，不需要再从英国人那里购买，英国人也就赚不到钱了，而且他们还没有任何借口杀死印度的抗议者。甘地是不是一个聪明的革命者呢？

他还做了一件事情。一直以来，英国人在印度征收高额的盐税。因为没有冰箱，印度需要盐来保存食物，这让英国有很稳定的税金收入。还记得在美国革命之前美国人对于付给英国税金是什么感受吗？印度人对于付给英国的高额盐税也深有同感。甘地想到了一个办法，可以既避免付给英国盐税，又不会触犯法律。他长途跋涉找到了附近

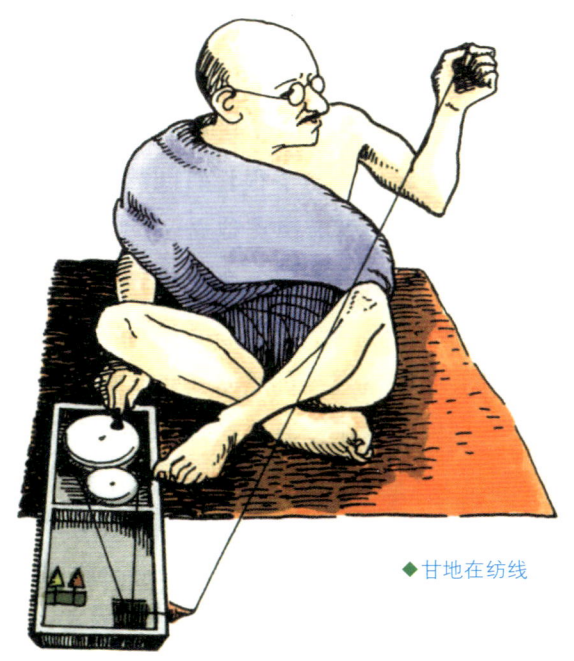

◆甘地在纺线

的海域，我们都知道海水是很咸的，甘地也知道这一点。于是，他就带领成千上万名印度人来到海边，在那里教他们怎样使海水蒸发，这样就能得到大量的海盐了。他用这样的办法让他的人民得到了所需要的盐——不再交盐税，也不犯法！当英国士兵殴打那些制盐的老百姓时，世界各地的人们——包括英国人都指责这些士兵的行为。

甘地变得举世闻名，人们都认为他能不用暴力的手段做出

这样强力的抗议真是太了不起了。最后，英国难以承受来自外界的巨大压力，不得不放弃了印度的殖民地。在二战后不久，印度就赢得了独立。

　　印度独立之后，其他国家也都紧随其后。非洲殖民地的领导人，如加纳的克瓦米·恩克鲁玛和肯尼亚的乔莫·肯雅塔也为自己的国家赢得了独立；阿尔及利亚经历了很长时间的战争之后，也从法国的统治下独立出来；美国也不得不同意菲律宾独立……整个世界都掀起了独立运动的热潮。非洲和亚洲的国家一个接一个地独立了，太平洋和加勒比地区大大小小的岛国也都独立了。其中有些国家很贫穷，着实经历了一番艰苦奋斗才发展起来，还有些国家现在仍处在艰苦奋斗之中，但是至少他们不再被外国人所统治了。几乎所有这些国家都会纪念自己的独立日，每到那一天就举行庆祝活动。如果能够环游全世界，在每个国家的独立日去那里旅游参观，一定会很有趣吧？既然几乎所有的国家都独立了，那应该是一个漫长的旅程吧！你猜他们国庆的时候会不会都放烟花呢？

第四十四章
一个新的世界"大国"

第二次世界大战是人类历史上空前的大灾难,数千万人在战争中死去,在这场战争结束后,世界上只剩下了两个真正强大的国家。这两个国家都是实至名归的大国,而这两个国家之所以如此强大的原因之一,就在于它们国土的面积都特别大。

在两个大国所拥有的土地上,有国家富强所必需的大量资源:生长万物的土地资源、丰富的水资源、做建筑材料的森林资源、钢铁、煤炭和石油等矿产资源。这些都有助于一个国家的强大。

你能猜到我说的是哪两个国家吗?其中一个容易猜,那就是美国,而另一个是苏联。

你记得吧,在二战期间,这两个国家是朋友,是同盟国。他们结成盟军,在同一战线上战斗。战争结束之后,他们成了对手,彼此竞争,看谁能更强大,这给世界带来了很多麻烦。

先让我们来看看,从你上一次看俄国的故事之后,在俄国都发生了什么事情。

彼得大帝作为俄国的统治者被称为"沙皇"或者"皇帝"。在彼得大帝之后将近200年中,俄国的统治者不是沙皇就是女沙皇(对俄女王的称呼）。后来，俄国爆发了一场大规模的血淋淋的革命。这场革命开始于1917年，当时的沙皇和他的一家都被枪杀了。

俄国革命的原因和法国革命差不多，沙皇和贵族们都有钱有势，而大多数百姓都穷困潦倒，也看不到改善生活状况的希望。

在1917年，俄国参加了第一次世界大战，并艰难地打了3个年头。这场战争使人们原本就极其悲惨的生活变得更加无望。当革命开始之后，战士们都停止了对外的战斗，回国和大家一起为推翻沙皇的统治而斗争。

一个叫列宁的俄国人多年以来一直在筹备和策划发动革命，他和他的战友们掌握了政权。很快，列宁就成了革命政府的首脑，同时也是俄国的统治者。

在1922年革命之后，俄国改名为苏维埃社会主义共和国联盟，简称苏联。苏联不仅仅包括俄国，还包括俄国之前征服的位于欧洲和亚洲的14个加盟共和国。

列宁信仰一种被称作"共产主义"的政治理念。在共产主义社会中，为了保护所有劳苦大众的利益，一切物品都归国家所有。比如，大片的田地从富有的地主手中被夺走，转变为集体田。集体田由大家一起耕种，得到的粮食和收入平均分配给每个人。

在共产主义社会中，所有的工厂和商店都不是私人所有，而是归国家公有，就连国家本身也应为所有人共同拥有。这与以往沙皇统治时期的情况相比有了巨大的变化，在过去多数的财富和权力都掌握在沙皇和贵族的手中。共产党员认为他们一定要确信新政府的能力，所以他们赋予共产党的领袖以大量的权利。

革命之后，苏联的社会状况起初非常糟糕，经济落后，生产力低下，面临着重重困难和考验。由于食物非常匮乏，很多人甚至饿死了。但是，一所所学校先后被建立起来，人们都可以去学校接受教

◆莫斯科东部1400公里处的乌拉尔钢铁厂建立时的庆祝宣传画，画中斯大林意志坚定，画面中还有"我们的国家已经实现了社会主义"等文字

育，这可比过去好多了。要知道在沙皇统治时期，只有极少数人才能去学校读书。穷人们还是很穷，但是他们感觉现在和以往在沙皇统治之下的穷困有很大不同，那时候根本看不到生活还有好转的希望，而现在他们对未来的好生活充满希望。人们在河流上筑起了大坝，为钢铁工厂和拖拉机厂提供电力支持，那些贵族的宫殿被当作人民的博物馆，莫斯科开始修建地铁，军队有了优秀的领导，士兵们能得到正规的训练。

苏联共产党做了两件事情，让其他国家都非常担心。一是他们将宗教活动定为非法行为，所以将教堂全都关闭了；二是他们坚信共产主义会在全世界传播开来。

列宁死后，斯大林接替他成为苏联的领导人。斯大林这个名字的意思是"铁人"，在青年时期，斯大林曾学习成为一名教士，但是后来他并没有成为一名教士，而是成了一名共产党员。在沙皇统治时期，共产党员的处境显然是极其危险的。斯大林曾被关进监狱，又因为要发动革命而不得不东躲西藏，以免被沙皇的人发现。他的经历使他变得勇敢、顽强，所以他被称为"铁人"。

在斯大林的领导下，苏联建立了越来越多的工厂和新的大城市。当德国在二战期间突袭苏联时，苏联军队在斯大林的带领下与德国人展开了殊死搏斗。最后诚如你所知道的那样，苏联军队把德军赶出了自己的国家，还从苏联一直打到德国，而同时美国和英国军队正从法国挺进德国。

第四十五章
昨天、今天和明天

我家附近有一个蛋糕店，外面挂了一个牌子，上面写着"每小时新鲜出炉"。就像做蛋糕那样，人们每天都在不间断地创造历史。历史每个小时都在更新，我们可以在报纸和杂志上读到它，也可以在收音机和电视上听到它。

直到今天，历史都是以一个接一个的战争故事为标志的——这些战争有些规模大、有些规模小，有的时间短、有的时间长。几乎每个时期都会有战争在某地发生，从古至今一直是战争、战争、战争——打、打、打。小孩子在与人争吵的时候，动不动就上来挠啊、踢啊、咬啊，但是在长大之后，人们很少再用拳打脚踢来解决冲突了。打仗似乎是童年时期的标志——我们都是"孩子"，所以我们才打仗。那么，我们也可以把战争看作是世界还年轻的标志，实际上也的确如此。在宇宙的时间长河中，这个世界差不多就如同两分钟那样短暂，或者说像个两岁的孩子一样大。

我们总会仰慕、赞扬历史上的有名英雄，如贺雷修斯、列奥尼达、圣女贞德、艾森豪威尔将军等，也会尊重其他一些不知名的、保卫自己国家不受敌人侵犯的人。就好像有个人挡住了深夜闯进自己家中的盗贼、杀人犯，没有让他们伤害到自己的家人，我们当然会尊重这样的人了。但是那些没有任何理由，只是为了增加自己的权利、财富和荣誉就去进攻别人甚至夺去他人生命的人，无论他是国王、将军还是王子，这些人实际上和那些拿着枪和棍棒埋伏在暗处的、准备抢劫和谋杀的盗贼都没有什么区别。战争带来杀戮、造成毁灭、牺牲了无数条生命和数不清的钱财——这些钱完全可以用来让我们生活得更加幸福，把这个世界建设得更加美好，而不是用来制造痛苦、伤害、悲剧、不幸、寡妇和孤儿。没有人能够从战争中获利，即使打了胜仗也是如此。战争是可怕的游戏，输了的人自然不必说，赢了的人也要遭受损失。

有一点是肯定的：如果战争不终结的话，人们就将会使用更为致命的武器，这种武器可能一次就杀光一个国家乃至一个大陆的所有人。曾经的原子弹已经证明，一个原子弹就可以毁灭掉整个城市。如果战争一直继续下去，可能有一天整个世界就再也没有活着的人了；那样的话，人类的历史也就彻底结束了。

也许战争是能够停止的。世界各地的很多人都在积极地努力，希望能避免发生战争。阻止战争不是件容易的事，但如果联合国能像消防部门那样在大火疯狂燃烧之前就把它扑灭，那么这个世界也能过上几年和平的日子了。那样的话，新的发明就会被用于维护和平而不是被用于战争。

现在，人们的发明似乎越来越不可思议，甚至比魔法还要魔法。飞机、直升机、宇宙飞船这些发明代替了神话中的飞毯，而且它们比飞毯要好得多，因为它们都是真实存在的事物，但是魔毯只是在人们的想象中飞行。只要能阻止战争，那么你所能想象到的一切，不管它们听起来是多么离奇，可能总有一天就真的会被发明出来。你可以想象有个发明能够阻止所有的战争，并且你可以肯定，有一天它就能得以应用——只要在这个发明出现之前，战争没有彻底毁灭这个世界。

发明和发现并不完全相同，如果有个事物一直存在，只是人们不了解，后来才知道它的存在，那这就是发现而不是发明。

在最近的一百多年中，发现和发明同样重要，甚至也像魔法一样不可思议。当然，已经没有更多的新大陆可以发现了，但是还是有很多神奇的发现每时每刻都在产生。

关于疾病和如何预防疾病，已经有了一些非常重要的发现，这些发现包括：

接种疫苗！过去到处都有天花流行，这是一种致死性的疾病。通过接种疫苗就能预防天花，这个发现拯救的人数大约可以和那些被战争夺去生命的人数持平。

牛奶的巴氏（巴斯德）消毒法！这是一种可以杀死致死性细菌的方法，发现它的是一个法国人，这个名字就是根据他的名字命名的，你能猜到他的名字吧？对，他的名字就是巴斯德。

预防注射！你知道这是什么意思吗？有时候，为了防止破伤风和伤寒等疾病，医生会用针管给你注射一下药物。

麻醉剂！知道这是用来做什么的吗？如果要做手术的话，麻醉剂可以让你沉睡，这样就不会感到痛苦了。想一想在麻醉剂发现之前，人们要经受怎样的疼痛！

青霉素！不知道它是什么吗？青霉素的及时发现挽救了二战中无数伤员的性命，它是一种抗生素，可以防止病菌滋生。

我希望再给你讲讲其他的一些发明，比如电子眼和雷达；我还想告诉你一些著名的科学家，像施泰因梅茨和阿尔伯特·爱因斯坦；我愿意把所有的发明和发现都说一遍——从真空吸尘器到回旋加速器，从空调到电子显微镜，从发电机到激光、人工心脏移植，还有血浆——美国黑人查尔斯·德鲁发现了怎样把血浆储存在血库中，这样它就可以解救在战争中受伤的人。你看，科学家也能像战士们一样成为战争

◆爱因斯坦

英雄！我希望我可以把所有这一切都讲给你听，但是我不能。这本书没有地方再写这些故事和别的神奇事物了，而且，我也跟不上科学发展的脚步，因为新的发现和发明随时都在产生——"每小时新鲜出炉"。

这本世界历史的故事书到此结束了，但这是暂时的，因为历史是连续的故事，会一直不断地向前，向前。甚至在你读这一行字的时候，科学家就在致力于新的发明和发现，这些成果有可能会写进将来的历史书中。

如果你生活在公元10000年，那么我们现在这个时候只是你们历史的开端而已。连第二次世界大战都会让你觉得非常久远，就像我们现在看发生在石器时代的战斗一样，会觉得那是遥不可及的事情。你想到我们现在所有的神奇发明，可能就会像我们想到铜和青铜的发现一样。

那时的人可能已经不再使用火车、轮船、汽车、飞机这样的交通工具，他们只要坐在飞毯上，在心里想一下，就可以去另一个地方了。他们可能不再用信件、电话、收音机、电视机甚至是计算机，就能在任何地方读到每个人的想法。

可能到那时，人们会知道怎样建造不会污染空气和水源的工厂，能够合理地利用地球上的能源。他们也已经学会了分享，这样全世界的每一个人都有足够的食物吃、有舒适的地方住。而最好的事情就是，人们到那时就会知道该怎样解决问题，而不再发起战争了。

这样以此类推下去——世界永无尽头——阿门！